Der Politische Islamismus als hybrider Akteur globaler Reichweite

Die liberale demokratische Ordnung muss ihre Resilienz stärken.

Thomas Jäger und Ralph Thiele (Hrsg.)

AF272744

Der Politische Islamismus als hybrider Akteur globaler Reichweite

Die liberale demokratische Ordnung muss ihre Resilienz stärken.

Herausgegeben von
Thomas Jäger und Ralph Thiele

2021

Carola Hartmann Miles-Verlag Berlin

Bibliografische Information der Deutschen Nationalbibliothek
Die Deutsche Nationalbibliothek verzeichnet diese Publikation in der
Deutschen Nationalbibliografie; detaillierte bibliografische Daten sind
im Internet über www.dnb.de abrufbar.

© 2021 Carola Hartmann Miles-Verlag, Berlin
www.miles-verlag.jimdo.com
email: miles-verlag@t-online.de

Bildnachweis: Topshot France Attack. Photo by Eric Feferberg/AFP
via Getty Images. Rückseite: picture alliance / Shotshop / Photology
2000

Herstellung und Verlag: BoD – Books on Demand, Norderstedt

Alle Rechte, insbesondere das Recht der Vervielfältigung und Verbreitung sowie der Übersetzung, vorbehalten. Kein Teil des Werkes darf in
irgendeiner Form (durch Fotokopie, Mikrofilm oder ein anderes Verfahren) ohne schriftliche Genehmigung des Verlages reproduziert oder
unter Verwendung elektronischer Systeme gespeichert, verarbeitet,
vervielfältigt oder verbreitet werden.

Printed in Germany

ISBN 978-3-96776-041-5

Inhalt

Politischer Islamismus als Bedrohung
Thomas Jäger und Ralph Thiele

1   Einleitung

In den letzten zwanzig Jahren standen Sicherheitsgefahren, die von islamistischen Gruppen ausgingen, häufig im Fokus öffentlicher Aufmerksamkeit. Nach den vielfachen, opferreichen Terroranschlägen in Europa erklärten einzelne Regierungen dem Islamismus den Krieg. Besonders betroffen war Frankreich. Dort kamen bei Terroranschlägen über 270 Menschen ums Leben. Die Anschläge in Paris auf die Zeitschrift Charlie Hebdo und auf das Bataclan 2015 sowie auf den Lehrer Samuel Paty 2020 prägten sich tief in das öffentliche Bewusstsein ein. Der französische Innenminister Gérald Darmanin sprach davon, dass sich Frankreich „nach innen und außen im Krieg gegen den Islamismus" befinde (Wesel 2020). Präsident Macron rief den „Krieg gegen den politischen Islam" aus (Monath 2020). Parallel wurde von Analytikern der Lage die Ausbreitung der Muslimbruderschaft in Nordafrika und Europa sowie des Salafismus als Referenzideologie dieses politischen Extremismus – des Politischen Islamismus – konstatiert. Bernard Rougier veröffentlichte 2020 seine Fallstudien, die nachzeichnen, wie Islamisten in Frankreich ganze Stadtviertel übernehmen (Rougier 2020). Die Resonanz auf diese Analysen war in Deutschland äußerst schmal (Bohne 2020), obwohl zu dieser Zeit – zu Beginn des Jahres 2020 – die Pandemie die öffentliche Aufmerksamkeit in Deutschland noch nicht monothematisch besetzt hatte. Danach setzte sich bis zum Juli 2021 kein Thema mehr gegen die Frage durch, wie die Pandemie zu bekämpfen sei.

2   Islam in Deutschland

Aber schon zuvor verlief die Diskussion in Deutschland in anderen Bahnen. Der Anschlag auf den Berliner Weihnachtsmarkt am Breitscheidplatz 2016 entfaltete nicht dieselbe Wirkung im öffentlichen Bewusstsein wie die Anschläge in Paris und Nizza. Zur Tötung mehrerer Menschen 2021 in Würzburg schwieg Bundeskanzlerin Merkel. Der

Kontrast zu den Auftritten von Präsident Macron ist nicht zu übersehen. Die Diskussion um das Verhältnis zu islamischen Organisationen war viel stärker von der Frage geprägt: Welcher Islam gehört zu Deutschland? Nachdem Bundespräsident Christian Wulff 2010 erklärte: „Der Islam gehört zu Deutschland", gab es unterschiedliche Reaktionen, einerseits den Hinweis, dass Wolfgang Schäuble diesen Satz schon vier Jahre zuvor geprägt hatte – versetzt mit einem „zweifelsfrei" und der Ergänzung „und Europa" – andererseits kräftige Kritik, weil die deutsche Vergangenheit als christlich-jüdische Geschichte gelesen wurde, die die politische Kultur des Landes bis heute maßgeblich prägt (Detjen 2015). Bundeskanzlerin Merkel, die 2010 erklärt hatte „Der Ansatz für Multikulti ist gescheitert, absolut gescheitert!" (Spiegel 2010) blieb auch fünf Jahre später zurückhaltend und beschränkte sich, auf Wulffs Äußerung angesprochen, mit der Erklärung, dass auch Muslime in Deutschland leben. Das Verhältnis zwischen dem deutschen Staat und den islamischen Organisationen blieb auch weiterhin vielschichtig. Der ehemalige bayerische Justizminister Winfrid Bausback gab neun Jahre nach Wulffs Diktum zusammen mit dem CDU-Bundestagsabgeordneten Carsten Linnemann einen Sammelband heraus, der die Spannung zu Wulffs Bemerkung im Titel trug: „Der politische Islam gehört nicht zu Deutschland: Wie wir unsere freie Gesellschaft verteidigen" (Bausback und Linnemann 2019). Hier wurden Themen der islamistischen Parallelgesellschaften, des Antisemitismus und der Radikalisierung angesprochen. Beide Setzungen prägen seitdem die deutsche Diskussion, wobei der Integration deutlich mehr Gewicht beigemessen wird als den sicherheitspolitischen, kulturellen und sozialen Herausforderungen, manche würden sagen: Bedrohungen.

3 Politischer Islamismus und Staat

Und was haben der Politische Islam oder Politische Islamismus[1] mit dem Verhältnis von Staat und Religion in Deutschland zu tun? Die

---

[1] Wir werden die Begriffe sogleich klären. Unter Politischem Islam wird seit Jahren eine Herrschaftsideologie verstanden, die anstrebt, die politische Ordnung sowie die gesellschaftliche und kulturelle Praxis alleine an islamischen Normen auszurichten und auf diesem Weg die Demokratie aufzuheben. Der Begriff wurde sogleich kritisiert, er strebe an, Muslime aus dem demokratischen Diskurs auszuschließen. Deshalb

Diskussion hierüber fällt den politischen Parteien und gesellschaftlichen Organisationen in Deutschland nicht leicht. Häufig wird sie bereits im Ansatz unterbunden. Das mit Blick auf die Unterstützung totalitären Gedankenguts vollkommen unverdächtige ZDF stellte beispielsweise am Tag des antimuslimischen Rassismus, am 1. Juli 2021 mit seinem Beitrag „Achtung Generalverdacht" kritische Stimmen zum Politischen Islam unter rassistischen Generalverdacht, wenn der Beitrag darauf verweist: „Der Begriff ‚politischer Islam' wird instrumentalisiert, um Muslim*innen kollektiv zu verdächtigen und Grundrechte zu beschneiden." (Keskinkilic 2021)

Tatsächlich aber sind Begriffe wie Islamfeindlichkeit, Islamophobie, antimuslimischer Rassismus längst zu Kampfbegriffen eines totalitären, demokratiefeindlichen Politischen Islamismus geworden, die er gegenüber Demokratie, Rechtsstaat und Menschenrechten zugewandten Analysten und Amtsträgern regelmäßig einsetzt. Schon zuvor hatten Teile der aufgeklärten modernen Gesellschaften in Europa eine zumindest defensive Haltung eingenommen, als angesichts der Mohammed-Karikaturen, die später Samuel Paty das Leben kosten sollten, angemahnt wurde, dass nicht alles, was erlaubt sei, auch umgesetzt werden müsste. Zurückhaltung wurde angemahnt. Der Islamkritik sollte Einhalt geboten werden (Bielefeld 2011). Dass derartige Zurückhaltung, die in anderen Fällen nur aus dem engen ideologischen Umfeld der betroffenen Religionen oder Ideologien zu beobachten war, auch die drohende Gewalt im Hintergrund reflektierte, mag eine Überlegung wert sein.

Dabei ist es Zeit für eine differenzierte, kritische, auch selbstkritische Auseinandersetzung. Bundestagspräsident Wolfgang Schäuble kommt in seinem bemerkenswerten Essay unter der Überschrift „Glaube und Grundgesetz: Welcher Islam gehört zu Deutschland?", mit der er die zuvor ausgeführte Dichotomie fragend aufhebt, um sie gleichzeitig zu bestätigen, zu folgenden Einsichten: „Muslime sind ein Teil unserer

---

wird in Deutschland seit einiger Zeit der Begriff Politischer Islamismus für die Bestrebungen benutzt, die zuvor (und heute noch) als Politischer Islam bezeichnet werden. Deshalb gilt es die nächsten Abschnitte aufmerksam auf die Differenzierung zu achten, um zu erkennen, welche Autoren welchen Begriff benutzen. Inhaltlich stoßen sie in die gleiche Richtung. Wir werden am Ende eine Differenzierung der Begriffe darlegen.

Gesellschaft – das ist eine unbestreitbare Tatsache. Trotzdem fühlen sich viele Menschen islamischen Glaubens nicht in Deutschland zuhause. Integration braucht guten Willen von allen Seiten – aber auch klare Grenzen." Weiter: „Kein Glaube" – so zitiert er den früheren Verfassungsrichter Dieter Grimm – „muss mit dem Grundgesetz vereinbar sein, aber nicht alles, was ein Glaube fordert, darf unter dem Grundgesetz verwirklicht werden." Der Begriff Politischer Islam adressiere im Gegensatz zu einer Religion religiösen Fundamentalismus totalitären Zuschnitts, der Glaubensinhalte absolut setzt und dem es um politische Macht gehe. Schäuble sieht im Politischen Islam eine größere Gefahr als im gewaltbereiten Islamismus (Schäuble 2019). Damit ist die Aufmerksamkeit von den Gewalttätern auf die Drahtzieher gelenkt, von den einzelnen Terroristen oder in kleinen Gruppen agierenden Tätern auf die Hintermänner, auf diejenigen, die politische Zwecke verfolgen, die darin münden, die politischen Ordnungen in europäischen Staaten neu auszurichten. In Frankreich ist das Bewusstsein hierfür größer. In Deutschland ist es weniger ausgeprägt. Das hat innen- und außenpolitische Konsequenzen und reicht in die Frage hinein, wie die digitalen Dimensionen gesellschaftlichen Lebens geschützt werden können. Damit hat der Kampf gegen den Politischen Islamismus auch eine europapolitische Dimension, die über die Beleuchtung nationaler Symbole in den Farben von Staaten, die gerade Opfer eines Terrorangriffs wurden, hinausgeht. Es gilt neben der nationalen Vorbereitung auf den Umgang mit diesen Bedrohungen auch EU-weite Präventionen anzulegen, weil kein Staat alleine in der Lage ist, das für den Politischen Islamismus bedeutsame geographische Umfeld zu durchleuchten und zu stabilisieren. Denn der Politische Islamismus ist sowohl in Europa als auch in den Europa geographisch umgebenden Staaten präsent (für einen Überblick siehe Rupp 2016, S. 79-284).

Die Partizipation muslimischer Deutscher am demokratischen Willensbildungs- und Entscheidungsprozess fordert Wolfgang Schäuble (2019), der als Innenminister die Islamkonferenz auf den Weg brachte, explizit ein. Aber gleichzeitig erkennt er in der politischen Auseinandersetzung islamische Kräfte, denen es nicht um die Vertretung ihrer Interessen im demokratischen Prozess geht, sondern um den Umsturz der Ordnung. Explizit weist er auf die Verbindungen zu ausländischen

Regierungen hin, insbesondere auf die türkische Regierung und die Regierungspartei AKP. Dass prozentual mehr in Deutschland lebende Türken 2017 für eine Präsidialverfassung in der Türkei gestimmt haben, als in der Türkei selbst, hatte damals nicht nur Fragen an die politische Bildung gestellt, sondern auch nach anti-demokratischen Potentialen in der deutschen Gesellschaft. Diese sind nicht nur in den muslimischen Verbänden zu finden – Deutschland hat seine eigenen Traditionen antidemokratischen Denkens – aber eben auch dort.

4 Politischer Islamismus und hybride Kampagnen

Mit einem Politischen Islam(ismus) dieses Zuschnitts muss man sich auseinandersetzen. Dies gilt umso mehr, als er in den sich global herausbildenden hybriden Kampagnen um Geld, Macht und Einfluss nicht nur eigenständig agiert, sondern sich zudem als Projektionsfläche für hybride Stellvertreter-Kriege anbietet und ungeniert genutzt wird. Nicht nur der Iran liefert hierfür eindrucksvolle Belege.

Der Politische Islamismus und die hybriden Strategien des 21. Jahrhunderts passen zusammen. Sie nutzen nicht nur über klassische, sondern vermehrt auch über soziale Medien Mehrdeutigkeiten, um direkte Konfrontationen zu vermeiden. In Verbindung mit der Globalisierung und der sich entwickelnden Innovationsdynamik wächst nicht nur das Spektrum der hybriden Akteure, sondern auch die Wirkung und Reichweite ihrer Aktivitäten. Sie zielen auf Menschen, Vermögenswerte, kritische Infrastrukturen und nicht zuletzt auf das Selbstverständnis und die Kohäsion unserer Gesellschaften, ohne das Risiko einer Attribution oder unmittelbarer Vergeltungsmaßnahmen einzugehen. Diejenigen, die am besten in der Lage sind, die gegebenen Entwicklungen zu antizipieren und auszunutzen, werden dabei einen klaren Vorteil haben. Auf welchen Handlungsfeldern werden die Wirkungen zu erwarten sein? Welche Akteure werden auf diese Weise ihre politischen Interessen verfolgen?

Einer solchen Durchleuchtung dient auch das vorliegende, auf Deutschland fokussierte Buchprojekt „Der Politische Islamismus als hybrider Akteur globaler Reichweite. Die liberale demokratische Ordnung muss ihre Resilienz stärken." Es verbindet wissenschaftliche Forschung mit umsetzbaren Handlungsempfehlungen und richtet in einem dreifachen Zugang den Blick:

Erstens nach außen. Die Prinzipale des Politischen Islamismus sind auch außerhalb Deutschlands zu finden, weshalb der Blick in das regionale Umfeld gerichtet werden muss. Analysen zum Politischen Islamismus und zu Terrorismus sind hierfür ebenso zu leisten wie Analysen zur Radikalisierung in der Region MENA (Middle East North Africa). Besonderes Augenmerk legen wir dabei derzeit auf Nordafrika als europäischer Gegenküste, auf Syrien, Iran und Irak sowie auf Afghanistan. Analysen der von dort drohenden Gefahren sollen in der Diskussion münden, wie diesen besser begegnet werden kann als bisher. Insbesondere Afghanistan, wo die Rückkehr der Taliban an die Macht erfolgt ist, und Syrien, das wesentlich zur regionalen Destabilisierung beigetragen hat, sind Fälle, die genauer analysiert werden müssen. In einem Land haben sich demokratische Staaten intensiv im Sicherheitssektor engagiert, im anderen Staat haben sie dies weitgehend unterlassen, eine Leerstelle, die unter anderem der Iran nutzte. Zu diesen Fällen ist noch Mali hinzuzuziehen, in dem weiterhin Sicherheitsmissionen ausgeführt werden, und das die enge Verknüpfung des Politischen Islamismus mit anderen Sicherheitsgefahren (u. a. Staatsschwäche, asymmetrische Kriege, Migration) dokumentiert.

Zweitens nach innen. Der Politische Islamismus ist ein transnationales Phänomen, indem er gesellschaftliche Gruppen über nationalstaatliche Grenzen hinweg miteinander verbindet. Dabei ist er darauf gerichtet, staatliche politische Ordnung zu bestimmen oder – solange dies nicht umzusetzen ist – zumindest spürbaren Einfluss zu nehmen und bis dahin eigene Fähigkeiten über die Rekrutierung von Personal aufzubauen. Der Politische Islamismus wirkt zuerst auf Köpfe und Herzen, bevor die derart politisierten und radikalisierten Menschen zur Gewalt greifen. Deshalb ist zu fragen, wie diese Politisierung funktioniert. Was sind ihre sozialen, siedlungsgeographischen, politischen, kulturellen, familiären und mentalen Voraussetzungen? Welche Ideengebäude, Wertvorstellungen und Weltbilder motivieren gewaltbereite Menschen? Wie können gesellschaftliche Gruppen in einer Demokratie verhindern, dass junge Leute in ein terroristisches Milieu abrutschen? Welche Rolle spielt dabei Radikalisierung in Haftanstalten? Wie können radikalisierte Islamisten kontrolliert und in Schach gehalten werden? Wie funktioniert De-Radikalisierung? Diese Analysen führen in quasi-, semi- und völlige Parallelstrukturen zur bestehenden demokratischen Rechtsstaatsordnung hinein, die von Pop-Dschihadisten bis zu fest verankerten islamistischen Institutionen reichen.

Hinter die Kulissen. Wie gehen die Strippenzieher des Politischen Islamismus vor, um Menschen zu rekrutieren, sie sozial zu binden und bei der Stange zu halten, sie zum Einsatz für die eigene Sache zu gewinnen? Dabei ist besonders zu fragen, wie Agitation und Desinformation in der digitalen Transformation funktionieren. Offensichtlich hat sich das Internet zum Leitmedium des islamistischen Terrorismus entwickelt. Hier dient es mit seiner globalen Reichweite als Plattform für Propaganda und Rekrutierung, zur ideologischen Schulung und als internes Forum für Austausch und Bindung. Wie lassen sich radikale und extremistische Indoktrination sowie diesbezügliche Finanzströme zu Hintermännern und Regierungen zurückverfolgen? Der Blick hinter die Kulissen muss dabei auch die Peergroups in den Moscheen und anderenorts im Blick behalten. Diese Gruppen von Gleichgesinnten spiegeln die digitalen Echokammern und verstärken sie dabei.
Wissenschaftliche Analysen zum Politischen Islam gibt es mit Richard Mitchells Studie zur Muslimbruderschaft „The Society of the Muslim Brothers" spätestens seit den ausgehenden 1960er Jahren (Mitchell 1993, zuerst 1969). Später hat eine interdisziplinäre Erforschung eingesetzt mit Einbindung von Politikwissenschaft, Rechtswissenschaft, Soziologie, Wirtschaftswissenschaft und anderen Wissenschaftsfeldern. Das Aufkommen der al-Qaida mit ihren brutalen Terroranschlägen wirkte als Katalysator für die Erforschung der Verbindung des islamistischen Fundamentalismus' als Ideologie im terroristischen Kontext. Nun rückte auch die sicherheitspolitische Perspektive in den Fokus wissenschaftlicher Analyse (Hasche 2015, S. 19).
Die politische Etablierung der AKP in der Türkei sowie die revolutionären Umbrüche in zahlreichen arabischen und nordafrikanischen

Ländern haben den wissenschaftlichen Diskurs in Richtung einer Differenzierung zwischen terroristischen Strömungen des Politischen Islamismus auf der einen Seite und nicht gewalttätigen Strömungen auf der anderen Seite gelenkt und dabei offenbart, dass eine Reihe von Strömungen des Politischen Islamismus (z.B. in Ägypten, Türkei und Tunesien) sich zunehmend legaler Mittel bedienten, um an die Macht zu kommen und ihre undemokratischen Zielsetzungen umzusetzen. Das Forschungsinteresse richtet sich somit auf Strukturen, Strategien und Ideologien islamistischer Gruppen, auf anhaltende Transformationsprozesse und Differenzierungen innerhalb betroffener Gruppen. Die Neigung und Eignung dieser Akteure für hybride Kampagnen werden zukünftig ihr Weiteres beitragen, dass man deren Aktivitäten im Detail verfolgt. Das ist Politik ihrem — auch muslimischen — Souverän wie auch internationalen Partnern schuldig.

5 Politischer Islamismus und weltoffener, moderner Islam

Unter Politischem Islamismus verstehen wir eine Weltanschauung, die darauf gerichtet ist, die demokratischen politischen Ordnungen so zu verändern, dass sie nach ihren undemokratischen und antiliberalen Prinzipien neu geordnet werden. Es handelt sich damit um eine Herrschaftsideologie mit unbedingtem Machtanspruch. Politischer Islamismus kennzeichnet sich durch eine extremistische Haltung aus, die gegen die liberalen demokratischen Staaten gerichtet ist und die Bereitschaft einschließt, Gewalt anzuwenden. Gewaltakteure des Politischen Islamismus sind Dschihadisten, aber auch gewaltbereite Salafisten. Die Prinzipale dieser Täter handeln im Hintergrund oder auf legalistische Weise.

Den Begriff des Politischen Islamismus grenzen wir vom Begriff des weltoffenen, modernen Islam ab, mit dem wir die Vertretung von Interessen des Islam im Rahmen der bestehenden politischen Ordnung bezeichnen. Diese Begriffsklärung ist deshalb wichtig, weil anderenorts das Phänomen, das wir als Politischen Islamismus bezeichnen, als Politischer Islam gekennzeichnet wurde. Das hat allerdings zunehmend Kritik herausgefordert, weil argumentiert wurde, auf diese Weise würde die Vertretung von Interessen der Religionsgemeinschaft(en) bezeichnet. Deshalb scheint es uns sinnvoll, die Vertretung islamischer Interessen innerhalb der demokratischen Strukturen als weltoffenen, modernen Islam zu bezeichnen und die Versuche, die liberale demokratische Ordnung durch eine extremistische islamistische Herrschaftsordnung zu ersetzen, als Politischen Islamismus zu definieren.[2] Dass die Bezeichnungen uneinheitlich sind, ist nicht verwunderlich, weil dies erstens auf vielen politischen Handlungsfeldern zu beobachten ist und weil zweitens die handlungsleitende Diskussion erst jetzt in der Mitte der politisch-strategischen Auseinandersetzung ankommt.

Doch so trennscharf wie die analytischen Begriffe ist die politische Praxis nicht. Denn es ist nicht ausgeschlossen, dass Organisationen unter dem Vorwand der Interessenvertretung in demokratischen Staaten, quasi unter dem Deckmantel des modernen Islam, weitergehende Ziele einer Veränderung der Grundlagen der demokratischen Ordnung verfolgen. Derartige Abgrenzungsschwierigkeiten waren in anderen ideologischen Konflikten ebenfalls festzustellen, etwa wenn in Demokratien danach gefragt wurde, inwieweit Parteien und Organisationen, die ideologisch den sozialistischen Diktaturen nahestanden, in einer wehrhaften Demokratie bekämpft werden müssen. Ganz ähnlich existiert zwischen dem Islam und dem Politischen Islamismus eine Zone der Überschneidung, die genauer Analyse bedarf. Denn hier finden sowohl Radikalisierungsprozesse als auch Deradikalisierung ihren politischen Ausdruck. In anderen Zusammenhängen wird dabei von „geistigen Brandstiftern" gesprochen, also von denjenigen, die Ideen der Ausgrenzung, Menschenverachtung und Gewalt in die Köpfe anderer pflanzen, auf dass sie dort reifen. Diese Beziehung zwischen den Strippenziehern, Vordenkern, Anregern und Aufputschern ist nicht auf das Feld des Islamismus fokussiert, sondern wird auch bei rechtsradikalen Ideologien, Antisemitismus (Bundesamt für Verfassungsschutz 2020) oder Verschwörungstheorien (Hildmann und Rückert 2021) als analytischer Zugang eingesetzt.

---

[2] Die Rede vom Politischen Christentum (Stokowski 2020) ist deshalb nicht mehr als ein (allerdings absehbarer) gedanklich unausgegorener Selbstvermarktungsgag.

6 Politischer Islamismus in der politischen Diskussion

Die Diskussion über diese Fragen wurde in Deutschland durch einen CSU-Beschluss auf die politische Tagesordnung der Parteien gesetzt, nachdem im Zuge der Migrationskrise Sicherheitsfragen aufkamen, die mit der unkontrollierten Einwanderung verbunden wurden. Im Leitantrag „Politischer Islam" der CSU, der im November 2016 beschlossen wurde, heißt es: „Der Politische Islam ist die größte Herausforderung unserer Zeit. In den letzten Jahrzehnten hat keine andere ideologische Bewegung weltweit so viel Gewalt, Zerstörung und Destabilisierung hervorgebracht wie der Politische Islam. Terrorismus, Bürgerkriege, zerfallende Staaten und kulturelle Konflikte gehören zu seiner schrecklichen Bilanz. ... Der Politische Islam speist sich aus religiösem Fundamentalismus und politischem Extremismus. Er propagiert einen allumfassenden Geltungsanspruch des islamischen Rechts in einer totalitären Auslegung für alle Bereiche von Staat, Recht und Gesellschaft. Der Politische Islam versucht mit allen Mitteln und in letzter Konsequenz auch mit Gewalt, eine allein religiös legitimierte Gesellschafts- und Staatsordnung durchzusetzen. Die Bandbreite umfasst dabei so unterschiedliche Phänomene wie Terrorattacken, die Anwerbung junger Menschen durch Salafisten, die Abschottung in Parallelgesellschaften oder die Ausweitung gesellschaftlichen Einflusses für seine Ideologie."

Diese Charakterisierung erläutert, was wir unter Politischem Islamismus verstehen. Dieser Begriff wird inzwischen auch von den politischen und staatlichen Akteuren verwandt. So wird der Begriff Politischer Islamismus mittlerweile auch im Bundesministerium des Innern verwendet, das im Juni 2021 einen „Expertenkreis zum Politischen Islamismus" einsetzte (Bundesministerium des Innern, 2021). Dem Expertenkreis gehörten neben Wissenschaftlern und Experten jeweils ein Vertreter der Forschungsstellen beim Bundeskriminalamt sowie beim Bundesamt für Migration und Flüchtlinge an. Diese institutionelle Verzahnung deutet auf die hier zu erörternden Sicherheitsgefahren hin.

Auch das Positionspapier der CDU/CSU-Bundestagsfraktion vom 20. April 2021 spricht vom Politischen Islamismus. In ihm geht es darum, dem Missbrauch demokratischer Rechte und Freiheiten in Deutschland durch islamistische Akteure und Strukturen entgegenzuwirken. Die grundgesetzlich geschützte Religionsfreiheit darf nicht für gewaltbereiten Islamismus und islamistisch begründeten Terrorismus instrumentalisiert werden. „Dieser Politische Islamismus, der vordergründig gewaltfrei agiert, aber Hass, Hetze und Gewalt schürt und eine islamische Ordnung anstrebt, in der es keine Gleichberechtigung, keine Meinungs- und Religionsfreiheit und auch keine Trennung von Religion und Staat gibt, hat sich in Teilen unserer Gesellschaft breit gemacht" (CDU/CSU-Fraktion im Deutschen Bundestag 2021, S. 3). Der Politische Islamismus werde von ausländischen Regierungen missbraucht. In Deutschland, aber stärker noch in Frankreich, Belgien und Österreich hätten sich „über Jahre und Jahrzehnte hinweg islamistisch beeinflusste oder geprägte Parallelgesellschaften gebildet" (ebd., S. 4), wie wir eingangs ausgeführt haben. Das Positionspapier gelangt zu einem Befund, der auch uns veranlasst hat, dem Thema in einer durch die Pandemie monothematisch ausgerichteten Öffentlichkeit mehr Aufmerksamkeit zuwenden zu wollen. Denn die Pandemie beherrscht zwar Berichterstattung, Gespräche und den Alltag der Menschen seit über einem Jahr. Doch andere Sicherheitsgefahren sind nicht geringer geworden, nur weil sie medial überdeckt wurden und aus der öffentlichen Aufmerksamkeit verschwanden. Der Befund des zitierten Positionspapiers hierzu lautet: „Derzeit fehlt es an einem umfassenden systematischen Überblick sowie der Verknüpfung des in Deutschland und in Europa vorhandenen Wissens über die Aktivitäten, die personelle und finanzielle Ausstattung der in Deutschland und Europa aktiven islamistischen Gruppierungen sowie über ihre internationale Vernetzung, ihre strategischen Ziele und über die Reichweite ihrer Ideologien." (ebd., S. 4) Es wird ein Bündel von Maßnahmen vorgeschlagen, die den Politischen Islam in allen seinen Facetten durchleuchten sollen, damit man ihm nachhaltig begegnen kann.

In Österreich wurde eine Dokumentationsstelle Politischer Islam eingerichtet, die von folgender Arbeitsdefinition ausgeht. „Demnach ist der Politische Islam eine Gesellschafts- und Herrschaftsideologie, die die Umgestaltung bzw. Beeinflussung von Gesellschaft, Kultur, Staat oder Politik anhand von solchen Werten und Normen anstrebt, die von deren Verfechtern als islamisch angesehen werden, die aber im Widerspruch zu den Grundsätzen des demokratischen Rechtsstaats und den Menschenrechten stehen." (Grundlagenpapier 2020, S .3)

Hinsichtlich der Methode, wie die antidemokratischen und illiberalen Normen durchgesetzt werden sollen, wird auch vom Legalistischen Islamismus gesprochen. Damit soll die Aufmerksamkeit auf das Vorgehen fokussiert werden, das vordergründig legal, in der Zwecksetzung aber antidemokratisch und illiberal ist. Als zweite Seite der Medaille eines gewaltbereiten Vorgehens durch Dschihadisten wählen Verbände und Organisationen den Weg durch die Institutionen, um dieselben Ziele zu erreichen.

7   Der nahe und der ferne Feind

Der Politische Islamismus muss zeitgleich als transnationale und lokale politische Kraft analysiert werden, die auf den Islam als Gesellschaftsordnung Bezug nimmt und aus dessen Regeln heraus Ansprüche auf die Gestaltung der politischen Ordnung stellt. Dass der Islam als letzte Religion wenig von den allgemeinen Säkularisierungstendenzen der Moderne erfasst wurde, hatte Ernest Gellner zum Ausgangspunkt seiner Analyse gewählt (Gellner 1992). Die mit den Migrationsbewegungen in den europäischen Gesellschaften anlandenden Probleme hat er dabei ebenso berücksichtigt wie die revolutionäre Kraft des Islam, da bei Abfassung seiner Analyse die iranische Revolution alles überschattete. (Das französische Original stammt von 1981). Seither hat die Migration nach Europa zugenommen, der Anteil der muslimischen Bevölkerung ist gestiegen, die transnationalen Netze sind durch die fortschreitende Digitalisierung engmaschiger geknüpft und der Hass auf den Westen durch die Kriege in Afghanistan, Irak und Libyen angefacht worden. Der arabische Frühling und die daraufhin einsetzende Restauration haben die politischen Verwerfungen in der Region vertieft. Die Auseinandersetzung um die Vormacht in der Region zwischen Iran, Saudi-Arabien und der Türkei haben den Islam in unterschiedlicher Weise sehr nah an die staatliche Politik gezogen und damit nicht nur eine religiöse Grundlage staatlicher Legitimation eingezogen, sondern die Religion auf diesem Weg auch politisiert (Özev 2020). Die vom irakischen Bürgerkrieg ausgehenden Territorialgewinne des sogenannten Islamischen Staats haben über Jahre ausländische Kämpfer in das Gebiet zwischen Irak und Syrien gezogen, die dort für die Errichtung eines Kalifats kämpften (Said 2014). Damit schien nach etwas mehr als einem Jahrzehnt in Erfüllung zu gehen, was mit den Anschlägen des 11. September 2001 angelegt war: Den fernen Feind (die USA) zu schlagen, um den nahen Feind (die „un-islamischen" Regierungen im Mittleren Osten und darüber hinaus) zu besiegen und eine eigene politische Ordnung aufzubauen (Steinberg 2005).

8 Muslime in Europa

Die europäischen Regierungen sind nicht der große ferne Feind, sie sind auch nicht der nahe Feind, sondern distanzierter und erreichbarer zugleich. Distanzierter, weil sie aufgrund mangelnder Fähigkeiten nicht groß in das Geschehen im Mittleren Osten und Nordafrika eingreifen können. Erreichbarer, weil in einigen EU-Staaten der muslimische Anteil an der Bevölkerung stark wächst. In den USA blieb der Anteil der Muslime zwischen 2007 und 2019 mit 0,7 Prozent der Gesamtbevölkerung konstant und relativ niedrig (Statista 2021a). In Deutschland lebten 2020 insgesamt 5,5 Millionen Muslime, eine Million mehr als 2015 (Statista 2021b), bei einer Bevölkerung von 83,2 Millionen, also fast sieben Prozent. In Frankreich ist die Lage schwieriger zu erheben, weil im laizistischen Staat die Religionszugehörigkeit nicht erfragt werden darf. Zwischen vier und zehn Millionen wird die Spanne an in Frankreich lebenden Muslimen angegeben, also zwischen fast sechs bzw. 15 Prozent (Belz 2020). Eine IPOS-Studie, die dort zitiert wird, schätzt die Zahl der radikalisierten Muslime in Frankreich auf fünf Prozent ihrer Gesamtzahl.

Nach einer PEW-Umfrage aus dem Jahr 2016 betrug der Anteil der muslimischen Bevölkerung in Europa fast fünf Prozent der Gesamtbevölkerung, wobei sie stark asymmetrisch über die einzelnen Staaten verteilt sind. In den osteuropäischen Staaten und Portugal lag der Anteil unter ein Prozent. In Bulgarien lag die muslimische Bevölkerung bei 11,1 Prozent, in Frankreich bei 8,8 Prozent, in Schweden 8,1 Prozent, gefolgt von Großbritannien mit 6,3 und Deutschland mit 6,1 Prozent (Pew Research Center 2017, S. 4). Der Migration und Fertilität wegen wird dieser Anteil zunehmen und in dieser Studie auf über zwölf Prozent in Frankreich und fast neun Prozent in Deutschland im Jahr 2050 geschätzt (Pew Research Center 2017, S. 8 und 34f.). Zudem ist das Medianalter der muslimischen Bevölkerung deutlich jünger als das der nicht-muslimischen (Pew Research Center 2017, S. 12 und

36f.). Für Deutschland wird in einem Hoch-Migrations-Szenario bis 2050 sogar ein Anteil von bis zu 20 Prozent prognostiziert (Pew Research Center 2017, S. 30). Damit stellen sie einen deutlichen Anteil an der Bevölkerung in einigen EU-Staaten, während sie in anderen EU-Staaten nur sehr gering vertreten sind. Diese Asymmetrie kann auf dem Handlungsfeld europapolitische Folgen in unterschiedlicher Dringlichkeit und Prioritätensetzung haben. Und sie kann, wenn die Integration misslingt, unterschiedlich starke interessierte Dritte hervorbringen.

9 Staatsschwäche und Migration

Flucht, Migration und die Destabilisierung von Staaten, einhergehend mit einer düsteren wirtschaftlichen und sozialen Zukunft in den Herkunftsländern, hängen miteinander zusammen. Deshalb hat die innere Entwicklung – was geschieht lokal? – eine äußere Dimension. Die Frage an die europäischen Staaten lautet: Wie können Prozesse der Staatsschwäche aufgehalten und umgekehrt werden, die dazu führen, dass Staaten die Sicherheit im eigenen Territorium nicht mehr garantieren können? Insbesondere die Erfahrungen aus Afghanistan, Syrien und Mali müssen hierfür aufgearbeitet werden, denn dort konnten keine effektiven Strategien der Stabilisierung umgesetzt werden. Aus demographischen und wirtschaftlichen Gründen ist zu erwarten, dass die Zahl der schwachen Staaten in Europas Nachbarschaft zunehmen wird. In Nordafrika und der Sahelzone liegt der Anteil der muslimischen Bevölkerung bei über 90 Prozent, in manchen Staaten über 99 Prozent. Nigeria, wo Muslime die Hälfte der Bevölkerung ausmachen, stieg die Bevölkerungszahl seit 1980 von 73 Millionen auf derzeit 200 Millionen. Diese Entwicklung wird sich allen Schätzungen zufolge fortsetzen und auf über 900 Millionen im Jahr 2100 ansteigen. Der demographische Druck in Nordafrika nimmt zu, die wirtschaftlichen Chancen bleiben weiter aus, woraus politische Instabilität resultieren kann. In einer derartigen Lage bilden sich Sicherheitsgefahren aus. Denn die Analyse der bisherigen Entwicklung in den muslimischen Staaten ergab: „Fehlende Aussicht auf politische Partizipation, sei es für Islamisten, sei es für andere Oppositionelle, und die Unterdrückung oppositioneller Bestrebungen führten dabei nahezu zwangsläufig dazu, dass der Widerstand militante Ausdrucksformen annahm. Den Militan-

ten ging es nicht mehr nur um Partizipation, sondern um uneinge-
schränkte Macht." (Steinberg 2015, S. 237) Seit dieser Feststellung sind
die transnationalen Netze des Politischen Islamismus dichter und fester
geknüpft worden.

10 Echokammern, Polarisierung und Radikalisierung

Politische Akteure nutzen solche Entwicklungen, um ihre eigenen Interessen durchzusetzen. Das gilt für Regierungen, Unternehmen und
auch diejenigen, die eine Neuordnung der politischen Verhältnisse anstreben. Es wäre naiv nicht darüber nachzudenken, welche Chancen
die Prinzipale des Politischen Islamismus in diesen Entwicklungen erkennen. Denn die Zunahme der muslimischen Bevölkerung in einigen
EU-Staaten – und insbesondere in Deutschland und Frankreich – kann
dazu führen, dass dann, wenn der relative Anteil islamistischer Weltanschauung zuneigender Muslime gleichbleibt, ihre absolute Zahl deutlich steigt. Das kann gerade in vorrangig von Muslimen bewohnten
Stadtquartieren geschlossene Echokammern schaffen, wie es auch aus
anderen Bevölkerungsgruppen bekannt ist. Die digitalen, medialen und
lokalen Echokammern verstärken sich gegenseitig und reproduzieren
eine geschlossene, auf Identitätsgewinn durch Selbstausgrenzung zie-
lende soziale Lage. Die politischen Konsequenzen sind zunehmende
Polarisierungen und dadurch eine erneute Verstärkung der Autostere-
otype dieser Gruppe. Von außen sind sie dann als Adressaten von ge-
zielten Medienkampagnen leichter zu erreichen. Identitätspolitische
Differenzierungen, die in den letzten Jahren an Anspruch zugenommen haben, könne eine solche Entwicklung zudem unterstützen.

Ein kurzer Blick in die USA ist für diese Einschätzung bedeutsam, weil
er erstens zeigt, dass eine solche Entwicklung möglich ist, zweitens
festhält, dass diese Entwicklung, wenn die Motivation, Umstände und
Fähigkeiten passen, alle politischen Akteure – und damit auch den Politischen Islamismus – erfassen kann, und drittens Hinweise darauf aufzeigt, wie eine solche Entwicklung verhindert werden kann. Denn in
den USA ist die Segregation der beiden politischen Lager mental und
räumlich derart verfestigt, dass sie sich zwar im Alltag, nicht aber im

Austausch miteinander begegnen. Diese Polarisierung treibt die politischen Repräsentanten in immer extremere Positionen, um die eigene Gefolgschaft vertreten zu können. Flankiert wird dieser Prozess von jeweils eigenen Medien, die Meinungsnachrichten verbreiten, und entsprechenden digitalen Angeboten. Nur dieser Polarisierung wegen war auch ein effektiver Einfluss von außen auf die amerikanischen Wahlen möglich, weil die jeweilige Zorneshaltung angestachelt werden konnte. Dabei rechtfertigen inzwischen beide Seiten die Anwendung von Gewalt: Die einen, weil sie „ihr Land" – die USA als Vorreiter der Freiheit und Selbstbestimmung – verteidigen wollen, während andere „ihr Land" – die USA als Kontinuum von Völkermord, Sklavenausbeutung und Krieg – politisch neu aufstellen wollen. Als ‚kalter Bürgerkrieg' wird diese gesellschaftliche Formierung bezeichnet (Lütjen 2020). Solche Lagen kalter Bürgerkriege können sich auch in europäischen Staaten ausbilden.

11 Der Wettbewerb um Narrative

In derartigen gesellschaftlichen Konstellationen sozial desintegrierter Polarisierung kommen den politischen Narrativen über die jeweiligen Länder und die Menschen besondere Bedeutung zu. In Frankreich wird dies erfahren, indem Muslime die Anwendung von Gewalt mit der früheren Gewalt in der französischen Kolonialpolitik rechtfertigten. In Deutschland lehrt die Erfahrung der letzten Jahre, dass Antisemitismus auch wegen der zugewanderten Bevölkerung zunimmt (Steinke 2020, S. 83-97). Die Erfahrung der Vergangenheitsbewältigung, die über Jahrzehnte zentrales Kennzeichen der politischen Kultur in Deutschland war, wird auch auf diese Weise herausgefordert. Politische und religiöse Motive können bestimmte extremistische Einstellungen gleichermaßen befördern und stabilisieren. Einen Überblick über Islamismus und die verschiedenen Gruppen findet sich im Verfassungsschutzbericht 2020, der achtzehn Gruppierungen und Verbindungen zu ihnen beobachtet, darunter die Muslimbruderschaft, das Iranische Zentrum Hamburg und die Milli Görüs-Bewegung (Bundesministerium des Innern 2020, S. 188-255). Auch bei anderen extremistischen Gruppen können Verbindungen zu religiösen Motiven und Weltbildern eine Rolle spielen, so etwa bei rechtsradikalen und nationalistischen Gruppierungen aus islamisch geprägten Staaten, wie das Beispiel der Grauen Wölfe aufzeigt (Rammerstorfer 2018).

Je größer die Gruppen sind, die alleine mit Opfer- oder Überlegenheits-Narrativen ihr Verhältnis zu den demokratischen Ordnungen und den europäischen Staaten beschreiben, desto größer ist erstens die Zahl der für Anliegen des Politischen Islamismus mobilisierbaren Menschen und zweitens der soziale Resonanzboden für die Taten der Avantgarde. Hierbei wird die politisierte Religion als Funktion machtpolitischer Strategie eingesetzt, wie dies beim Aufstieg des sogenannten Islamischen Staats zu beobachten war, als „glaubensfreie Ingenieure der Macht... Fanatismus als Methode der Mobilisierung" einsetzten (Reuter 2015, S. 15). Die Prinzipale des Politischen Islamismus sind ohne die Religion nicht zu verstehen, weil sie ihren Herrschaftsanspruch daraus legitimieren, sie haben aber das Feld der religiösen Auseinandersetzung verlassen und führen einen machtpolitischen Kampf um Herrschaft. Dieser zielt, solange die islamistischen Gruppierungen unterlegen sind, auf asymmetrische Aktionen, von denen die terroristischen Anschläge die lautesten und furchteinflößendsten sind: Die demokratische Gesellschaft soll erschreckt werden, die demokratischen Regierungen zur Repression provoziert werden, die eigene Anhängerschaft auf diese Weise mobilisiert werden. Der interessierte Dritte, also diejenigen, die durch die Gewalttaten der selbsternannten Avantgarde an ihre „wirklichen" Identitäten, Weltanschauungen und Interessen erinnert werden sollen, in den Augen der Prinzipale des Politischen Islamismus also die muslimische Bevölkerung im addressierten Land und darüber hinaus weltweit, wird dann zum eigentlichen Resonanzboden der terroristischen Taten. Wenn sie dort Widerhall finden, ist der Weg von der Gewalt zur politischen Macht beschritten. Dem sogenannten Islamischen Staat ist das am Ende nicht mehr gelungen, weil die Resonanz nicht ausreichte, auch wenn viele Menschen gerade auch in Europa durch die medial vielfach verbreiteten Gewalttaten mobilisiert wurden, den Kampf aufzunehmen. Aber das muss nicht so bleiben, sondern kann unter anderen Umständen – Wirtschaftskrise, Pandemie, Staatsversagen auf dem Feld der Sicherheit – andere Effekte auslösen. Die Folge wäre eine resonanzbereite Bevölkerungsgruppe, die auf den Moment der Erhebung vorbereitet wurde. Ein Moment, den Anschläge, die im Selbstbild ja stellvertretend für sie ausgeführt wurden, auslösen. Die exzessive Gewalt in Großbritannien 2011 oder Frankreich 2005 sowie die Angriffe auf die französische Polizei 2020 stehen nur exemplarisch für den Ausbruch politisch-sozialer Unruhen. Deshalb gilt es, die Prinzipale als Auftraggeber des Politischen Islamismus zu identifizieren, die Agenten des Politischen Islamismus als Ausführer der Tat zu erkennen und die ideologisch dem Politischen Islamismus affine Bevölkerung politisch zu adressieren. Das sind die drei Ansatzpunkte, an denen Gegenmaßnahmen Erfolg versprechen.

12 Legalistischer Islamismus und wehrhafte Demokratie

Neben dem asymmetrischen Vorgehen gegen die liberalen Demokratien ist der Legalistische Islamismus zu betrachten. Er geht nicht von außen mit Gewalt vor, sondern von innen, indem die bestehenden Institutionen für die eigenen politischen Zwecke genutzt werden. Das ist auf den ersten Blick nicht anders als bei anderen Organisationen, denn Parteien und Nichtregierungsorganisationen versuchen im demokratischen Staat, ihre Vorstellungen durch Institutionen zu verwirklichen. Der Unterschied ist auch hier, dass es dem Legalistischen Islamismus um die Auflösung der demokratischen Ordnung geht, wobei im Selbstverständnis der Islamisten eine doppelte Aufhebung geschieht: Die Abschaffung der Demokratie und die Einsetzung einer höheren Ordnung. Der zweite Zweck bietet dann im Eigenverständnis die Legitimation für das erste Ziel. Liberale Muslime kritisieren in Deutschland schon lange, dass die wehrhafte Demokratie Gefahren aus diesem Bereich wegen der Sensibilität des Themas nicht adressiert. Immer wieder enden sie bei der Einsicht, dass Probleme, die nicht angesprochen werden, nicht gelöst werden können. Die Islamkonferenz hat deshalb zu einem Streit zwischen verschiedenen muslimischen Vertretern geführt.

Auch die Besetzung eines Sitzes im Rundfunkrat des Norddeutschen Rundfunks führte zu einer scharfen Auseinandersetzung, weil die durch den Hamburger Senat 2012 geschlossenen Verträge mit der Ditib und Schura, zu der auch das vom Verfassungsschutz beobachtete Islamische Zentrum Hamburg gehört, Widerstand hervorriefen. Ebenso hat die Neuorganisation des islamischen Religionsunterrichts in Nordrhein-Westfalen 2021, in die die Ditib einbezogen wurde, heftige Kritik ausgelöst. Die Ditib, deren deutscher Name Türkisch-islamische Union der Anstalt für Religion lautet, untersteht über das Präsidium für religiöse Angelegenheiten direkt dem Präsidenten der Türkei.

13   Fazit

Somit ist für die Analyse der Herausforderungen durch den Politischen Islamismus ein weites Feld zu bearbeiten, das von lokalen Akteuren und Strukturen über die regionale und nationale Ebene bis zu trans- und internationalen Verflechtungen reicht. Der Politische Islamismus ist ein Mehrebenen-Phänomen, das die Beobachtung auf allen Ebenen erfordert, um über die erwartbaren Entwicklungen im Bilde zu sein. Dabei kann er unterschiedliche Methoden zur Durchsetzung seiner Herrschaftsansprüche wählen, die von terroristischen Anschlägen über soziale Unruhen bis zu legalem Vorgehen reichen. Der Fluchtpunkt einer gegen diese Herrschaftsansprüche gerichteten wehrhaften Demokratie ist die Abwehr illiberaler und undemokratischer Gedanken und Taten. Um dies zu leisten, müssen die Gefahren erkannt und benannt werden.

Literatur

Bausback, W., & Linnemann, C. (2019). Der politische Islam gehört nicht zu Europa: Wie wir unsere freie Gesellschaft verteidigen. Freiburg im Breisgau: Herder Verlag.

Belz, N. (2020, 12. Dez). Warum es den französischen Islam nicht gibt. Neue Zürcher Zeitung. https://www.nzz.ch/international/islam-in-frankreich-die-schwierigkeiten-einer-reform-ld.1583881. Zugegriffen: 29. Juli 2021.

Bielefeldt H. (2011). Entgleisende Islamkritik. Differenzierung als Fairnessgebot. In H. Meyer, & K. Schubert (Hrsg.), *Politik und Islam* (S. 135-143). Wiesbaden: VS-Verlag.

Bohne, M. (2020, 22. Jan.). Radikale Islamisten erobern Problemviertel. Deutschlandfunk. https://www.deutschlandfunk.de/kulturkampf-in-frankreich-radikale-islamisten-erobern.886.de.html?dram:article_id=468466. Zugegriffen: 27. Juli 2021.

Bundesamt für Verfassungsschutz (2020, Juli). Lagebild Antisemitismus. https://www.verfassungsschutz.de/SharedDocs/publikationen/DE/2020/lagebild-antisemitismus.pdf?__blob=publicationFile&v=10. Zugegriffen: 18. Aug. 2021.

Bundesministerium des Innern (2020). Verfassungsschutzbericht 2020. https://www.bmi.bund.de/SharedDocs/downloads/DE/publikationen/themen/sicherheit/vsb-2020-gesamt.pdf;jsessionid=E7837D231B0411659E4C25D894AB9096.1_cid295?__blob=publicationFile&v=5. Zugegriffen: 18. Aug. 2021.

Bundesministerium des Innern (2021, 15. Juni). Neuer Expertenkreis zum Politischen Islamismus. https://www.bmi.bund.de/SharedDocs/pressemitteilungen/DE/2021/06/expertenkreis-politischerextremismus.html. Zugegriffen: 20. Juli 2021.

CDU/CSU-Fraktion im Deutschen Bundestag (2021, 20. April). Die freiheitliche Gesellschaft bewahren, den gesellschaftlichen Zusammenhalt fördern, den Politischen Islamismus bekämpfen. https://www.cducsu.de/sites/default/files/2021-04/PP%20Politischer%20Islamismus.pdf. Zugegriffen: 18. Aug. 2021.

International Crisis Group (2017, 18. Juli). The politics of islam in Mali: Separating myth from reality. https://www.crisisgroup.org/africa/west-africa/mali/249-politics-islam-mali-separating-myth-reality. Zugegriffen: 18. Aug. 2021.

Detjen, S. (2015, 13. Jan.). „Der Islam gehört zu Deutschland." Geschichte eines Satzes. Deutschlandfunk. https://www.deutschlandfunk.de/der-islam-gehoert-zu-deutschland-die-geschichte-einessatzes.1783.de.html?dram:article_id=308619. Zugegriffen: 27. Juli 2021.

Gellner, E. (1992) *Der Islam als Gesellschaftsordnung*. München: dtv/Klett-Cotta.

Grundlagenpapier (2020). Der Politische Islam als Gegenstand wissenschaftlicher Auseinandersetzungen und am Beispiel der Muslimbruderschaft. Grundlagenpapier der Dokumentationsstelle Politischer Islam. In Zusammenarbeit mit Prof. Dr. Mouhanad Khorchide und Dr. Lorenzo Vidiono. https://www.dokumentationsstelle.at/wp-content/uploads/2020/12/Der-Politische-Islam-als-Gegenstand-wissenschaftlicher-Auseinandersetzungen-und-am-Beispiel-der-Muslimbruderschaft.pdf. Zugegriffen: 27. Juli 2021.

Hasche, T. (2015). *Quo vadis, politischer Islam? AKP, al-Qaida und Muslimbruderschaft in systemtheoretischer Perspektive.* Bielefeld: transcript Verlag.

Hildmann, P. W., & Rückert M. Th. L. (2021). Agitation von Rechts. QAnon als antisemitische Querfront. Hanns-Seidel-Stiftung. https://www.hss.de/download/publications/AA_85_QAnon.pdf. Zugegriffen: 18. Aug. 2021.

Keskinkilic, O. Z. (2021, 1. Juli). Antimuslimischer Rassismus. Vorsicht Generalverdacht. ZDF heute. https://www.zdf.de/nachrichten/politik/rassismus-islam-muslime-100.html. Zugegriffen: 23. Juli 2021.

Lebovich, A. (2019). Sacred struggles: How Islam shaped politics in Mali. European Council on Foreign Relations. https://ecfr.eu/wp-content/uploads/Secular_stagnation_malis_relationship_religion.pdf. Zugegriffen: 18. Aug. 2021.

Lütjen, T. (2020). *Amerika im kalten Bürgerkrieg. Wie ein Land seine Mitte verliert.* Darmstadt: Wissenschaftliche Buchgesellschaft.

Mandaville, P. (2007). *Global political Islam.* London, New York: Routledge.

Mitchell R.P. (1993). *The society of the Muslim Brothers.* New York, Oxford: Oxford University Press.

Monath, H. (2020, 3. 2020). Macrons Kampf gegen den Islamismus. Das Problem des Nachbarn. Der Tagesspiegel. https://www.tagesspiegel.de/politik/macrons-kampf-gegen-den-islamismus-das-problem-des-nachbarn/26586738.html. Zugegriffen: 27. Juli 2021.

Özev, M. (2020). *Religion und Außenpolitik. Der Islam in der Außenpolitik nahöstlicher Regionalmächte.* Wiesbaden: Springer VS.

Pew Research Center (2017, 29. Nov.). Europe' growing muslim population. https://www.pewforum.org/wp-content/uploads/sites/7/2017/11/FULL-REPORT-FOR-WEB-POSTING.pdf. Zugegriffen: 29. Juli 2021.

Rammerstorfer, T. (2018). *Graue Wölfe. Türkische Rechtsextreme und ihr Einfluss in Deutschland und Österreich.* Wien: LIT-Verlag.

Reuter, C. (2015). *Die schwarze Macht. Der „Islamische Staat" und die Strategen des Terrors.* München: Deutsche Verlags-Anstalt.

Rocksloh-Papendieck, B., & Papendieck, H. (2012). Die Krise im Norden Malis. Aktuelle Lage, Ursachen, Akteure und politische Optionen. Friedrich Ebert Stiftung. http://library.fes.de/pdf-files/iez/09526.pdf. Zugegriffen: 18. Aug. 2021.

Rougier, B. (2020). *Les territoires conquis de l'islamisme* [Die eroberten Gebiete des Islamismus]. Paris: Presses Universitaires de France.

Rupp, J. (2016). *Der (Alb)traum vom Kalifat. Ursachen und Wirkung von Radikalisierung im Politischen Islam.* Wien: Böhlau Verlag.

Said, B. T. (2014). *Islamischer Staat. IS-Miliz, al-Qaida und die deutschen Brigaden.* München C.H.Beck.

Saif, M. (2021, 20. Juni). Das neue Schreckgespenst im Islamdiskurs: „politischer Islam". Islam iQ. https://www.islamiq.de/2021/06/20/das-neue-schreckgespenst-im-islamdiskurs-politischer-islam/. Zugegriffen: 23. Juli 2021.

Schäuble, W. (2019, April). Glaube und Grundgesetz: Welcher Islam gehört zu Deutschland? Herder Korrespondenz. https://www.herder.de/hk/hefte/archiv/2019/4-2019/welcher-islam-gehoert-zu-deutschland-glaube-und-grundgesetz/. Zugegriffen: 23. Juli 2021.

Der Spiegel (2010, 16. Okt.). Merkel erklärt Multikulti für gescheitert. https://www.spiegel.de/politik/deutschland/integration-merkel-erklaert-multikulti-fuer-gescheitert-a-723532.html. Zugegriffen: 27. Juli 2021.

Statista (2021a). USA: Religionszugehörigkeit in den Jahren 2007, 2014, 2018, 2019, und 2020 https://de.statista.com/statistik/daten/studie/166855/umfrage/religionen-in-den-usa/. Zugegriffen: 29. Juli 2021.

Statista (2021b). Entwicklung der Anzahl der Muslime in Deutschland von 1945 bis 2020. https://de.statista.com/statistik/daten/studie/72321/umfrage/entwicklung-der-anzahl-der-muslime-in-deutschland-seit-1945/. Zugegriffen: 29. Juli 2021.

Steinberg, G. (2005). *Der nahe und der ferne Feind. Die Netzwerke des islamistischen Terrorismus.* München: C. H. Beck.

Steinke, R. (2020). *Terror gegen Juden. Wie antisemitische Gewalt erstarkt und der Staat versagt. Eine Anklage.* Berlin, München: Berlin Verlag.

Stokowski M. (2020, 27. Okt.). Und was ist mit dem Politischen Christentum? Der Spiegel. https://www.spiegel.de/kultur/abtreibungsgesetz-in-polen-was-passiert-wenn-christliche-fundamentalisten-an-der-macht-sind-kolumne-a-25d8601d-06f2-4380-b042-0a1912df78ae. Zugegriffen: 28. Juli 2021.

Wesel, B. (2020, 31. Okt.). Frankreich und der Islamismus. Deutsche Welle. https://www.dw.com/de/frankreich-und-der-islamismus/a-55454287. Zugegriffen: 27. Juli 2021.

Die MENA-Region bleibt Brutstätte des islamistischen Terrorismus. Die Bedrohung Europas könnte wieder wachsen

Heinrich Kreft

1   Einleitung

Der Nahe Osten und Nordafrika sind Europas unmittelbare Nachbarschaft. Die dortigen Entwicklungen betreffen uns direkt oder zumindest indirekt. Als der sogenannte Islamische Staat (IS/ISIS/ISIL/Daesh) 2013 nach Syrien expandierte, wuchsen auch seine Beziehungen nach Europa. Von 2011 bis 2015 reisten etwa 5.000 Europäer nach Syrien und in den Irak, um sich dort dem IS anzuschließen. Mehrere Täter der Terroranschläge vom November 2015 in Paris (mit 150 Toten) und der Bombenanschläge vom März 2016 in Brüssel (mit 32 Toten) waren Europäer, die mit dem IS in Syrien und/oder im Irak trainiert bzw. gekämpft hatten. Bei diesen und einigen anderen Terroranschlägen gibt es einen direkten Bezug zum IS. Die Mehrzahl der Anschläge, die mit dem IS in Verbindung stehen, wurden allerdings von Individuen verübt, die von der IS-Propaganda inspiriert und in kleinen Gruppen Gleichgesinnter überwiegend online oder in europäischen Gefängnissen radikalisiert wurden. Der IS nimmt aus Propagandazwecken auch Anschläge für sich in Anspruch, wo die Sicherheitsbehörden keinerlei Anhaltspunkte dafür finden. Trotz der gesunkenen „outreach"-Fähigkeiten des IS, seitdem er die Kontrolle über seine letzten Territorien verloren hat, ist sein ideologischer Einfluss bis heute in Europa virulent. Befürchtet wird, dass sich insbesondere junge, männliche Migranten und Asylbewerber aus unterschiedlichen Gründen der islamistischen Ideologie des IS zuwenden und sich radikalisieren könnten. Die Terrorherrschaft des Assad-Regimes hat Millionen Menschen in die Flucht getrieben, von denen eine substanzielle Anzahl nach Europa gekommen ist. Aufgrund der anhaltenden Terrorgefahr im Nahen Osten, der fortgesetzten Propagandaarbeit des IS in einschlägigen Netzen sowie der wachsenden Aktivitäten islamistischer Terrorgruppen insbesondere in der Sahel-Region Afrikas dürfte sowohl der Migrationsdruck auf Europa als auch die Bedrohung durch Terroranschläge in Europa auf absehbare Zeit groß bleiben bzw. wieder wachsen.

Die MENA-Region muss daher noch stärker und dauerhaft in den Fokus deutscher und europäischer Politik rücken.

2 Irak und Syrien – Kernregion des islamistischen Terrorismus

Mit dem Fall von Baghuz, der letzten Hochburg der Terrororganisation Islamischer Staat an der syrisch-irakischen Grenze am 23. März 2019, ist das islamische Kalifat, zumindest territorial, ein Teil der Vergangenheit. Dies war ein wichtiger Meilenstein in dem vier Jahre währenden militärischen und zivilen Kampf gegen den islamistischen Terrorismus, der zur Befreiung von 7,7 Millionen Menschen im Irak und Syrien führte, die unter dem grausamen Regime des IS zu leiden hatten. Auf dem Höhepunkt seiner territorialen Ausdehnung herrschte der IS über 110.000 Quadratkilometer einschließlich mehrerer Großstädte in Irak (u.a. die Metropole Mossul) und Syrien. In dieser Zeit war der IS in der Lage über 40.000 ausländische Kämpfer (Foreign Terrorist Fighters/FTF) anzuziehen, die z.T. mit ihren Familien in den Proto-Staat und selbst erklärten Kalifat gezogen sind. Seit mehr als zwei Jahren hält diese Terrororganisation nun kein Territorium mehr, weder in Syrien noch im Irak, doch sie ist weit davon entfernt eliminiert zu sein. Die Herausforderungen in der ehemaligen Kernregion des IS bleiben für die internationale Staatengemeinschaft hoch. Sie können nur durch das gemeinsame Handeln der internationalen Anti-IS-Koalition, internationaler und lokaler Partner als auch der irakischen Regierung und mit der Unterstützung der Menschen vor Ort überwunden werden.

2.1 Besiegt aber nicht eliminiert – der Kampf des Irak gegen den IS

Seit der Rückeroberung Mossuls und dem anschließenden vollständigen Verlust aller beherrschten Gebiete im Jahre 2017 war der IS zu keinen nennenswerten Operationen im Irak mehr fähig. Die im Irak verbliebenen Kämpfer zogen sich in die Berge und unwirtliche Wüstenregionen zurück, von wo aus sie mit kleinen mobilen Einsatzgruppen Anschläge gegen irakische Sicherheitskräfte und Infrastruktur (Stromtrassen, Ölfelder) verüben. Die Anschläge werden häufig gefilmt und zu Propagandazwecken über die Plattform Telegram an IS-Anhänger und Sympathisanten weltweit verbreitet. Die Aktivitäten konzentrieren sich auf die ehemaligen „Hochburgen" des IS in den westlichen und nordwestlichen Provinzen des Landes. In den zwischen der Zentralregierung und der autonomen Region Kurdistan umstrittenen Gebieten – vor allem Kirkuk und Diyala – nutzt er das dadurch entstandene Vakuum für gezielte Anschläge auf Sicherheitskräfte – kurdische Peschmerga, irakische Armee (ISF) und schiitische Milizen (PMF). Die Anschläge (hit-and-run) sind zumeist nicht mehr als Nadelstiche, große Terrorakte wie der Selbstmordanschlag am 21. Januar in Bagdad (dem Tag nach der Amtseinführung von US-Präsident Biden) mit 32 Toten und über 100 Verletzten sind die Ausnahme.

Die Zahl der in Irak aktiven IS-Kämpfer (darunter Frauen und Kinder) wird aktuell auf 3.500 bis 5.000 geschätzt und die Zahl der inaktiven, aber jederzeit mobilisierbaren Kämpfer auf 8.000. Die aktiven Kämpfer werden regelmäßig vom IS mit umgerechnet etwa 30 Euro im Monat entlohnt. Dabei kann der IS auf noch vorhandene Geldreserven aus der Zeit des Kalifats zurückgreifen, als ihnen vor allem in Mossul in den dortigen Banken große Geldbestände in die Hände fielen. Die Haupteinnahmequelle des IS sind heute Schutzgelderpressung, Lösegeldzahlungen infolge von Entführungen sowie Raubüberfälle und Schmuggelaktivitäten – was seine Unterstützung in der Bevölkerung weiter untergräbt. Der Verfolgungsdruck durch die irakischen Sicherheitskräfte unterstützt von der internationalen anti-IS-Koalition sowie durch schiitische Milizen (PMF) bleibt hoch. Es vergeht kaum eine Woche, in der die irakischen Sicherheitskräfte nicht Erfolge (u.a. Festnahmen oder Tötung von IS-Kämpfern und Aushebung von Waffenlagern) im Kampf gegen den IS vermelden. Eine wichtige Rolle spielen dabei die überwiegend von Schiiten gebildeten Milizen (PMF), die allenfalls zum Teil von der irakischen Regierung kontrolliert werden. Die PMF, die infolge einer Fatwa von Großayatollah Sistani aufgestellt wurden, um den IS zurückzudrängen, haben einen entscheidenden Beitrag zum Sieg über den IS geleistet, wobei sie einen erheblichen Blutzoll gezahlt haben. Dieser von den PMF zelebrierte Gründungsmythos und ihre anfänglich große Unterstützung in der Bevölkerung haben die PMF zunehmend zu einem Staat im Staate werden lassen, was mit wenig kontrollierbaren und zunehmend auch illegalen Aktivitäten einhergeht. Verbesserungswürdig ist auch die Koordination zwischen den irakischen Sicherheitskräften und den PMF sowie den kurdischen Peschmerga. Diese soll nun insbesondere in den umstrittenen Regionen durch den Aufbau neuer gemeinsamer Koordinierungszentren verbessert werden. Die Umsetzung ist nach jüngsten Zusammenstößen zwischen IS und Peschmerga, bei denen auch die Kurden zahlreiche Kämpfer verloren haben, beschleunigt in Angriff genommen worden. In Bagdad und Erbil waren bereits im November 2020 gemeinsame „Operation Headquarters" eingerichtet worden.

Der IS hat nach dem Verlust seiner letzten von ihm gehaltenen Gebiete und durch sein grausames Regime unter den sunnitischen Irakern an Anziehungskraft verloren. Dennoch gelingt es dem IS auch weiterhin, junge Männer durch Zwang, Einschüchterung, aber auch durch finanzielle Anreize zu rekrutieren und so zumindest die nicht unerheblichen eigenen Verluste zu kompensieren. Dieses hängt vor allem mit der aktuellen ökonomischen Lage des Landes zusammen. Die staatlichen Institutionen sind von Korruption und Dysfunktionalität geprägt und werden auch so von der Bevölkerung wahrgenommen. Die in der Folge der US-Intervention 2003 abgewickelten staatlichen Strukturen konnten bis heute nicht durch neue funktionierende Einheiten ersetzt werden. Missmanagement, der niedrige Ölpreis und die Covid-19-Pandemie haben die wirtschaftliche Lage weiter verschärft. Gemäß den Vereinten Nationen sind derzeit 4,1 Mio. Iraker auf humanitäre Hilfe angewiesen. Die Weltbank schätzt, dass 12,4 Mio. Einwohner von Armut bedroht sind. Die makroökonomischen Daten zeichnen ein dramatisches Bild. Die Wirtschaft des Landes ist 2020 um 10 Prozent eingebrochen und die Staatsverschuldung hat einen neuen Höchststand erreicht. 60 Prozent der Bevölkerung ist jünger als 25 Jahre und die Jugendarbeitslosigkeit beläuft sich auf 25 Prozent. Die 700.000 jungen Iraker, die jedes Jahr neu auf den Arbeitsmarkt drängen, verschärfen die Lage weiter. Gleichzeitig ist das Bildungssystem unterfinanziert und erreicht viele Kinder nicht, mit der Folge eines wachsenden Analphabetismus. Ein Drittel der Iraker zwischen 15 und 29 ist heute entweder völliger Analphabet oder verfügt über unzureichende Grundkenntnisse. Nach wie vor sind mehr als 1,4 Mio. Iraker als Binnenflüchtlinge – aus verschiedenen Gründen – nicht in ihre Heimat zurückgekehrt. Ein besonderes Problem haben die sogenannten „IS-Familien", die sich aus Angst vor Repressalien nicht in ihre Heimat zurücktrauen. Eine Kombination aus politischem Nepotismus, wirtschaftlichem Niedergang, kollabierendem Sozialsystem und zu geringen Wiederaufbauanstrengungen, vor allem – aber nicht nur – in den vom IS befreiten Gebieten, bedroht die elementare Stabilität des Landes.

Vor diesem Hintergrund ist es nicht verwunderlich, dass der IS weniger aus ideologischen, sondern vor allem aus ökonomischen Gründen für junge Sunniten attraktiv bleibt. Eine IS-Mitgliedschaft bedeutet bezahlte Arbeit, ist identitätsstiftend und eine Alternative zu den – von der schiitischen Mehrheit dominierten – irakischen Streitkräften. Hauptanreize für die Rekrutierung sind daher weder die Religion als solche noch die radikal-islamistische IS-Ideologie, sondern ökonomische Anreize sowie Macht und Einfluss. Ein weiteres Rekrutierungsreservoir des IS bilden die Kinder und Jugendlichen, die unter seiner Herrschaft aufgewachsen und indoktriniert worden sind – die sogenannte „Vierte Generation". Im Camp Al-Hol an der syrisch-irakischen Grenze leben 30.000 irakische Familien von ehemaligen IS-Anhängern auf engstem Raum zusammen. Im Camp selbst soll das radikal-islamische Recht von den Scharfmachern unter den Internierten mittels Unterdrückung und Erpressung bis hin zu grausamen Morden – durch Köpfen – an denen, die sich diesem widersetzen, durchgesetzt werden. Es wird zudem davon ausgegangen, dass regelmäßig Internierte aus dem Camp fliehen, um sich lokalen IS-Gruppen in Irak und Syrien anzuschließen.

Die Stabilität des Irak wird aber derzeit nicht vom IS gefährdet, sondern vielmehr von den zahlreichen Milizen, von denen einige explizit zur Bekämpfung des IS gegründet wurden und die unter dem Dach der PMF teils illegal operieren. Sie sind mit etwa 150.000 Kämpfern weitaus stärker als der IS und sind aus ähnlichen Gründen (regelmäßige Lohnzahlungen, Macht und Einfluss) für junge Schiiten attraktiv. Die PMF-Milizen gerieren sich immer mehr wie ein Staat im Staate und werden von der Bevölkerung, deren schiitische Mehrheit sie einst als Befreier von der Bedrohung durch den IS gefeiert hat, zunehmend als Blutsauger wahrgenommen, die an den von ihnen kontrollierten Checkpoints Wegezölle erheben und Schutzgelder erpressen. Auch durch ihre blutige Rolle bei der Niederschlagung der Demonstrationen in 2019, der über 600 Iraker, zumeist Jugendliche, zum Opfer fielen, durch die Einschüchterung von und Morde an Aktivisten, Journalisten und anderen Kritikern der Regierung haben die PMF stark an Ansehen verloren. Die PMF werden daher inzwischen von der allgemeinen Bevölkerung als weitaus größere Bedrohung wahrgenommen als die punktuellen Anschläge des IS in den Randgebieten des Landes, außerhalb der Städte. Für eine dauerhafte Befriedung des Irak und die Verbesserung der Sicherheits- und Menschenrechtslage muss daher nicht nur der IS bekämpft und sein Wiedererstarken verhindert werden, sondern es ist auch eine Entmachtung der PMF wichtig. Der IS bremst mit seinen Anschlägen und durch die reale Gefahr seines Wiedererstarkens den Wiederaufbau und die Stabilisierung vor allem in den befreiten Gebieten. Die schwelende, derzeit eher abstrakte Gefahr durch den IS wiederum wird von den Milizen als Daseinsberechtigung genutzt, um die eigene Machtposition und den Zugriff auf die Ressourcen des Staates zunehmend mit Gewalt und Unterdrückung zu vergrößern. Dieses könnte zum Zusammenbruch des fragilen Staates führen, was wiederum ein Wiedererstarken des IS begünstigen würde. Um diesem Teufelskreis zu entkommen, benötigt der Irak weiterhin massive internationale Unterstützung.

2.2 Auch in Syrien besiegt, aber hohes Potential für ein neues Erstarken des IS

Auch wenn der IS ebenfalls in Syrien keine Gebiete mehr hält, ist die Terrororganisation weiterhin im Land aktiv. Sie hat ihre Aktivitäten in den letzten Monaten sogar ausgebaut und zahlreiche Anschläge verübt. Offensichtlich ist es dem IS gelungen, seine Strukturen im Untergrund der neuen Situation anzupassen und zu konsolidieren. Stark radikalisierte Kämpfer halten auch weiterhin an der menschenverachtenden radikal islamistischen Ideologie fest und versuchen, diese auch über Syrien hinaus zu verbreiten.

Die katastrophale Lage Syriens nach zehn Jahren Bürgerkrieg bietet einen fruchtbaren Boden für ein Wiedererstarken des IS und anderer

Terrorgruppen (auch der Entstehung neuer Gruppen). Die Vereinten Nationen zählen 13,5 Mio. Bedürftige in Syrien, darunter 6 Mio. Binnenvertriebene. 12 Mio. gelten als ständig von Hunger bedroht. Im Nordosten des Landes, dem ehemaligen Hauptoperationsgebiet des IS um Raqqa, befinden sich 600.000 Binnenvertriebene und in Idlib, im Nordwesten Syriens, sind 2,7 Mio. Binnenflüchtlinge auf engem Raum zusammengepfercht und vollständig auf humanitäre Hilfe angewiesen, die immer wieder vom Assad-Regime behindert wird. Idlib wird von Anti-Assad-Milizen gehalten, darunter die al-Qaida-nahe Hai´at Tahrir asch-Scham (HTS) (Komitee zur Befreiung der Levante). Nach Zusammenstößen zwischen von der russischen Luftwaffe unterstützten Regierungskräften und türkischen Verbänden, denen auf türkischer Seite 34 Soldaten zum Opfer fielen, und der türkischen Militäroffensive „Spring Shield" einigten sich Russland und die Türkei am 5. März 2020 auf einen Waffenstillstand, der bis heute weitgehend hält. Syrien ist heute de facto viergeteilt. Das Assad-Regime herrscht dank russischer und iranischer Unterstützung wieder über etwa 60 Prozent des Landes, wo sich Präsident Assad jüngst in einer massiv manipulierten Wahl hat wiederwählen lassen. Im Nordwesten herrschen oppositionelle Milizen in Idlib unter dem Schutz der Türkei, die zudem die Region Afrin zusammen mit den ihnen nahestehenden Milizen sowie einen Grenzstreifen zwischen Tal Abyad und Ras al-Ayn (120x30 km) kontrollieren, aus dem die kurdische Miliz YPG und die Demokratischen Kräfte Syriens (SDF) verdrängt wurden. Diese wiederum haben mit US-Unterstützung und anderer Kräfte der internationalen Anti-IS-Koalition die Hauptlast des erfolgreichen Niederringens der radikal-islamistischen Terrorgruppe getragen. Dank der Präsenz der USA blieb das Vorgehen der türkischen Armee gegen die kurdische YPG, die der in der Türkei als Terrororganisation bekämpfte PKK nahesteht, auf die Grenzregion beschränkt. Damit konnte einstweilen verhindert werden, dass die YPG sich übermächtigen türkischen Streitkräften hätte erwehren müssen. Dieses hätte mit einiger Sicherheit auch bedeutet, dass sie gezwungen gewesen wäre, die Sicherung der dem IS entwundenen Gebiete aufzugeben und möglichweise gar die Bewachung der nach wie vor auf etwa 40.000 bis 60.000 IS-Anhänger (einschl. weit über 10.000 nicht-Iraker und nicht-Syrer) vor allem in Camp Al-Hol abzubrechen. Dennoch konnte in dieser Zeit eine größere Anzahl von IS-Anhängern ein-schließlich einiger Europäer – darunter auch Deutsche – fliehen. Ein besonderes Problem stellen die Foreign Terrorist Fighters dar, die von SDF-Kräften in Lagern interniert wurden und von diesen nach Kräften bewacht werden. Alle bestehenden relevanten Akteure stützen sich auf bewaffnete Armeen und Milizen und stellen damit zugleich staatli-che/quasi-staatliche/nicht-staatliche Gewaltakteure dar. Gewalt, Will-kür und politische Verfolgung sind an der Tagesordnung; jene Dinge, gegen die sich der Volksaufstand vor zehn Jahren richtete und der vom diktatorischen, neopatrimonialen Regime Assads (Rang 164 von 167 im Demokratieindex des Economist) brutal niedergeschlagen wurde. Die Aushandlung eines neuen, landesweit gültigen Gesellschaftsver-trags bleibt vor diesem Hintergrund noch für lange Zeit aussichtslos. Damit bleibt Syrien eine fruchtbare Brutstätte für Terrorgruppen wie den IS und anderen, die nicht nur die leidgeprüfte einheimische Bevöl-kerung bedrohen, sondern auch in andere Weltregionen expandieren, insbesondere nach Afrika, und auch uns in Europa bedrohen.

2.3 Das Problem der Foreign Terrorist Fighters und ihrer Familien

Mitte 2021 befinden sich mehrere Zehntausend Islamisten als Folge des Zusammenbruchs des Jihadismus und des politischen Islams in der MENA-Region im Gefängnis – vornehmlich in Syrien, Irak, Ägypten und Tunesien. Ein besonderes Problem stellen die Foreign Terrorist Fighters (FTF) in Syrien dar, die von den kurdisch dominierten SDF in verschiedenen Lagern interniert sind. Etwa 13.500 nicht-syrische und nicht-irakische Frauen und Kinder sind in verschiedenen Camps, vor allem in al-Hol an der Grenze zu Irak interniert. Die Zahl der männli-chen FTF wird auf etwa 2.000 geschätzt, die größte Gruppe wird in einem provisorischen Gefängnis in Hasakah festgehalten. Die Zahlen variieren stark, da die Identität der Insassen für die kurdischen Autori-täten in vielen Fällen nicht eindeutig festzustellen ist. Deutsche Behör-den gehen davon aus, dass insgesamt mehr als 1070 Personen während der Hochzeit des IS aus Deutschland in den Irak und nach Syrien ge-reist sind, um sich der Terrororganisation anzuschließen. Der wich-tigste Anwerber – Abu Walaa, Kopf des IS-Netzwerks in Deutschland – wurde 2020 nach einem drei Jahre dauernden Prozess zu 10 ½ Jahren

Gefängnis verurteilt. Allein im ersten Quartal 2021 hat der General-bundesanwalt neun Verfahren wegen Mitgliedschaft in einer ausländi-schen Terrorgruppe oder deren Finanzierung sowie der Vorbereitung von Terroranschlägen eröffnet. Die Zahl der in Syrien und Irak festge-haltenen Deutschen wird derzeit noch auf etwa 80 bis 100 geschätzt – davon etwa 30 Männer und 50 Frauen. Hinzu kommen etwa 150 Kin-der. Obwohl sich nahezu alle Regierungen für die Rückführung der über 600 Kinder ausgesprochen haben, läuft diese nur sehr schleppend. Es ist wahrscheinlich, dass dies bald auch nationale Gerichte und den Europäischen Menschenrechtsgerichtshof beschäftigen wird.

Die Frage der Repatriierung der FTF ist in allen Ländern eine höchst delikate Angelegenheit. In Norwegen führte eine solche Rückholaktion zum Sturz der Regierung. Falls eine Repatriierung zumindest der Er-wachsenen oder der männlichen FTF aus (sicherheits-)politischen Gründen nicht gewollt ist, stellt sich die Frage, was mit ihnen in Syrien geschehen soll. Ein jahrelanges Festhalten außerhalb jeder Legalität – eine Art europäisches Guantanamo – verbietet sich von selbst. Die meisten Regierungen haben sich dafür ausgesprochen, die FTF dort anzuklagen, wo sie straffällig geworden sind, d.h. entweder in Syrien oder im Irak. Die Idee eines internationalen Tribunals wurde bereits als undurchführbar und zu teuer verworfen. Auch eine Anklage vor iraki-schen Gerichten oder vor Einrichtungen der international nicht aner-kannten kurdischen Autonomiebehörden in Syrien stößt auf große le-gale und praktische Bedenken. Selbst wenn die FTF in Syrien und Irak verurteilt und dort ihre Strafe absitzen würden, wäre damit das Prob-lem für ihre europäischen Herkunftsländer allenfalls vertagt. Bekann-termaßen haben sich viele Islamisten in europäischen Gefängnissen ra-dikalisiert. Diese Gefahr ist in Syrien und Irak um ein Vielfaches höher, da sie dort unter weitaus härteren Bedingungen ihre Strafe absitzen würden, vor allem aber, weil sie zusammen mit einigen der gefährlichs-ten Terroristen der Welt inhaftiert sein würden. Zudem ist die Gefahr groß, dass einige durch Gefängnisausbrüche, Befreiungsaktionen, durch Korruption oder durch ihre politische Instrumentalisierung vor-zeitig freikommen.

Daher müssen sich die europäischen Regierungen fragen lassen, ob Sy-rien und Irak die richtigen Orte sind, um die „gefährlichsten" europä-ischen Individuen gefangen zu halten. Wieder auf freiem Fuß, könnte vielen die Rückkehr nach Europa gelingen. Oder ob es nicht doch besser ist, die Strafverfolgung und die Deradikalisierung selbst in die Hand zu nehmen – sowohl aus Gründen der Sicherheit als auch aus rechtlichen und ethischen Gründen.

Foreign Terrorist Fighters und zugehörige Kinder aus Europa in syrischen und irakischen Lagern

Nationalität	Syrien	Syrien	Syrien	Irak
	Männer	Frauen	Kinder	
Frankreich	ca. 60	ca. 80	ca. 200-250	14
Deutschland	ca. 30	ca. 50	ca. 150	7
Niederlande	ca. 15	ca. 25	ca. 75	1
Belgien	14	21	38+	2
Schweden	ca. 10	ca. 20	ca. 50-70	1+
Großbritannien	9	15	35	0
Dänemark	2	7	19	0
Finnland	2	5	20+	?
Spanien	2	3	17	0
Österreich	+	4	4+	?
Italien	1+	1	2+	?

Insgesamt: ca. 385-460   ca. 610-680   25+

Insgesamt Syrien   ca. 995-1140

Insgesamt Syrien und Irak   ca. 1020-1165

(Die Zahlen wurden von Thomas Renard und Rik Coolsaet auf der Basis von Expertenbefragungen in den genannten Ländern erstellt, die mit Angaben von internationalen NGOs, die in den Camps tätig sind und offenen Quellen abgeglichen wurden. Die Zahlen geben nur die Personen mit entsprechender Staatsangehörigkeit wieder. Darüber hinaus gibt es etliche Personen, die über „Verbindungen" zu einem europäischen Staat verfügen.)

3 Die Metastasen des islamistischen Terrorismus

Vom Epizentrum Nahost breitete sich der Islamismus und der islamistische Terrorismus auf nahezu die gesamte islamische Welt aus, mit Anschlägen in den USA, Europa, Südasien sowie Australien und Neuseeland. Mitte 2021 ist die jihadistische Bewegung allerdings wieder so zersplittert wie vor 20 Jahren, als al-Qaida nur eine von vielen Jihadi-Gruppen war. Und auch die vom globalen Jihadismus ausgehende Gefahr für westliche Staaten ist derzeit eher gering. Trotz aller Zersplitterung hat die Bewegung zurzeit drei wesentlich Pole: Al-Qaida mit seinen sechs Ablegern von Afghanistan bis West-Afrika; der Islamische Staat mit seinen diversen Provinzen von Ost- und Südasien bis Nordafrika und die früher mit al-Qaida verbundene HTS im Nordwesten Syriens. Al-Qaida und IS haben keineswegs den globalen Jihadismus aufgegeben, sind aber derzeit in zahlreichen regionalen Konflikten (und lokaler Politik) involviert und sehen sich einem permanenten Druck durch die US-geführte Anti-IS-Koalition ausgesetzt.

Von besonderer Relevanz für Europa ist die Expansion des islamistischen Terrorismus in Afrika.

3.1 Zurückdrängen des Islamismus und des islamistischen Terrorismus in Nordafrika

Mit dem sogenannten arabischen Frühling gelangte in Ägypten mit der Muslim-Bruderschaft der politische Islam durch demokratische Wahlen an die Macht und wurde von dort 2013 durch das Militär wieder verdrängt. Über 22.000 Anhänger der Bruderschaft befinden sich seitdem in den Gefängnissen des Landes. Die Bedrohung durch mit al-Qaida und IS liierten islamistischen Terrorgruppen auf dem Sinai konnte das Militär mit erfolgreichen Operationen eindämmen, ohne sie vollständig zu eliminieren. In Tunesien spielt der moderate politische Islam eine staatstragende Rolle und ist auch an der derzeitigen Regierung beteiligt. Etwa 1.000 islamistische Terroristen, darunter Rückkehrer aus Syrien und Irak, befinden sich in den Gefängnissen. In Libyen, wo auch Vertreter des politischen Islam maßgeblich am Sturz Gaddafis beteiligt waren, konnte der IS am stärksten Fuß fassen und zeitweise ein größeres Territorium unter seine Kontrolle bringen. In Algerien ist „al-Qaeda in the Islamic Maghreb" (AQIM) aus der salafistischen

„Group for Preaching and Combat" hervorgegangen und hatte zunächst 2011 von den Umstürzen in Tunesien und Libyen profitiert. Die Führung befindet sich nach wie vor in Algerien, hat ihre Hauptaktivitäten aber in den Sahel verlegt.

3.2 Die Sahel-Region als neue Brutstätte des islamistischen Terrorismus

In Nordwestafrika dringt der Jihadismus immer weiter von Norden nach Süden vor – wie die Wüste. Die Sahel-Region – von Mauretanien am Atlantik bis zum Tschad – ist das Armenhaus Afrikas, mit äußerst fragilen Staaten und großen Gebieten ohne effektive staatliche Kontrolle. Alle Staaten sind mehr oder weniger von ethnischen Konflikten und Separatismus geplagt und zunehmend durch das Vordringen islamistischer Terrorgruppen bedroht, gegen die sich bewaffnete Milizen gebildet haben, die z.T. ihrerseits zur Eskalation der Gewalt beitragen. Mali befindet sich seit 2012 in der Krise, als der Staat angesichts einer separatistischen Rebellion im Norden, eines Militärputsches und einer regionalen Dürre beinahe zusammengebrochen wäre. Mit den Separatisten des Nordens verbündete islamistische Aufständische, ausgestattet mit modernen Waffen aus libyschen Beständen, konnten gerade noch rechtzeitig durch das beherzte Eingreifen Frankreichs am Vordringen auf die Hauptstadt Bamako und die anderen Hauptsiedlungsgebiete des Landes gehindert werden.

Zur Stabilisierung des Landes hat der VN-Sicherheitsrat 2013 die Multidimensionale Integrierte Stabilisierungsmission der VN in Mali (MINUSMA) eingesetzt, an der sich Deutschland mit bis zu 1100 Soldatinnen und Soldaten beteiligt. Parallel dazu hat Frankreich die Anti-Terror Operation Barkhane (vormals Operation Serval) etabliert und führt die von verschiedenen europäischen Ländern aus Spezialkräften gebildete counterterrorism-Mission Takuba. Die EU hat ihrerseits 2013 die Trainingsmission EUTM – ebenfalls mit deutscher Beteiligung zur Ausbildung der malischen Streitkräfte ins Leben gerufen, die inzwischen auf alle Sahel-5-Staaten ausgeweitet wurde. Erneute Militärputsche im August 2020 und jüngst im Mai 2021 zeigen aber, dass die Stabilisierung des Landes trotz erheblicher Auslandshilfen und der substanziellen Präsenz ausländischer – einschließlich deutscher – Sicherheitskräfte bisher nicht gelungen ist. Dank der westafrikanischen Regionalorganisation ECOWAS und ihres Mediators, Goodluck Jonathan, kann der von der internationalen Gemeinschaft wesentlich mitgetragene Weg der Transition zu Neuwahlen in 2022 aber wohl fortgesetzt werden. Die Sicherheitslage bleibt weiterhin äußerst angespannt: Am 12. Juni 2021 wurden zwölf deutsche und ein belgischer Soldat bei einem Patrouilleneinsatz durch einen Selbstmordattentäter zum Teil schwer verletzt. Auch im östlichen Nachbarland Niger, einem Schlüsselpartner des Westens in der Region, ist das Vordringen bewaffneter islamistischer Gruppen zu beobachten. Das nigrisch-malische Grenzgebiet gilt inzwischen als Kernland des Islamischen Staats in der Größeren Sahara (ISGS), wo diese seit Langem die lokale Bevölkerung drangsaliert und nigrische und malische Sicherheitskräfte angreift. Die Angriffe werden zumeist auf Motorrädern durchgeführt, was ihnen in dem vorherrschenden Gelände einen Mobilitätsvorteil gegenüber den Streitkräften bringt. Auch im benachbarten Burkina Faso sind die Angriffe von mit al-Qaida oder dem IS liierten islamistischen Terrorgruppen seit 2016 kontinuierlich angewachsen, einschließlich blutiger Anschläge in der Hauptstadt Ouagadougou. Große Teile des Landes sind de facto unter Kontrolle dieser Gruppen. Das Land kämpft an drei Fronten gegen den islamistischen Terror. Am 4./5. Juni 2021 kam es im Norden zu dem schwersten Terrorangriff seit Jahrzehnten mit 160 Toten unter der Zivilbevölkerung, womit der (bisherige) Höhepunkt einer neuen Welle terroristischer Gewalt erreicht wurde. Während sich die Regierung auf die Bedrohungen im Norden und Osten konzentriert, weitet im Südwesten die aus nomadischen Peulh (Fulbe) gebildete Hamza-Gruppe, die mit der IS nahen Groupe de Soutien à l'Islam et aux Musulman (GSIM) liiert ist, ihre Aktivitäten auf den Norden der Elfenbeinküste aus. Hier bildet der riesige Comoe-Nationalpark auf ivorischer Seite einen idealen Rückzugsraum. Auch die Grenzregionen in den Länderdreiecken – Burkina Faso, Elfenbeinküste und Ghana sowie Burkina Faso, Benin und Niger bilden traditionell unsichere Regionen und sind Schauplätze (lukrativer) illegaler Aktivitäten und damit ideale Brutstätten für jihadistische Gruppen. Um dem grenzüberschreitenden Terrorismus effektiver entgegentreten zu können, wurde 2017 die G5-Sahel (Mali, Mauretanien, Niger, Burkina Faso, Tschad) ins Leben gerufen, die die Koordination von militärischen Operationen in Grenzgebieten vereinbart hat – mit allerdings geringem Erfolg. Das zweite große Operationsgebiet islamistischer Terrorgruppen ist die Tschadsee-Region, die neben dem Tschad auch Teile der Nachbarstaaten Nigeria, Niger, und Kamerun umfasst. Diese Region wird seit Jahren von der islamistischen Aufstandsbewegung Boko Haram und einer mit dem IS liierten Abspaltung – „Islamic State West Africa Province" (ISWAP) – terrorisiert. Allein in Nigeria sind diesem Konflikt bereits etwa 40.000 Menschen zum Opfer gefallen, der zudem viele aus ihrer angestammten Heimat vertrieben hat.

Der Tod des tschadischen Präsidenten Idriss Déby am 19. April 2021 als Folge von Verletzungen, die er sich bei einem Besuch von Gefechten gegen die FACT-Milizen zugezogen hatte, bedroht die Stabilität eines Landes, das von zentraler Bedeutung für den Kampf gegen den Terrorismus in der Region und im Sahel ist. Der Tschad verfügt über die schlagkräftigsten Streitkräfte der Region, und stellt erhebliche Truppenkontingente sowohl für MINUSMA (1800 Soldaten) als auch im Rahmen von G5-Sahel. Zudem ist der Tschad Basis der französischen Operation Barkhane, aus der sich Frankreich mit Blick auf die Präsidentschaftswahlen in 2022 wegen der hohen Kosten aus innenpolitischen Gründen zumindest teilweise zurückziehen könnte.

Fällt der Tschad als Akteur im Sahel und der Tschad-See-Region und als „Brandmauer" zwischen den Konflikten von Libyen über den (Süd)-Sudan und der Zentralafrikanischen Republik bis hin zur Sahelregion aus, drohen in der ganzen Großregion die destabilisierenden Kräfte die Oberhand zu gewinnen, was zum Kollaps ganzer Staaten führen könnte.

Doch auch in anderen Teilen Afrikas ist der islamistische Terrorismus seit Längerem verwurzelt oder auf dem Vormarsch. In Somalia bekämpft die mit al-Qaida verbundene al Shabaab die Regierung des Landes und die „African Union Mission in Somalia" (AMISOM) und hat zudem mehrere blutige Anschläge in Kenia verübt. Im Norden des Landes hat sich zudem eine kleine mit dem IS liierte Terrorgruppe etabliert. Im südlichen Afrika ist vor allem Mozambique gefährdet, das seit 2017 von einem sich ausweitenden inländischen Aufstand in der Provinz Cabo Delgado entlang der Grenze zu Tansania bedroht wird. Die

Gruppe, die sich als Teil der zentralafrikanischen IS-Provinz bezeichnet, hat zahlreiche Überfälle auf Dörfer und staatliche Einrichtungen verübt, denen bereits über 3000 Menschen zum Opfer gefallen sind.

4 Fazit und Handlungsempfehlungen

- Der islamistische Terrorismus ist durch die Anti-IS-Koalition und andere Maßnahmen wie vor allem durch die Stärkung staatlicher Institutionen des Irak deutlich geschwächt, aber nicht eliminiert. Die Gefahr eines erneuten Erstarkens des IS ist insbesondere in Syrien groß. Die Anti-IS-Koalition sollte zusammengehalten und die umfangreiche Aufbauarbeit im Irak trotz Rückschläge fortgesetzt werden.

- Das Problem der Foreign Terrorist Fighters, die von der kurdisch dominierten SDF vor allem in Syrien gefangen gehalten werden, muss dringend gelöst werden. Insbesondere die politisch delikate Rückführung der europäischen FTF muss mangels anderer akzeptabler Optionen in Angriff genommen werden. Die Repatriierung der über 600 Kinder sollte oberste Priorität haben.

- Die Kooperation mit den nordafrikanischen Mittelmeeranrainerstaaten sollte weiter ausgebaut werden. Wichtige Ziele sind dabei die Sicherung der Demokratie in Tunesien sowie die Befriedung und Stabilisierung Libyens, für die es dank des von Deutschland initiierten „Berliner Prozesses" (endlich) neue Hoffnung gibt.

- Der Sahel und die Tschadsee-Region haben sich vor allem aufgrund staatlicher Dysfunktionalität und Fragilität mit großen staatsfreien Räumen, der großen Armut und Perspektivlosigkeit der jungen Bevölkerung und zahlreicher ungelöster, vor allem ethnischer Konflikte zu einer neuen Drehscheibe des islamistischen Terrors entwickelt, der von dort aus nunmehr auch die Staaten des Golfes von Guinea bedroht. Der Sahel muss noch stärker zu einem Schwerpunkt der europäischen Kooperation werden. Zusammen mit den Auswirkungen des Klimawandels könnte der wachsende islamistische Terror in Zukunft zu noch größeren Migrationsströmen Richtung Europa führen. Die im April 2021 verabschiedeten Ratsschlussfolgerungen stellen die seit langem überfällige neue EU-Sahel-Strategie dar. Diese muss nun zügig mit nationalen Aktionsplänen mit konkreten Projekten für jedes Land umgesetzt werden.

Literatur

Archick, K., & Martin, R. L. (2021, 10. Feb.). Terrorism in Europe. Congressional Research Service. https://fas.org/sgp/crs/terror/IF10561.pdf. Zugegriffen: 23. Juli 2021.

Arieff, A. (2020, 10. Dez.). Burkina Faso. Congressional Research Service. https://crsreports.congress.gov/product/pdf/IF/IF10434/8. Zugegriffen: 23. Juli 2021.

Arieff, A. (2020, 21. Okt.). Crisis in Mali. Congressional Research Service. https://crsreports.congress.gov/product/pdf/IF/IF10116/14. Zugegriffen: 23. Juli 2021.

Auswärtiges Amt (2021, 30. März). Joint communiqué by Ministers of the Global Coalition to Defeat ISIS Small Group; meeting of the foreign ministers of the Global Coalition to Defeat ISIS Small Group. Co-Hosted by the Kingdom of Belgium and the United States of America. https://www.auswaertiges-amt.de/en/newsroom/news/anti-isis-coalition/2451466. Zugegriffen: 23. Juli 2021.

Auswärtiges Amt (2021, 30. März). Joint communiqué by Ministers of the Global Coalition to defeat ISIS small group. Press release. https://www.auswaertiges-amt.de/en/newsroom/news/anti-isis-coalition/2451466. Zugegriffen: 26. Juli 2021.

Blanchard, C. M. (2020, 17. Juli). Iraq: Issues in the 116th Congress. Congressional Research Service. https://fas.org/sgp/crs/mideast/R45633.pdf. Zugegriffen: 23. Juli 2021.

Clayton, T. (2021, 14. Juni). Al Qaeda: Background, current status and U.S. policy. Congressional Research Service. https://crsreports.congress.gov/product/pdf/IF/IF11854. Zugegriffen: 23. Juli 2021.

Clayton, T. (2021, 14. Juni). Al Qaeda: Background, current Status and U.S. Policy. Congressional Research Serivce. https://sgp.fas.org/crs/terror/IF11854.pdf. Zugegriffen: 26. Juni 2021.

Global Coalition (2018, 13. Feb.). Guiding principles from the global coalition to defeat Daesh. https://theglobalcoalition.org/en/guiding-principles-global-coalition-defeat-daesh/. Zugegriffen: 23. Juli 2021.

Hanna, A. (2021, 24. Juni). Islamists imprisoned across the Middle East. Woodrow Wilson Center. https://www.wilsoncenter.org/article/islamists-imprisoned-across-middle-east. Zugegriffen: 23. Juli 2021.

Hanna, A., & Nada, G. (2020, 10. Sept.). Jihadism: A generation after 9/11. Woodrow Wilson Center. https://www.wilsoncenter.org/article/jihadism-generation-after-911. Zugegriffen: 23. Juli 2021.

Humud, C. E, & Blanchard, C. M. (2020, 27. Juli). Armed conflict in Syria: Overview and U.S. response. Congressional Research Service. https://fas.org/sgp/crs/mideast/RL33487.pdf. Zugegriffen: 23. Juli 2021.

Humud, C. E. (2021, 10. Mai). The Islamamic State. Congressional Research Service. https://fas.org/sgp/crs/terror/IF10328.pdf. Zugegriffen: 23. Juli 2021.

Humud, C. E. (2021, 13. Jan.). Middle East: Key issues for the 117th Congress. Congressional Research Service. https://fas.org/sgp/crs/mideast/IF11726.pdf. Zugegriffen: 23. Juli 2021.

Husted, T. F. (2021, 26. März). Boko Haram and the Islamic State's West Africa Province. Congressional Research Service. https://fas.org/sgp/crs/row/IF10173.pdf. Zugegriffen: 23. Juli 2021.

Husted, T. F., Arieff, A., Ploch Blanchard, L., Cook, N., & Williams, B. R. (2021, 17. Feb.). Sub-Saharan Africa: Key issues and the U.S. engagement. Congressional Research Service. https://fas.org/sgp/crs/row/R45428.pdf. Zugegriffen: 23. Juli 2021.

International Crisis Group (2019, 11. Okt.). Averting an ISIS resurgence in Iraq and Syria. https://www.crisisgroup.org/middle-east-north-africa/eastern-mediterranean/syria/207-averting-isis-resurgence-iraq-and-syria. Zugegriffen: 26. Juli 2021.

International Crisis Group (2021, 1. Feb.). A course correction for the Sahel stabilization strategy. https://www.crisisgroup.org/africa/sa-hel/299-course-correction-sahel-stabilisation-strategy. Zugegriffen: 23. Juli 2021.

International Crisis Group (2021, 11. Juni). Stemming the insurrection in Mozambique´s Cabo Delgado. https://www.crisisgroup.org/af-rica/southern-africa/mozambique/stemming-insurrection-mozambiques-cabo-delgado. Zugegriffen: 23. Juli 2021.

International Crisis Group (2021, 14. Jan.). How to spend it: New EU funding for African peace and security. https://www.crisis-group.org/africa/african-union-regional-bodies/297-how-spend-it-new-eu-funding-african-peace-and-security. Zugegriffen: 23. Juli 2021.

International Crisis Group (2021, 26. Mai). Halting the deepening tur-moil in Nigeria's North West. https://www.crisisgroup.org/af-rica/west-africa/nigeria/halting-deepening-turmoil-nigerias-north-west. Zugegriffen: 23. Juli 2021.

International Crisis Group (2021, 28. Mai). Murder in Tillabery: Calm-ing Niger´s emerging communal crisis. https://www.crisis-group.org/africa/sahel/niger/b172-murder-tillabery-calming-ni-gers-emerging-communal-crisis. Zugegriffen: 23. Juli 2021.

International Crisis Group (2021, 29. Apr.). South-western Niger: Pre-venting a new insurrection. https://www.crisisgroup.org/africa/sa-hel/niger/301-sud-ouest-du-niger-prevenir-un-nouveau-front-in-surrectionnel. Zugegriffen: 23. Juli 2021.

Koch, C. (2021, 10. Mai). Europe needs to take a lead on Iraq. Why stability in the country is critical for all of the Middle East. Issue Brief. Atlantic Council. https://www.atlanticcouncil.org/in-depth-research-reports/europe-needs-to-take-a-lead-on-iraq/. Zugegriffen: 26. Juli 2021.

Maack, H. (2021, 18. Juni). How Nordic Countries are handling the question of repatriating Islamic State women. The Jamestown Foun-dation, Terrorism Monitor, 19(12). https://jamestown.org/pro-gram/how-nordic-countries-are-handling-the-question-of-repatri-ating-islamic-state-women/. Zugegriffen: 26. Juli 2021.

Maack, H. (2021, 7. Mai). Abu Walaa´s Islamic State network and Germany´s counter-terrorism prosecutions. The Jamestown Foundation, Terrorism Monitor 19(9). https://jamestown.org/program/abu-walaas-islamic-state-network-and-germanys-counter-terrorism-prosecutions/. Zugegriffen: 26. Juli 2021.

Mezran, K. (2021, 17. März). Libya 2021: Islamists, Salafis & Jihadis. Woodrow Wilson Center. https://www.wilsoncenter.org/article/libya-2021-islamists-salafis-jihadis. Zugegriffen: 26. Juli 2021.

Otte, M. (2021, Feb.). The EU-MENA partnership: time for a reset. Security Policy Brief. Egmont Institute. https://www.egmontinstitute.be/content/uploads/2021/02/SPB135.pdf?type=pdf. Zugegriffen: 26. Juli 2021.

Ploch Blanchard, L. (2020, 16. Jan.). Al Shabaab. Congressional Research Service. https://fas.org/sgp/crs/row/IF10170.pdf. Zugegriffen: 26. Juli 2021.

Ploch Blanchard, L., Arief, A., & Blanchard, C. M. (2021, 26. Apr.). Chad: Implications of President Déby's death and transition. Congressional Research Service. https://crsreports.congress.gov/product/pdf/IF/IF11817/2. Zugegriffen: 26. Juli 2021.

Renard, T. (2020, 3. Juli). Sur le rapatriement des enfants et des combattants belges en Syrie. Discours de Thomas Renard lors de la conference presse: «Rapatrierles enfants retenus en Syrie, c'est possible! ». Conférence de Presse du Délégué Genéral aux Droits de L'Enfant (DGDE). Egmont Institute. https://www.egmontinstitute.be/content/uploads/2020/07/200703-Discours-Thomas_Rendard_DGDE_03072020.pdf?type=pdf. Zugegriffen: 26. Juli 2021.

Renard, T., & Coolsaet, R. (2020, 28. Okt.). From bad to worse: the fate of European foreign fighters and families detained in Syria, one year after the Turkish offensive. Security Policy Brief. Egmont Institute. https://www.egmontinstitute.be/from-bad-to-worse-the-fate-of-european-foreign-fighters-and-families-detained-in-syria/. Zugegriffen: 26. Juli 2021.

Rosenblatt, N. (2021, 15. Apr.). 'A caliphate that gathered'. Addressing the challenge of Jihadist foreign fighter hubs. Policy Analysis, Policy Notes 104. The Washington Institute for Near East Policy. https://www.washingtoninstitute.org/policy-analysis/caliphate-gathered-addressing-challenge-jihadist-foreign-fighter-hubs. Zugegriffen: 26. Juli 2021.

U.S. Department of State (2021, 23. März). On the second anniversary of ISIS's territorial defeat. Statement of Secretary of State Antony Blinken. https://www.state.gov/on-the-second-anniversary-of-isiss-territorial-defeat/. Zugegriffen: 26. Juni 2021.

U.S. Department of State (2021, 29. März). Briefing with acting special envoy for the Global Coalition to defeat ISIS John Godfrey on U.S. Participation in the upcoming D-ISIS Ministerial. https://www.state.gov/briefing-with-acting-special-envoy-for-the-global-coalition-to-defeat-isis-john-godfrey-on-u-s-participation-in-the-upcoming-d-isis-ministerial/. Zugegriffen: 26. Juli 2021.

U.S. Embassy in Syria (2019, 25. Juni). Joint Statement by the Political Director's of the Global Coalition to defeat ISIS. Media Note. https://sy.usembassy.gov/joint-statement-by-the-political-directors-of-the-global-coalition-to-defeat-isis/. Zugegriffen: 26. Juni 2021.

Zenn, J. (2021, 4. Juni). ISWAP launches hearts and minds strategy to counter Nigerian army offensive. The Jamestown Foundation, Terrorism Monitor 19(11). https://jamestown.org/program/iswap-launches-hearts-and-minds-strategy-to-counter-nigerian-army-offensive/. Zugegriffen: 26.Juli 2021.

Zenn, J. (2021, 7. Mai). One year after the death of Abdelmalek Droukdel AQIM falls into obscurity. The Jamestown Foundation, Terrorism Monitor, 19(9). https://jamestown.org/program/briefs-349/. Zugegriffen: 26. Juli 2021.

Der bevölkerungszentrierte Ansatz zur Aufstandsbekämpfung als Konzept für eine erfolgreiche Bekämpfung des islamischen Fundamentalismus in Mali?

Dirk Freudenberg

1 Einleitung

Um die in der Überschrift aufgeworfene Frage beantworten zu können, wird in den nachstehenden Ausführungen zunächst der bevölkerungszentrierte Ansatz zur Aufstandsbekämpfung vorgestellt und anschließend auf die Verhältnisse in Mali heruntergebrochen. Das heißt, der fundamentalistische Islam in Mali, der wie die meisten Gruppierungen des transnationalen Terrorismus des 21. Jahrhunderts von lokalen und regionalen Konflikten genährt wird und dessen lokale Verankerung und die von Land zu Land unterschiedlichen Merkmale in Wissenschaft, Politik und Öffentlichkeit oftmals unterschätzt werden (Steinberg und Weber 2015a, S. 5), wird soweit eingeordnet, als dass es für die Vorstellung des Konzeptes und daraus sich ergebende strategisch-operative Ableitungen für ein ziel- und wirkungsorientiertes Handeln erforderlich erscheint. Dass die ohnehin bestehende Komplexität der Lage durch mehrere unterschiedliche (militärische) Einsätze mit unterschiedlichen internationalen Mandatgebern und -nehmern sowie in Auftrag, Umfang und Inhalt verschiedenen Mandaten zwar nicht konterkariert, aber doch erheblich gesteigert wird, kann hier ebenfalls nicht im Detail nachvollzogen, darf aber im Grundsatz nicht übersehen werden.[1]

---

[1] Von der VN-MINUSMA-Mission wurden 2013 die Truppen des Tschad als dem größten Truppensteller der zuvor von der westafrikanischen Regionalorganisation ECOWAS (Economic Community of West African States) aufgestellten eigenen militärischen Mission African-led International Supported Mission to Mali (AFISMA), die ebenfalls mit einem VN-Mandat ausgestattet war, übernommen. (Schreiber 2016, S. 137; Schmidt 2016, S. 181; Koepf 2016, S. 215) Das Auftreten von MINUSMA gestaltet sich als problematisch, da das Mandat mit einem Umfang bis zu 11240 Soldaten zwar robusten zum Schutz der Zivilbevölkerung ausgestattet ist, allerdings nur die französische „Anti-Terrormission BARKHANE" aktiv gegen Dschihadisten vorgeht. (Konopka 2016, S. 101) Neben der militärischen hat MINUSMA auch noch

2 Der bevölkerungszentrierte Ansatz der Aufstandsbekämpfungskonzeptionen

Basierend auf der amerikanischen Counterinsurgency-Vorschrift (FM 3-24), welche in ihrer inhaltlichen Ausgestaltung ganz maßgeblich auf General Petraeus zurückgeht und von diesem vor dem Hintergrund des Irak-Krieges (2003) entwickelt wurde[2] und die er später auch auf Afghanistan übertragen hat, operierten die ISAF-Streitkräfte in Afghanistan nach diesen Grundsätzen. (Freudenberg 2015, S. 371; Fritz et al. 2010, S. 212; Lauenroth 2015, S. 349) Der Grund für die Entwicklung dieser Vorschrift lag in dem offenkundig gewordenen Mangel der US-amerikanischen Truppen, in dem komplexen Umfeld einer Aufstandsbekämpfung zu bestehen. (Wilson 2008) Der ganz wesentliche innovative Gedanke dieser Vorschrift ist – im Gegensatz zu klassischen Ansätzen der Kriegführung –, dass nicht der Gegner im Zentrum der militärischen Betrachtung steht, sondern dass es sich um einen bevölkerungszentrierten Ansatz handelt. (Freudenberg 2012a, S. 16; Freudenberg 2017b, S. 366)[3] Das entscheidende Terrain ist das menschliche; die Hauptaufgabe ist es, Sicherheit für die Bevölkerung zu schaffen. (Joffe 2009, S. 2) Damit stehen sich der feindzentrierte Ansatz klassischer konventioneller Kriegführung und der bevölkerungszentrierte Ansatz der Aufstandsbekämpfung gegenüber.[4] Das bedeutet, dass bei

---

eine polizeiliche Komponente. (Tietz 2021) Zudem existiert noch eine EU-Mission, an der sich seit 2013 auch die Bundeswehr beteiligt, als Beitrag zur Krisenbewältigung (European Union Training Mission, EUTM Mali), um die malischen Streitkräfte zu stärken. (Schmidt 2016, S. 203)

[2] Zur Entwicklung der US-amerikanischen Operationsführung im Irak, die in dem FM 3-34 mündete, siehe auch: Ruff-Stahl (2015, S. 140 ff); Kaplan (2013); De Wijk (2014, S. 384); Metz (2007); Crane (2016).

[3] Dass Aufstandsbekämpfung auch auf konzeptioneller Ebene bis in den wissenschaftlichen Bereich bevölkerungszentriert ist, hat auch bereits Friedel belegt. (Friedel 2011, S. 93ff.)

[4] Kilcullen unterscheidet noch einmal zwischen Counterinsurgency im feindzentrierten Ansatz konventioneller Kriegführung, welche seiner Auffassung nach hierzu eine Variante darstellt und nach der es um eine Auseinandersetzung mit einem Gegner geht, den es zu besiegen gilt, und der Counterinsurgency im bevölkerungszentrierten Ansatz, als grundsätzlich einem Kontrollproblem bzw. einer bewaffneten Variante von Regierungsadministration. (Kilcullen 2007) De Wijk hat darauf aufmerksam gemacht, dass der gegnerzentrierte bzw. insurgentenzentrierte Ansatz sich im Irak-Krieg 2003 geradezu als kontraproduktiv erwiesen habe und deswegen nach der Schlacht

jeder Maßnahme und Handlung die Auswirkungen auf die Bevölkerung zu beurteilen und gegebenenfalls feindschädigende Unternehmungen zu unterlassen sind, auch wenn dadurch ein militärischer Vorteil nicht ausgenutzt wird und unter Umständen die Auswirkungen auf die zivile Lage der Bevölkerung und das zivile Meinungsbild negativ sein könnten. (Freudenberg 2012b, S. 41; Freudenberg 2012d, S. 49; Freudenberg 2013, S. 36; Freudenberg 2015, S. 371) Es wird in der Literatur nicht durchgängig verstanden, wenn im Zusammenhang mit dieser Fragestellung festgestellt wird, dass sich bereits aus dem Verhältnismäßigkeitsgebot des Humanitären Völkerrechts ein normatives Kriterium ergebe, das auch auf Counterinsurgency-Operationen anzuwenden sei. (Gast 2011, S. 123) Das Abstellen auf (völker-)rechtliche Grundsätze – welche völlig unbestritten sind – ist in diesem Zusammenhang nicht zielführend, weil sie in ihren Wirkungen nicht weit genug gehen. Genau nach den Folgewirkungen von operativen und taktischen Maßnahmen auf die Lage der Bevölkerung ist in der Aufstandsbekämpfung zu fragen. Hieraus ergeben sich die Einschränkungen. Diese Einschränkungen gehen also zum Teil deutlich weiter als die völkerrechtlichen Regelungen zum Schutze der Zivilbevölkerung. Sie haben gleichzeitig auch eine andere Wirkdimension als das weiterhin uneingeschränkt geltende Feindschädigungsrecht. (Freudenberg 2015, S. 371; 2016, S. 481; 2017b, S. 367) Der hier zum Tragen kommende Grundgedanke entspricht dennoch überkommenen militärischen Grundsätzen: Das Ausnutzen eines möglichen taktischen Erfolges ist dann zu unterlassen, wenn dadurch absehbar, unmittelbar oder auch nur mittelbar eine schädigende Wirkung von strategischer Bedeutung eintritt. (Freudenberg 2013b, S. 37; 2015, S. 371; 2017b, S. 367) Eine weitere grundlegende Überlegung des FM 3-24 ist es zudem, dass Aufstandsbekämpfung zwar Teil der Kriegführung ist, dass aber zur Aufstandsbekämpfung prinzipiell zivile Maßnahmen der humanitären Nothilfe, des zivilen Wiederaufbaus, der Entwicklungshilfe und der Entwicklungszusammenarbeit sowie der Staats- und Regierungsbildung, wie auch des administrativen und des polizeilichen Bereiches grundsätzlich unerlässlich sind und den militärischen Maßnahmen in ihrer Wertigkeit und Bedeutung für den Erfolg voranstehen. (Freudenberg 2017b, S. 367)

---

um Fallujah der Übergang zum bevölkerungszentrierten Ansatz einer Counterinsurgency eingeleitet worden sei. (De Wijk 2014, S. 383)

Folglich ist dieser proaktive Ansatz dem Grunde nach ein zivil gesteuerter mit einer militärischen Komponente. Somit entspricht dieser Ansatz dem Prinzip der vernetzten Sicherheit als Ausfluss des umfassenden Sicherheitsbegriffs, wie er auch in verschiedenen sicherheitspolitischen Grundlagendokumenten der Bundesrepublik Deutschland manifestiert ist, und der im internationalen Umfeld englischsprachig als „Comprehensive Approach" bezeichnet wird. (Freudenberg 2015, S. 371; 2017b, S. 368) Hieraus ergibt sich zugleich eine große Übereinstimmung der Konzepte, denn neben militärischen Aktionen zur Eindämmung der Aufständischen zielt COIN auf die Verbesserung der Regierungsführung, soziale Sicherheit, Rechtsstaatlichkeit sowie nachhaltige Wirtschaftsentwicklung ab, denn letztere sind wichtige aktuelle Handlungsfelder der Entwicklungspolitik[5], die insbesondere in Postkonflikt-Situationen zum Tragen kommen.[6] Die besondere Herausforderung hierin besteht darin, dass die Akteure in keinem formalen hierarchischen Verhältnis unter einer einheitlichen Führung stehen; allerdings ist ein Höchstmaß an Koordination und eine gemeinsame Zieldefinition notwendig. (Erhart und Kästner 2010, S. 203) Dementsprechend ist der Ansatz der vernetzten Sicherheit als offizieller Konzepttitel des ressortgemeinsamen Ansatzes, mit dem Deutschland auch die sicherheitspolitischen Herausforderungen einer Aufstandsbekämpfung adressiert, keine inhaltliche Vorfestlegung der beteiligten Ressorts, sondern prozessuales Leitbild für einen erkannten Handlungsbedarf. (Inspekteur des Heeres 2013, S. 4) Diskussionsfelder hierbei sind unter anderem der Sicherheitsbegriff, die Zielhierarchie und unterschiedliche Denkhaltungen sowie die Ressourcenausstattung. (Inspekteur des Heeres 2013, S. 8) In diesem Zusammenhang wird denn auch kritisiert, dass es bezogen auf den Afghanistaneinsatz an einer Strategie mangelte, da die Planungen weder den Zweck und das Ziel der vorgesehenen Maßnahmen umfassten, noch den Weg, den man beschreiten sowie die Mittel, derer man sich bedienen wolle, ausreichend definierten. (Oswald und Toetzke 2015, S. 191; Münch 2011, S. 5) Dementsprechend kritisiert Alamir im Rückblick auf den ISAF-Einsatz in Afghanistan den

---

[5] Zu den Ansätzen der deutschen Politik auf dem Feld der Entwicklungszusammenarbeit vergleiche Grävingholt (2016, S. 38ff.)

[6] Einen kritischen Blick auf die Rolle der Entwicklungspolitik aus US-amerikanischer Sicht wirft Ashkenazi (2012, S. 91ff.)

vernetzten Ansatz als „rhetorisches Konzept", das weitergehende Fragen nach Ziel und Sinnhaftigkeit des Engagements in Afghanistan kanalisiert und absorbiert habe. (Alamir 2015a, S. 119)[7] Dementsprechend wird weiterhin kritisiert, dass der in seiner Bedeutung zwar anerkannte und postulierte Comprehensive Approach in der Praxis keine entscheidende Rolle spielte, weil fehlender politischer Wille und der Mangel an Instrumenten zur Koordination und Kooperation verhinderten, dass das Vorgehen der internationalen Staatengemeinschaft einem kohärenten Ansatz folgte. (Bornemann 2016, S. 73)

3 Subsidiarität militärischen Handelns

Aufstände können nicht im Sinne einer militärischen Auseinandersetzung besiegt werden. Militärische Maßnahmen treten daher grundsätzlich gegenüber zivilen – nicht zwingend in der chronologischen Abfolge – als subsidiär zurück. (Freudenberg 2015, S. 372) Die wesentlichen Aufgaben des Militärs liegen in der Durchsetzung staatlicher Macht und der Schaffung eines sicheren Umfelds. (Wätzel 2015, S. 185) Eine Konzentration allein auf militärische Belange ist indes kaum erfolgversprechend. (Inspekteur des Heeres 2013, S. 8) Dabei ist das Verhältnis der nichtmilitärischen und militärischen Wirkmittel nicht durch eine einfache Formel zu bestimmen. Die häufig wiederholte Behauptung, Aufstandsbekämpfung sei zu 80 Prozent politisch und lediglich zu 20 Prozent militärisch führbar, ist daher irreführend; vielmehr ist es wohl so, dass das Verhältnis zwischen militärischen und (anderen) politischen Maßnahmen ständig wechseln kann. (Maninger 2013, S. 303) Dieses Wechselwirkungsverhältnis bestimmt die Art der Wirkmittel, deren Umfang und Massivität, wie auch deren Intensität und Wirkdauer. Ein militärisches Engagement bedeutet in einem solchen Umfeld, dass man für Erfolge im Sicherheitssektor in der Regel einen langen Atem sowie viel Zeit und Geduld braucht, verbunden mit einer überzeugenden Kommunikation, und vor allem die Fähigkeit, sich von

---

[7] Zur einer „Vorläufigen Bilanz" des deutschen Einsatzes in Afghanistan nach Ende des ISAF-Mandates vergleiche auch Portugall (2015); kritisch zu den bisherigen Ergebnissen der „Vernetzten Sicherheit" vergleiche auch Jäger (2016); Hamann und Hoffmann sehen den Ansatz ebenfalls kritisch, da er einerseits den Staat mit der Ausdehnung auf immer weitere Sicherheitsbedürfnisse zu überfordern drohe, andererseits andere Politikbereiche militarisiere. (Hamann und Hoffmann 2015, S. 62)

den irregulären Kämpfern nicht dazu hinreißen zu lassen, Gleiches mit Gleichem zu vergelten. (Vad 2011, S. 591; 2010, S. 251) Es kommt also nicht allein darauf an, mittels massiven militärischen Auftretens und kinetischer Operationen die möglicherweise dann doch nur zeitlich befristete Präsenz und somit die entsprechend begrenzte Überlegenheit im Raum herzustellen. Allerdings darf kein Zweifel darüber bestehen, dass kinetische Operationen, also militärische Kampfhandlungen, zur Befriedung bzw. Sicherung eines Raumes durchaus Voraussetzung für alles andere sein können und der Einsatz von Spezial- und Spezialisierten Kräften ebenso das „scharfe Ende" einer Operation darstellen kann. (Freudenberg 2012b S. 41; 2013a, S. 305; 2015, S. 372) Die gegnerzentrierte Komponente des COIN-Ansatzes zielt hier auf die direkte Bekämpfung von Irregulären ab. (Hühnert 2011, S. 459) Der grundlegende Unterschied zur klassischen konventionellen Kriegführung liegt also in der besonderen Kontextbeziehung dieses insgesamt innovativen und modernen Gesamtansatzes. Dass die Operationsführung nicht in allen Einsatzgebieten unbedingt von durchschlagendem Erfolg gekrönt zu sein scheint, muss nicht zwingend darin begründet sein, dass das FM 3-24 dem Grunde nach fehlerhaft ist, sondern könnte unter Umständen daran liegen, dass die Lehren nicht ausreichend auf die entsprechenden Operationsgebiete umgesetzt bzw. nicht von allen Beteiligten in der notwendigen Tiefe durchdrungen und entsprechend abgestimmt umgesetzt sind. (Freudenberg 2013a, S. 305; 2015, S. 372; 2016, S. 482) Es kommt also – hier genauso wie in jedem anderen Krieg – ganz besonders darauf an, dass die Doktrin nicht im Sinne einer Routine eingesetzt wird. (Beckmann 2011, S. 222) Eine weitere wesentliche Voraussetzung zu einer erfolgreichen Umsetzung ist der Faktor Zeit. Der Counterinsurgency-Ansatz ist in seiner Gesamtheit auf langandauernde Wirkungen und deren Nachwirkung angelegt. Erfolge können nicht unbedingt nur mit kurzfristig angesetzten und rasch durchgeführten Operationen (quick impact) erzielt werden. Das Handeln in diesem Ansatz setzt letztendlich die grundsätzliche Akzeptanz und Unterstützung einer breiten Mehrheit der Bevölkerung voraus. (Freudenberg 2013a, S. 306; 2015, S. 373; 2016, S. 482) Die Akzeptanz der im Einsatzraum lebenden Zivilbevölkerung und die Unterstützung der eigenen Kräfte sind unerlässliche Bausteine für eine erfolgreiche Operationsführung. (Rücker 2015, S. 119) Das Wesen und die bestimmende

Idee der Counterinsurgency ist also, dass sie grundsätzlich bevölkerungszentriert und nicht gegnerzentriert wirken soll, um „Herz und
Verstand", „hearts and minds" der Bevölkerung zu gewinnen und den
Aufständischen somit den Rückhalt und die Unterstützung der Bevölkerung zu entziehen. (Freudenberg 2012c, S. 524; 2016, S. 89; Inspekteur des Heeres 2013, S. 13) Damit zielt der Ansatz zugleich auf den
Willen der Bevölkerung ab. Insofern kommt hier der individuellen wie
auch der kollektiven Wahrnehmung des Einsatzes eine entscheidende
Bedeutung zu. Folglich wird die Wahrnehmung der Bevölkerung von
der eigenen Operationsführung zum bestimmenden Faktor und zum
begehrtesten Zielobjekt im Informationsumfeld, wobei hier die eigene
Glaubwürdigkeit das höchste Gut darstellt. (Gablik 2015, S. 305) Damit geht einher, dass dieser Ansatz nicht nur kostenintensiv, sondern
vor allem zeitlich aufwendig ist, sowie verschiedene Ebenen beinhaltet.
(Freudenberg 2012c, S. 524) Vernetzte Sicherheit[8] darf hier nicht zur
Ausrichtung ziviler Maßnahmen auf rein militärische Ziele gemäß militärischer Logik führen. (Inspekteur des Heeres 2013, S. 8) Dementsprechend müssen zivile und militärische Partner von Beginn eines Engagements an auf allen Ebenen zielorientiert gemeinsam planen und
die Umsetzung ihrer abgestimmten Maßnahmen und Wirkmittel miteinander auf der Zeitachse synchronisieren.[9] (Freudenberg 2015, S. 373)
Das muss bereits in Ausbildung und Einsatzvorbereitung geschehen.
(Alamir et al. 2016, S. 236 ff.) Für die militärische Seite heißt das, dass
von Anfang an auf der Zeitlinie zu prüfen ist, wann welche zivilen Kapazitäten zur Freisetzung militärischer Kräfte und Mittel, sowohl national als auch multinational, verfügbar sind und in der Operationspla-
nung und Zusammenstellung der eigenen Kräfte berücksichtigt werden
können. (Inspekteur des Heeres 2013, S. 17; Lindley-French et al. 2014,
S. 578) Das bedeutet, dass die Verfahren zur Entscheidungsfindung der
unterschiedlichen Akteure und die Prinzipien der Stabsarbeit so zu fle-
xibilisieren sind, dass sie die Arbeitsweisen anderer Akteure berücksichtigen. (Inspekteur des Heeres 2013, S. 30; LeCuyer 2012, S. 231)

---

[8] Kritisch zum Begriff und zur Entwicklung dieser „programatischen Leitidee deutscher Sicherheitspolitik" vergleiche Alamir (2015b).
[9] Ein Beispiel für die übergreifende Synchronisation eines Einsatzes gibt von Blumröder (2015).

4 Einsatz von Spezialkräften

Der US-amerikanische Ansatz, die Fähigkeiten der Spezialkräfte und Spezialisierten Kräften zu erweitern, so dass sie neben direkten Aktionen im Sinne eines bevölkerungszentrierten Ansatzes auch in der Lage sind, wirkungsorientiert und nachhaltig auf die Bevölkerung einzuwirken, ist eine Möglichkeit, das Fähigkeitsspektrum von Spezial- und Spezialisierten Kräften in dieser Weise auszubauen und zu stärken, um letztendlich auch weniger abhängig von anderen Kräften und damit unabhängiger in der Operationsführung zu sein. In diesem Sinne wird Spezial- und Spezialisierten Kräften (zumindest in den USA) eine steigende Bedeutung zugemessen. (Haas 2013) Folglich ist der ressort- und institutionenübergreifende Ansatz des „Comprehensive Approach" bzw. des „Interagency Interaction" ein Konzept, das im Sinne einer Gesamtstrategie abgestimmt staatliche und nicht-staatliche Mittel zielführend zum Einsatz bringen kann. (Schneiderhan 2009, S. 537; Freudenberg 2010, S. 184; 2017a, S. 26; 2017b, S. 230) Zur Absicherung von Operationen im Spektrum des Comprehensive Approach können Spezialkräfte ebenfalls einen wichtigen Beitrag leisten. (Schlie 2015, S. 20) Ein isoliertes Vorgehen ist – wie die aktuell verlaufenden Konflikte zeigen – häufig unzureichend und oftmals in den Auswirkungen und Reaktionen auch kontraproduktiv. (Freudenberg 2010, S. 184; 2012c, S. 530; 2017a, S. 26)

5 Der bevölkerungszentrierte Ansatz der Aufstandsbekämpfung und Mali

Voraussetzung einer erfolgreichen Umsetzung dieses Konzeptes ist, die Lage der Bevölkerung sowie ihre Einstellung und ihre Haltung gegenüber den Akteuren des islamistischen Fundamentalismus verstanden zu haben. Dabei ist davon auszugehen, dass der malische Staat niemals uneingeschränkt die Herrschaft im eigenen Land ausgeübt hatte; seine Herrschaft war stets das Ergebnis wechselnder Allianzen zwischen staatlichen und nichtstaatlichen Akteuren, so dass die Krise von 2012 keinen plötzlichen Zusammenbruch einer stabilen staatlichen Ordnung darstellte, sondern eine Veränderung in dem bisherigen Zusammenspiel staatlicher und nichtstaatlicher Akteure. (Vliet 2016, S. 155) Hier liegt ein Grundproblem des afrikanischen Kontinents, dass der Staat als Institution grundsätzlich schwach ist und es ihm kaum gelingt, sein Territorium tatsächlich zu durchdringen, was beispielsweise für Mali bedeutet, dass die Tuareg aus Algerien etwa den Tuareg in Mali näherstehen als der politischen Elite in Algier. (Steinberg und Weber 2015b) Nach der Unabhängigkeit Malis von Frankreich im Jahre 1960 bildeten ethnische sowie religiöse Toleranz die Grundlage des Zusammenlebens und ethnische Spannungen waren, abgesehen von den Tuareg, deren politische und ökonomische Marginalisierung sowie soziale Entwicklungen innerhalb der Tuareg-Gesellschaft zu einer Ethnisierung ihrer Identität geführt hat (Heinzl 2016, S. 137), bislang kein besonderes Merkmal der malischen Politik. (Republik Österreich et al. 2019, S. 24; Heinzl 2016, S. 131)[10] Allerdings kommt es im gesamten Westafrika wegen Veränderungen der Bodennutzung, Vegetation und klimatischen Bedingungen vermehrt zu Spannungen zwischen Ackerbauern, die vermehrt auf Flächen zugreifen, welche traditionell von teilweise noch nomadisch lebenden Viehzüchtern genutzt werden. (Republik Österreich et al. 2019, S. 24)[11] Demzufolge wird das über lange Zeit aufeinander abgestimmte soziale Leben der Ackerbauern, die mehrheitlich der Ethnie der Dogon angehören, und Viehzüchter, welche mehrheitlich der Volksgruppe der Fulani zugerechnet werden, mehr und mehr durch Konflikte durchzogen. Die Viehzüchter sehen ihre Position in Folge der Vernachlässigung durch die Regierung sowie Dürreperioden signifikant verschlechtert. (Republik Österreich et al. 2019, S. 24)[12] Mithin liegt hier ein Gegensatz zwischen verschiedenen Ethnien vor, der in Konflikten um den Zugang zu Ressourcen begründet ist und im Ursprung kein religiöses Motiv hat. Allerdings stellen die

---

[10] Die Tuareg wurden durch Dürreperioden und eine fortschreitende Desertifikation ihres Lebensraumes Anfang der 1990er Jahre aus dem Norden in die fruchtbaren Gebiete des Südens getrieben; zudem gingen die bestehenden kulturellen Unterschiede zwischen den hellhäutigen nomadischen Völkern des Nordens und den schwarzhäutigen sesshaften Volksgruppen des Südens seit 1994 in bewaffnete Konflikte über. (Harenberg 2002, S. 643)

[11] Von der 1,24 Mio. km² großen Landesfläche können lediglich 48 500 km² als Ackerland genutzt werden. (Kollmer 2016, S. 118)

[12] Dagegen sieht Heinzl die Ursache für intraethnische Konflikte weniger in der Auseinandersetzung um Weiderechte und den Zugang zum Ackerland, sondern in der Kontrolle des illegalen Handels sowie von Schmuggelrouten. (Heinzl 2016, S. 132)

überwiegend muslimischen Fulani eine wichtige Zielgruppe für Rekrutierungen durch dschihadistische Terrorgruppen vor allem in Zentralmali dar, deren Zulauf durch steigende intraethnische Spannungen verstärkt wird. (Republik Österreich et al. 2019, S. 25) Auch wenn die Dogon und die Fulani im Januar 2021 drei Friedensabkommen unterschrieben haben, so steht doch der Vorwurf im Raum, dass sich die Fulani mit dschihadistischen Gruppen eingelassen hätten. (Republik Österreich et al. 2019, S. 25) In jedem Fall übernehmen dort, wo der Staat unwillig oder unfähig ist, für die Sicherheit seiner Bürger zu sorgen, Recht zu sprechen oder Güter zu verteilen, kleinere Entitäten, sei es die Ethnie, der Stamm, der Clan, die Rebellenbewegung, das Schmuggelnetzwerk oder die dschihadistische Gruppierung, die Aufgaben des Staates. (Steinberg und Weber 2015b, S. 8)

6 Der islamistische Fundamentalismus in Mali

Von den verschiedenen Rebellengruppen in Mali, die bis zum Zeitpunkt des französischen Eingreifens 2013 aktiv waren, stehen vier vornan: Ansar Dine, Al Qaida des Islamischen Maghreb (AQIM)[13], die Bewegung für Einheit und Dschihad im Maghreb (Movement pour l'Unicité et le Jihad en Afrique de l'Ouest, MUJAO) sowie die Nationale Befreiungsbewegung für Azawad (MNLA), bei denen es aber insgesamt in den vergangenen Jahren durch Abspaltungen und Fusionen mehrere Veränderungen in den jeweiligen Bezeichnungen gegeben hat. (Republik Österreich et al. 2019, S. 25) Das militärische Engagement Frankreichs führte dazu, dass die dschihadistischen Bewegungen zunächst vertrieben und teilweise aufgelöst wurden. (Konopka 2016, S. 101)[14] Jedoch stellten sich die meisten Dschihadisten nicht dem Kampf, sondern mischten sich unter die Bevölkerung oder flohen in die Nachbarländer. (Lacher und Steinberg 2015, S. 73). Die noch vor-

---

[13] Die Besonderheit von Al Qaida liegt darin, dass diese auch weltweit gesehen eine netzwerkartige Führungs- und Koordinierungsstelle des salafistischen Dschihad darstellt und in dieser Funktion als strategische Bedrohung gesehen werden muss. (Krause 2012, S. 41)

[14] Gleichwohl nutzen islamistische Organisationen wie AQIM und MUJAO den Nachbarstaat Niger als Rückzugsgebiet, wobei letztere Gruppierung auch dort aktiv ist. (Republik Österreich et al. 2014, S. 30)

handenen Gruppen lassen sich im Wesentlichen auf Grund ihrer religiösen bzw. politischen Ausrichtung unterscheiden: (Republik Österreich et al. 2019, S. 25) Für Ansar Dine (Unterstützer des Glaubens), die als einzige islamistische Gruppierung ihre Wurzeln in Mali hat und die gute Beziehungen zu Al Qaida des islamischen Maghreb (AQIM) unterhielt, war es das Ziel, die Scharia im gesamten Land einzuführen. (Republik Österreich et al. 2019, S. 25) AQIM, die zunächst aus dem algerischen Bürgerkrieg hervorgegangen ist (Schreiber 2016, S. 167) und sich inzwischen internationalisiert hat und Mitglieder aus Mauretanien, Marokko, Niger, Senegal und Mali rekrutiert, gilt hingegen als der nordafrikanische Flügel von Al Qaida und soll zudem viele ausländische Kämpfer rekrutiert haben, mit dem Ziel der Verbreitung des Islams in Mali sowie der Befreiung vom kolonialen Erbe der Franzosen. (Republik Österreich et al. 2019, S. 25)[15] Eine Abspaltung von AQIM stellt die Bewegung für Einheit und Dschihad im Maghreb (MUJAO) dar, deren Ziel es ist, den Dschihad in ganz Westafrika zu verbreiten und islamisches Recht durchzusetzen, und darüber hinaus gegen die säkularen Tuareg-Separatisten der Nationalen Bewegung für die Befreiung von Azawad (MNLA) antritt, da deren Zielsetzung eines eigenen Staatsgebietes mit den Vorstellungen der MUJAO unvereinbar ist. (Republik Österreich et al. 2019, S. 25; Schreiber 2016, S. 167) Zugleich wird aber auch die Gefahr einer Ausweitung der terroristischen Bedrohung auf Europa und Deutschland gesehen. (Tietz 2021, S. 529)

7 Ergebnis

Wegen des Kausalzusammenhanges zwischen politischer, wirtschaftlicher und sozialer Marginalisierung und dschihadistischer Radikalisierung ist es in Mali notwendig, in dem fragilen Staat die staatlichen Strukturen zu festigen und zu ertüchtigen, um die Freiräume zu schließen, welche in den vergangenen Jahren immer mehr von dschihadistischen Organisationen gefüllt werden konnten. (Steinberg und Weber 2015c, S. 109) Demzufolge ist das Durchsetzungsvermögen des Staates

---

[15] Die Organisation nannte sich bis 2007 Groupe salafiste pour la prédication et le combat (GSPC); ihre Vorläuferorganisationen waren aus den Resten der Armée Islamique du Salut (AIS) sowie der Groupe Islamique Armé (GIA) entstanden. (Schreiber S. 167)

von ausschlaggebender Bedeutung für den Erfolg nationaler und regionaler sozioökonomischer Projekte, um den Menschen eine wirtschaftliche Perspektive und damit eine Alternative zur Radikalisierung zu bieten. (Steinberg und Weber 2015c, S. 110) Die Kritik, dass deutsche Soldaten unter anderem zur Ausbildung anderer Streitkräfte zur Gegenwehr gegen islamistische Kämpfer entsandt werden, ohne dass effektiv zu erreichende Zwecke bestimmt und eine tragfähige strategische Planung vorgelegt werden (Jäger 2021)[16], mündet in die seit langem grundsätzlich bekannte – aber offensichtlich ignorierte – Wahrheit, dass das Versagen, adäquate politische Endzustände zu setzen und die Missionen entsprechend angemessen auszustatten, die Verantwortung der Politik ist. (Ledwidge 2011, S. 119) „[D]er Krieg [ist] nicht bloß ein politischer Akt, sondern ein wahres politisches Instrument, eine Fortsetzung des politischen Verkehrs, ein Durchführen desselben mit anderen Mitteln." (Clausewitz, S. 108) Diese Wahrheit lässt sich wohl auch auf Mali übertragen. Dementsprechend müssten die Instrumente unterschiedlicher Politikfelder und Akteure im Sinne des Vernetzen Ansatzes umfassender Sicherheitspolitik auf ein solches politisches Ziel adäquat aufeinander abgestimmt, orchestriert und getaktet werden, um der Gefahr des islamistischen Fundamentalismus den Boden zu entziehen und schlussendlich erfolgreich zu sein. Das bedeutet konkret, dass eine Strategie umzusetzen ist, welche eine effektive Rückkehr des Staates, die Wiederherstellung seiner Legitimität durch Reform der Sicherheits- und Justizbehörden und einen inklusiven Dialog zur Koordination der Bemühungen des Staates in allen Teilen der Bevölkerung sicherstellt. (ICG 2016) Demzufolge könnte der bevölkerungszentrierte Ansatz der Aufstandsbekämpfung, in dem Streitkräfte ein subsidiäres, aber effektives Element darstellen können, in Mali auch für die deutsche Politik, die über fünf Jahrzehnte in erster Linie Entwicklungspolitik war (Schmidt 2016, S. 196), zukünftig ein sinnhafter Ansatz sein – wenn dieser Ansatz wirklich gewollt und gelebt wird.

---

[16] Ebenso fordert Friedman, dass Kriege klare und erreichbare Ziele haben müssen. (Friedman 2021)

Literatur

Alamir, F. M. (2015a). Rolle des ausländischen Militärs beim Peacebuilding. In: U. Hartmann (Hrsg.), Lernen von Afghanistan. Innovative Wege und Mittel für Auslandseinsätze (S. 96 ff.). Berlin: MILES.

Alamir, F. M. (2015b). Vernetzte Sicherheit – Quo Vadis? Berlin: MILES.

Alamir, F. M., Freudenberg, D., Seyfried, H.-G., & Stamer, W. (2016). Vernetzte Sicherheit – Anforderungen und Lösungsansätze für die Ausbildungs- bzw. Einsatzvorbereitung ziviler und militärischer Akteure im internationalen Krisen- und Konfliktmanagement – Best Practice. In: M. Schulz, B. Gribenow, A. Neusius, C. Vogeler & K. Papenberg (Hrsg.), Fernausbildung schärft Perspektiven ... Technologiegestützte Bildung als Motor von Innovationsprozessen (S. 236ff.). Augsburg: ZIEL.

Ashkenazi, M. (2012). Development is destruction, and other things you weren`t told at school. In V. C. Franke & R. H. Dorff (Hrsg.), Conflict management and "whole of government": Useful tools for U.S. National Security Strategy? (S. 91ff.). Carlisle Barracks: SSI.

Beckmann, R. (2011). Clausewitz trifft Luhmann. Eine systemtheoretische Interpretation von Clausewitz' Handlungstheorie. Wiesbaden: VS-Verlag.

Blumröder, C. von (2015). Shape, Clear, Hold, Build – Die Operation HALMAZAG des Ausbildungs- und Schutzbataillons Kunduz. In: R. Schroeder & S. Hansen (Hrsg.), Stabilisierungseinsätze als gesamtstaatliche Aufgabe. Erfahrungen und Lehren aus dem deutschen Afghanistaneinsatz zwischen Staatsaufbau und Aufstandsbewältigung (COIN) (S. 233ff.). Baden-Baden: NOMOS.

Bornemann, J. (2016). Vernetzte Sicherheit: Lehren aus dem Afghanistanengagement. In: R. Wagner & H.-J. Schaprian (Hrsg.), Komplexe Krisen – aktive Verantwortung. Magdeburger Gespräche zur Friedens- und Sicherheitspolitik (S. 71ff.). Magdeburg: Friedrich-Ebert-Stiftung.

Clausewitz, C. von, (1952). Vom Kriege. In W. Hahlweg (Hrsg.), Vom Kriege. Hinterlassenes Werk des Generals Carl von Clausewitz (16. Aufl., S. 71ff.). Bonn: Dümmlers Verlag.

Crane, C. C. (2016). Cassandra in Oz. Counterinsurgency and future war. Annapolis: Naval Institute Press.

De Wijk, R. (2014). The Future of Armed Forces. In: J. Frank & W. Matyas (Hrsg.), Strategie und Sicherheit 2014. Europas Sicherheitsarchitektur im Wandel (S. 373ff.). Wien: Böhlau.

Erhart, H.-G., & Kästner, R. (2010). Aufstandsbekämpfung, Konzept für Deutsche Sicherheitspolitik? Lehren aus Afghanistan. Hamburger Informationen zur Friedensforschung und Sicherheitspolitik, Ausgabe 48.

Freudenberg, D. (2010). Irreguläre Kräfte und der Interessierte Dritte im modernen Kleinkrieg. In: T. Jäger (Hrsg.), Die Komplexität der Kriege (S. 179ff.). Wiesbaden: VS-Verlag.

Freudenberg, D. (2012a). „Directed Telescope". Das COMISAF Advisory and Assistance Team (CAAT) im Counterinsurgency-Einsatz in Afghanistan. Der Deutsche Fallschirmjäger, (4), S. 16ff.

Freudenberg, D. (2012b). Das COMISAF Advisory and Assistance Team. Europäische Sicherheit und Technik, (9), S. 41ff.

Freudenberg, D. (2012c). Der Einsatz der Streitkräfte im bevölkerungsorientierten „Comprehensive Approach". Österreichische Militärische Zeitschrift, (5), S. 523ff.

Freudenberg, D. (2012d, Oktober). Directed Telescope. Das COMISAF Advisory and Assistance Team (CAAT) in Afghanistan. Behördenspiegel, S. 49.

Freudenberg, D. (2013a). Counterinsurgency als Phase zur Überwindung schwacher Staatlichkeit und zur Etablierung einer stabilen Nachkriegsordnung. In: M. H. W. Möllers & R. Chr. van Ooyen (Hrsg.), Jahrbuch Öffentliche Sicherheit 2012/2013 (S. 285ff.). Frankfurt: Verlag für Polizeiwissenschaft.

Freudenberg, D. (2013b). Ein "geführtes Teleskop" – Das CAAT als strategisches Instrument der Aufstandsbekämpfung. Zeitschrift für Außen- und Sicherheitspolitik, 6(1), S. 35ff.

Freudenberg, D. (2015). Das COMISAF Advisory and Assistance Team (CAAT) als strategisches Instrument im Counterinsurgency-Einsatz in Afghanistan. In: R. Schroeder & S. Hansen (Hrsg.), Stabilisierungseinsätze als gesamtstaatliche Aufgabe. Erfahrungen und Lehren aus dem deutschen Afghanistaneinsatz zwischen Staatsaufbau und Aufstandsbewältigung (COIN) (S. 369ff.). Baden-Baden: NOMOS.

Freudenberg, D. (2016). Aufstandsbekämpfung im Lichte des bevölkerungszentrierten Ansatzes. Zeitschrift für Außen- und Sicherheitspolitik, 9(4), S. 477ff.

Freudenberg, D. (2017b). Verständnis des Sieges im Vernetzten Ansatz. In: S. Hansen & J. Krause (Hrsg.), Jahrbuch Terrorismus 2015/2016 (S. 363ff.). Opladen, Berlin, Toronto: Barbara Budrich.

Freudenberg, D. (2017a). Theorie des Irregulären. Erscheinungen und Abgrenzungen von Partisanen, Guerillas und Terroristen im Modernen Kleinkrieg sowie Entwicklungstendenzen der Reaktion, 3. Bd., Von der heutigen Bedeutung des Kleinkrieges bis zu den strategischen Fällen. Berlin: MILES.

Friedel, A. (2011). „Hearts and minds" vs. „Carrots and sticks"? Modernisierungstheoretische und rational choice-Ansätze der Counterinsurgency-Forschung im Wettbewerb. In: M. Sebaldt & A. Straßner (Hrsg.), Aufstand und Demokratie. Counterinsurgency als normative und praktische Herausforderung (S. 92ff.). Wiesbaden: VS-Verlag.

Friedman, G. (2021, 20. Juli). In 20 Jahren nichts gelernt. Cicero. https://www.cicero.de/aussenpolitik/usa-strategie-afghanistan-rueckzug-taliban. Zugegriffen: 18. Aug. 2021.

Fritz, H.-W., Staigis, H., & Weber, M. (2015). Counterinsurgency und Führungsverantwortung im Einsatz am Beispiel ISAF im Jahr 2010. In: R. Schroeder & S. Hansen (Hrsg.), Stabilisierungseinsätze als gesamtstaatliche Aufgabe. Erfahrungen und Lehren aus dem deutschen Afghanistaneinsatz zwischen Staatsaufbau und Aufstandsbewältigung (COIN) (S. 211ff.). Baden-Baden: NOMOS.

Gablik, A. (2015). „It's all about perception" – ISAF und das Wirken im Informationsumfeld. In: R. Schroeder & S. Hansen (Hrsg.), Stabilisierungseinsätze als gesamtstaatliche Aufgabe. Erfahrungen und Lehren aus dem deutschen Afghanistaneinsatz zwischen Staatsaufbau und Aufstandsbewältigung (COIN) (S. 303ff.). Baden-Baden: NOMOS.

Gast, H. (2011). Counterinsurgency – Herausforderung für die Demokratietheorie: Zu den normativen Implikationen des Problems. In M. Sebaldt & A. Straßner (Hrsg.), Aufstand und Demokratie. Counterinsurgency als normative und praktische Herausforderung (S. 114ff.). Wiesbaden: VS-Verlag.

Grävingholt, J. (2016). Entwicklungspolitik im Gefüge einer „neuen deutschen Außenpolitik". Aus Politik und Zeitgeschichte, (28-29), S. 38ff.

Haass, R. N. (2013, April) Foreword. In: L. Robinson, The future of U.S. Special Operation Forces. Council Special Report No. 66 (S. viif.). New York: Council on Foreign Relations Press.

Hamann, R., & Hoffmann. H. (2015). Die Schutzverantwortung R2P und das Problem militärischer Gewalt in der Krisenprävention [Die Umkehrung des klassischen Peacekeepings]. In: U. Hartmann & C. von Rosen (Hrsg.), Jahrbuch Innere Führung 2015. Neue Denkwege angesichts der Gleichzeitigkeit unterschiedlicher Krisen, Konflikte und Krisen (S. 60ff.). Berlin: MILES.

Harenberg (2002). Länderlexikon (3. Aufl.). Dortmund: Harenberg.

Heinzl, G. (2016). Die ethnische Dimension des Konfliktes in Mali. In: M. Hofbauer, P. Münch (Hrsg.), Wegweiser zur Geschichte. Mali (2. Aufl., S. 129ff.). Paderborn: Schöningh.

Hühnert, D. (2011). Der 11. September 2001 und Afghanistan – Ein strategisches Dilemma. In: T. Jäger (Hrsg.), Die Welt nach 9/11. Auswirkungen des Terrorismus auf Staatenwelt und Gesellschaft (Sonderheft der Zeitschrift für Außen- und Sicherheitspolitik 2/2011) (S. 451ff.). Wiesbaden: VS-Verlag.

Inspekteur des Heeres (2013, 18. März). Handlungsempfehlungen zur Aufstandsbewältigung. Handreichung für Truppenführer. Strausberg.

ICG – International Crisis Group (2016, 6. Juli). Central Mali: An Uprising in the Making? https://www.crisisgroup.org/africa/west-africa/mali/central-mali-uprising-making. Zugegriffen: 20. Juli 2021.

Jäger, T. (2016). Europäische Sicherheitskooperation. Bestandsaufnahme und Handlungsfelder. Aus Politik und Zeitgeschichte, 66(43-45), S. 21-28.

Jäger, T. (2021, 16. Juli). Abzug aus Afghanistan – Wo deutsche Soldaten starben und es keinen interessiert. FOCUS Online. https://www.focus.de/politik/ausland/gastbeitrag-von-thomas-jaeger-abzug-aus-afghanistan-wo-deutsche-soldaten-starben-und-es-niemand-interessiert_id_13502910.html. Zugegriffen: 20. Juli. 2021.

Kaplan, F. (2013). The insurgents. David Petraeus and the plot to change the American way of war. New York, London, Toronto, Sydney, New Dehli: Simon & Schuster.

Kilcullen, D. (2007, 27. Jan.). Two schools of classic counterinsurgency. Small Wars Journal. http://smallwarsjournal.com/blog/two-schools-of-classical-counterinsurgency. Zugegriffen: 23. Okt. 2013.

Koepf, T. (2016). Frankreichs Politik in Mali. In: M. Hofbauer & P. Münch (Hrsg.), Wegweiser zur Geschichte. Mali (2. Aufl., S. 205ff.). Paderborn: Schöning.

Kollmer, D. H. (2016). Die Volkswirtschaft Malis: Nomadische Viehhaltung und Goldrausch. In: M. Hofbauer & P. Münch (Hrsg.), Wegweiser zur Geschichte. Mali (2. Aufl., S. 101ff.). Paderborn: Schöningh.

Konopka, T. (2016). Zwischen innerstaatlicher Gewalt und Dschihadismus. Mali von 2013 bis in die Gegenwart. In: M. Hofbauer & P. Münch (Hrsg.), Wegweiser zur Geschichte. Mali (2. Aufl., S. 101ff.). Paderborn: Schöningh.

Krause, J. (2012). Al Qaida nach bin Laden: Die strategische Relevanz des islamistischen Terrorismus. In: IFSK (Hrsg.), Jahrbuch Terrorismus 2011/2012 (S. 39ff.). Berlin, Toronto: Barbara Budrich.

Lacher, W., & Steinberg, G. (2015). Transnationaler Jihadismus, lokal verwurzelt: AQUIM und MUJAO in der Sahara. In: G. Steinberg & A. Weber (Hrsg.), Jihadismus in Afrika. Lokale Ursachen, regionale Ausbreitung, internationale Verbindungen (S. 73ff.). SWP-Studie.

Lauenroth, W. (2015). Spezialkräfte der Bundeswehr im Einsatz: Vom Kampf gegen den Terrorismus zur Unterstützung von einheimischen Sicherheitskräften in einer Aufstandsbekämpfung. In: R. Schroeder & S. Hansen (Hrsg.), Stabilisierungseinsätze als gesamtstaatliche Aufgabe. Erfahrungen und Lehren aus dem deutschen Afghanistaneinsatz zwischen Staatsaufbau und Aufstandsbewältigung (COIN) (S. 347ff.). Baden-Baden: NOMOS

LeCuyer, J. A. (2012). The National Security Staff: What's sissing in whole of government approaches to national security. In: V. C. Franke & R. H. Dorff (Hrsg.), Conflict management and "whole of government": Useful tools for U.S. National Security Strategy? (S. 231ff.). Carlisle Barracks: SSI.

Ledwidge, F. (2011). Loosing small wars. British military failure in Iraq and Afghanistan. New Haven: Yale University Press.

Lindley-French, J., Cornish, P., & Rathmell, A. (2014). Clear, hold and build: Operationalizing the Comprehensive Approach. In: J. Lindley-French & Y. Boyer (Hrsg.), The Oxford Handbook of War (S. 573ff.). Oxford: Oxford University Press.

Maninger, S. (2013). Der Schattenkrieg – Ergänzungen zur „Counterinsurgency"-Debatte, Österreichische Militärische Zeitschrift, (3), 301ff.

Metz, S. (2007). Learning from Iraq: Counterinsurgency in American Strategy. Carlisle Barracks: SSI.

Münch, P. (2011). Strategielos in Afghanistan. Die Operationsführung der Bundeswehr im Rahmen der International Security Assistance Force. SWP-Studie (S 30). https://nbn-resolving.org/urn:nbn:de:0168-ssoar-282800. Zugegriffen: 18. Aug. 2021.

Oswald, S., & Toetzke, C. (2015). „Counterinsurgency" (COIN) – Eine entwicklungspolitische Perspektive. In: R. Schroeder & S. Hansen (Hrsg.), Stabilisierungseinsätze als gesamtstaatliche Aufgabe. Erfahrungen und Lehren aus dem deutschen Afghanistaneinsatz zwischen Staatsaufbau und Aufstandsbewältigung (COIN) (S. 189ff.). Baden-Baden: NOMOS.

Papst, M. (2021). Internationale Rundschau. Afrika/Sub-Sahara. Österreichische Militärische Zeitschrift, (3), S. 391ff.

Petraeus, David. Schießen und Trinken. Ein Gespräch mit Josef Joffe, in: DIE ZEIT vom 07. Mai 2009.

Portugall, G. (2015, April). Materielle und immaterielle Kosten. Behörden Spiegel. Berlin, Bonn.

Republik Österreich, Bundesministerium der Verteidigung, Zentrum für Geoinformationswesen der Bundeswehr, Schweizer Armee & Kommando Operationen (Hrsg.) (2014). Militärische Geoinformationen Niger. o.O.A.

Republik Österreich, Bundesministerium der Verteidigung, Zentrum für Geoinformationswesen der Bundeswehr, Schweizer Armee & Kommando Operationen (Hrsg.) (2019). Militärische Geoinformationen Mali. o.O.A. S. 24ff.

Robinson, L. (April 2013). The future of U.S. Special Operation Forces. Council Special Report No. 66. New York: Council on Foreign Relations Press.

Rücker, H. (2015). Die Rolle der Zivilbevölkerung in heutigen Konflikten und die spezifische Bedeutung von CIMIC in Stabilisierungsoperationen und COIN. In: R. Schroeder & S. Hansen (Hrsg.), Stabilisierungseinsätze als gesamtstaatliche Aufgabe. Erfahrungen und Lehren aus dem deutschen Afghanistaneinsatz zwischen Staatsaufbau und Aufstandsbewältigung (COIN) (S. 117ff.). Baden-Baden: NOMOS.

Ruff-Stahl, H.-J. (2015). Human Factors im Krieg: Ist COIN eine taktische Antwort auf ein strategisches Problem? In: R. Schroeder & S. Hansen (Hrsg.), Stabilisierungseinsätze als gesamtstaatliche Aufgabe. Erfahrungen und Lehren aus dem deutschen Afghanistaneinsatz zwischen Staatsaufbau und Aufstandsbewältigung (COIN) (S. 137ff.). Baden-Baden: NOMOS.

Schlie, U. (2015). Der Afghanistaneinsatz: Folgerungen für Stabilisierungseinsätze. Allgemeine schweizerische Militärzeitschrift, (7), S. 19ff.

Schmidt, S. (2016). Mali als Betätigungsfeld internationaler Akteure. Zwischen Entwicklungshilfe und „Globalem Krieg gegen den Terror". In: M. Hofbauer & P. Münch (Hrsg.), Wegweiser zur Geschichte. Mali (2. Aufl., S. 175ff.). Paderborn: Schöningh.

Schneiderhan, W. (2009). Die Bundeswehr morgen. In: Bundesakademie für Sicherheitspolitik (Hrsg.), Sicherheitspolitik in neuen Dimensionen (Ergänzungsband 2) (S. 533ff.). Hamburg: Mittler.

Schreiber, G. (2016). Staatliche und nichtstaatliche Konfliktakteure in Mali. In: M. Hofbauer & P. Münch (Hrsg.), Wegweiser zur Geschichte. Mali (2. Aufl., S. 1ff.). Paderborn: Schöningh.

Steinberg, G., & Weber, A. (2015a). Problemstellung und Empfehlungen. In: G. Steinberg & A. Weber (Hrsg.), Jihadismus in Afrika. Lokale Ursachen, regionale Ausbreitung, internationale Verbindungen (S. 5ff.). SWP-Studie.

Steinberg, G., & Weber, A. (2015b). Jihadismus in Afrika. Eine Einführung. In: G. Steinberg & A. Weber (Hrsg.), Jihadismus in Afrika. Lokale Ursachen, regionale Ausbreitung, internationale Verbindungen (S. 7ff.). SWP-Studie.

Steinberg, G., & Weber, A. (2015c). Schlussfolgerungen und Empfehlungen. In: Steinberg, G, Weber, A. (Hrsg.), Jihadismus in Afrika. Lokale Ursachen, regionale Ausbreitung, internationale Verbindungen, (S. 107ff.). SWP-Studie.

Tietz, K.-D. (2021). Mission multidimensionnelle intégré des Nations unies pour la stabilisation au MALI (MINUSMA). Einsatz der Polizeikomponente zur Stabilisierung des Landes. In: D. Freudenberg & M. Kuhlmey (Hrsg.), Krisenmanagement, Notfallplanung, Zivilschutz. Festschrift anlässlich 60 Jahre Zivil- und Bevölkerungsschutz in Deutschland (S. 519ff.). Berlin: Berliner Wissenschafts-Verlag.

Vad, E., (2010). Neue geopolitische Herausforderungen im Lichte des erweiterten Sicherheitsbegriffs. In: F.-E. Düppe, S. R. Lüder, C. Raap & R. Wagener (Hrsg.), Barmherzigkeit zwischen den Waffen. Festschrift für Andreas von Block-Schlesier (S. 245ff.). Herdecke: Berliner Wissenschaftsverlag.

Vad, E., (2011). Asymmetrischer Krieg als Mittel der Politik. In: T. Jäger & B. Rasmus (Hrsg.), Kriegstheorien (S. 586ff.). Wiesbaden: VS-Verlag.

Vliet, M. von (2016). Der malische Staat. Vom Flagschiff der Demokratie zum Schiffbruch im Fahrwasser der Anarchie? In: M. Hofbauer & P. Münch (Hrsg.), Wegweiser zur Geschichte. Mali (2. Aufl., S. 1ff.). Paderborn: Schöning.

Wätzel, F. (2015). Befähigung und Reform lokaler Sicherheitskräfte als strategische Notwendigkeit. In: R. Schroeder & S. Hansen (Hrsg.), Stabilisierungseinsätze als gesamtstaatliche Aufgabe. Erfahrungen und Lehren aus dem deutschen Afghanistaneinsatz zwischen Staatsaufbau und Aufstandsbewältigung (COIN) (S. 149ff.). Baden-Baden: NOMOS.

Wilson, S. (2008). No better friend, no worse enemy – First do no harm. Maxime und Probleme der ‚Petraeus Doktrin'. In: IFSK (Hrsg.), Jahrbuch Terrorismus 2007/2008 (S. 197ff.). Opladen, Farmington Hills: Barbara Budrich.

Wilson, S. (2008). Issues in developing a new U.S. Counterinsurgency Doctrine Field Manual FM 3-24 MCRP. In: S. Buciak (Hrsg.), Asymmetrische Konflikte im Spiegel der Zeit (S. 537ff.). Berlin: Köster.

.

Die Türkei als islamischer Staat und ihre außenpolitische Agenda

Ulrich Schlie

I.

Der enge Zusammenhang zwischen innerstaatlichem Systemwandel und außenpolitischen Zielen wird mit Blick auf die heutige Türkei besonders deutlich. Denn die Dynamik der türkischen Außenpolitik kann ohne eine nähere Betrachtung ihrer vielfältigen, bisweilen irritierenden, sich jedenfalls nicht ohne weiteres erschließenden Aktionen, Volten und Kurswechsel nur im Zusammenspiel von innenpolitischem Staatsumbau, zunehmender Islamisierung und der geopolitischen Neupositionierung des Landes begriffen werden. Der in der Literatur wiederholt dargestellte tiefgreifende Transformationsprozess, der die politischen Institutionen des Landes insbesondere in den letzten zehn Jahren erfasst und zu einer nachhaltigen Veränderung der politischen Konfiguration geführt hat, ist aufs engste mit dem Aufstieg der AKP und der zunehmenden Bedeutung des Islams für das Land verbunden.[1] Der Umbau der türkischen Gesellschaft und die außenpolitische Agenda Präsident Erdogans sind dabei als Einheit zu betrachten. Damit kann auch das methodische Aufbauprinzip der hier vorgelegten Analyse, zunächst die türkische Außenpolitik insbesondere in ihren vielfältigen Beziehungen zur islamischen Welt darzustellen und sodann die türkische Innenpolitik, den Staatsumbau, das Verhältnis zum Islam – wiederum im Schwerpunkt in ihren Bezügen zur außenpolitischen Agenda des Landes – zu betrachten, nicht trennscharf durchgehalten werden.

Von grundlegender Bedeutung ist übergreifend das gewachsene Selbstverständnis der Türkei, die sich als Brücke zwischen Europa und Asien versteht, darin auch ihren strategischen Wert als Mitglied der Nordatlantischen Allianz seit 1952 definiert, sich in wirtschaftlicher und technologischer Entwicklung als ganz dem Westen zugehörig begreift, zu-

---

[1] Vgl. Gieler, *Die Neuorientierung der türkischen Außenpolitik zwischen „Neo-Osmanismus" und „regionalem Führungsanspruch" – eine Bestandsaufnahme*, in Leiße (Hrsg.), *Die Türkei im Wandel. Innen- und außenpolitische Dynamiken*, 2013, S. 37ff.

gleich aber durch den Islam mit den Staaten Nordafrikas und des Vorderen Orients und über die Arabische Liga mit dem Iran verbunden ist. Der Zerfall der Sowjetunion hat nicht nur die geopolitische Bedeutung der Türkei in Zentralasien gestärkt, sondern auch die kulturelle und religiöse Verbundenheit des Landes mit den zentralasiatischen Nachfolgestaaten der Sowjetunion, insbesondere Kasachstan, Tadschikistan, Kirgisien und Turkmenistan, hervorgehoben. Im gleichen Zeitraum haben sich die seit dem Assoziierungsabkommen des Landes mit den Europäischen Gemeinschaften im Jahr 1963 mit hohen Erwartungen verbundenen Beziehungen zu den EU-Mitgliedstaaten deutlich abgekühlt.[2] In dieser geopolitischen Machtkonstellation ist die heutige Bestimmung der Türkei als islamischer Staat in ihrem außenpolitischen Profil und ihren Ambitionen zu betrachten.

Zunächst zur Frage, inwieweit der heutige außenpolitische Kurs der Türkei mit der zunehmenden Islamisierung des Landes im Zusammenhang steht und ob sich überhaupt in der türkischen Außenpolitik in den letzten knapp dreißig Jahren eine kursbestimmende einheitliche Linie erkennen lässt. Die Beantwortung dieser Frage ist an eine Darstellung der grundlegenden Züge der türkischen Außenpolitik geknüpft und versucht insbesondere, die Haltung zu islamisch geprägten außenpolitischen Akteuren vor dem Hintergrund der weltpolitischen Verschiebungen und zunehmenden Unsicherheiten mit Blick auf Bündnisse, Foren und supranationale Einheiten wie Nordatlantische Allianz, Vereinte Nationen und Europäische Union ins Visier zu nehmen. Die Türkei hat durch die geopolitische Verschiebung nach dem Zerfall der Sowjetunion zu einer neuen Lage zwischen Ost und West – an der Schnittstelle zwischen Eurasien, dem Nahen Osten und Nordafrika – finden können. In den letzten beiden Jahrzehnten hat die Türkei konsequent die sich daraus ergebenden Möglichkeiten im Rahmen einer gestaltenden Außen- und Sicherheitspolitik genutzt und neue Schwerpunkte im zentralasiatisch-arabischen Großraum erschlossen. Im gleichen Zeitraum ist die Türkei mehr und mehr in der Nordatlantischen Allianz und für die Vereinigten Staaten zu einem unberechenbaren Partner geworden.

---

[2] Kramer, *Ist der türkische Beitrittsprozess am Ende?* in: Ebenda, S. 75ff.

Die künftige geostrategische und allianzpolitische Orientierung der Türkei wird deshalb ganz wesentlich die Entwicklungen an Europas Peripherie und im Nahen Osten bestimmen: sie zählt zu den Kernfragen der europäischen Politik. Mit der weiter bevorstehenden Schwerpunktverlagerung der Europäischen Union von ihrer östlichen zu ihrer südlichen Grenze – eine Folge der weltpolitischen Machtverschiebungen und der zunehmenden strategischen Unsicherheiten, die insbesondere mit der Migrationsbewegung und mit der Entwicklung des afrikanischen Kontinents verbunden sind – wird die geopolitische Bedeutung der Türkei weiter unterstrichen. Die aktuellen politischen Krisen und Auseinandersetzungen bestätigen diese Analyse: der gegenwärtige Streit um Seegebiete im Mittelmeer zwischen der Türkei einerseits sowie Zypern und Griechenland andererseits, bei dem es auch um Öl- und Gasvorräte und die Ausbeutung dieser Ressourcen geht, das zwischen Libyen und der Türkei geschlossene Abkommen über ihre Seegrenze und die verschiedenen politischen Streitigkeiten, die etwa mit dem Regelungserfordernis der Flüchtlingsfrage verknüpft sind, verdeutlichen, dass sich die Türkei immer wieder im Zentrum von politischen Auseinandersetzungen befindet. Die Rolle der Türkei bei der massiven Aufrüstung der aserbaidschanischen Armee, die politischen Sonderbeziehungen zu Baku, Waffenlieferungen an radikal-islamische Kräfte in Nordkurdistan oder die Intervention der Türkei in die mehrheitlich kurdisch besiedelte Region Afrin vom März 2018 sind weitere Beispiele für das gewachsene geopolitische Selbstbewusstsein der Türkei.

II.

Die Türkei ist durch die geopolitische Verschiebung infolge der europäischen Revolutionen des Jahres 1989 in eine neue strategische Lage zwischen Ost und West versetzt worden. Der Gezeitenwechsel von 1989/90 hat damit der Türkei einen beträchtlichen außenpolitischen Bedeutungszuwachs beschert. Dadurch haben sich für die Türkei eine Reihe bilateraler außenpolitischer Optionen, neue Partnerschaften und Allianzen sowie eine veränderte Rolle in den Foren und Institutionen der internationalen Politik ergeben. Insbesondere in den Vereinten Nationen und in der Nordatlantischen Allianz nimmt die Türkei heute eine deutlich prononciertere Position ein, die je nach Standpunkt als konturiert oder als unberechenbar-unsolidarisch wahrgenommen wird. Die türkische Staatsführung hat die mit der neuen strategischen Lage verbundenen Möglichkeiten konsequent genutzt und hat dabei insbesondere eine große taktische Finassierfähigkeit mit abrupten Allianzwechseln und offen ausgetragenen Disputen – auch mit engen Verbündeten und im Rahmen von Bündnissen – bewiesen.

Die Dynamik der türkischen Außenpolitik beruht auf dem kausalen Zusammenhang zwischen innenpolitischem Staatsumbau und geopolitischer Neupositionierung. Dabei spielt das Verhältnis der Türkei zum politischen Islam, wie es sich in den regionalpolitischen Ambitionen im Nahen und Mittleren Osten und in Zentralasien äußert, eine besondere Rolle. Gemäß der geostrategischen Lage der Türkei und den nationalen Interessen vollzieht sich diese Neupositionierung insbesondere mit Blick auf den Balkanraum, den Nahen Osten und den Kaukasus, auf den Schwarzmeerraum, das östliche Mittelmeer, die Golfregion und das Kaspische Meer, berücksichtig aber zunehmend auch die Rolle der Türkei in Afrika und Zentralasien – allesamt ihrerseits Regionen, in denen eine neue strategische Positionierung der Türkei mit Konsequenzen für die Rolle des Landes in der Nordatlantischen Allianz verbunden ist. Der graduelle weltpolitische Rückzug der Vereinigten Staaten, die zunehmende Systemkonkurrenz und Multipolarität in einer postamerikanischen Welt haben dabei die türkische Neupositionierung begünstigt.

Diese Machtverschiebungen sind nicht ohne Rückwirkungen auf das Verhältnis der Türkei zu den Vereinigten Staaten von Amerika und die Rolle des Landes in der Nordatlantischen Allianz geblieben, der sie seit 1952 als Mitglied angehört. Dort hat sie aufgrund ihrer geostrategischen Position immer eine besondere Rolle gespielt, war jedoch – ungeachtet wiederholter innenpolitischer Erschütterungen in Folge von Staatsstreichen und Putschversuchen – in ihrem grundlegenden Bekenntnis zur atlantischen Wertegemeinschaft und zur Freundschaft mit den Vereinigten Staaten unverbrüchlich. Ihre schiere Größe, ihr militärisches Potential und ihre geostrategische Lage als Brücke zu Asien und in der Nachbarschaft zur Sowjetunion an der Südostflanke des Nordatlantischen Bündnisses haben ihre strategische Relevanz begründet. Für ihre klare Westorientierung bezahlte die Türkei in der arabischen Welt zunächst den politischen Preis von Isolierung und Misstrauen.

Die Türkei hatte Israel noch vor dessen offizieller Aufnahme in die Vereinten Nationen bereits 1949 anerkannt und als erstes muslimisch geprägtes Land diplomatische Beziehungen zu Israel aufgenommen. Erst in Zusammenhang mit der Enttäuschung über die westliche Zypernpolitik sollte die Türkei später ihre Beziehungen zur arabischen Welt intensivieren.

Der Gezeitenwechsel von 1989/90 ging zunächst mit Blick auf die türkische Rolle in der Allianz scheinbar unbeachtet vorüber, da in den 1990er Jahren die Frage der innen- und außenpolitischen Orientierung der Türkei nicht im Zentrum der Aufmerksamkeit des Bündnisses stand. Die besondere Rolle der Türkei im Kalten Krieg, wo das Land innerhalb der Allianz den Ruf eines zwar schwierigen und innenpolitisch – gemessen an den demokratischen Wertebekenntnissen des Bündnisses – nicht immer vorbildhaften Partners eingenommen hatte, hat wesentlich auch dazu beigetragen, dass der grundlegende strategische Wandel und die Neupositionierung der Türkei in den aufeinander bezogenen Bereichen der Innen- und Außenpolitik zu spät und analytisch nicht klar genug wahrgenommen wurde. Für einen relativ langen Zeitraum wurde infolge der Fokussierung auf die strategisch als vorrangig erachteten Fragen der Erweiterung des Bündnisses sowie des Verhältnisses gegenüber Russland die Beschäftigung mit der Türkei vernachlässigt. Mit Blick auf die Erfüllung der Zweiprozentregel und die Beiträge als Truppensteller zu den Operationen der Allianz – insbesondere bei IFOR, SFOR, KFOR und EUFOR-Althea – konnte das Beispiel der Türkei im Bündnis als geradezu vorbildhaft angesehen werden.

Den eigentlichen Einschnitt in den Beziehungen der Türkei zur Nordatlantischen Allianz bildete der Beschluss des türkischen Parlaments vom 1. März 2003, in dem die Stationierung von amerikanischen Verbänden zur Vorbereitung der Bodenoffensive im Norden Iraks auf türkischem Boden abgelehnt wurde. Im Rückblick enthält das damals beobachtete Verhaltensmuster bereits wesentliche Elemente, die seitdem die türkische Außen- und Sicherheitspolitik immer wieder charakterisieren und in der Summe dazu beigetragen haben, dass die heutige Rolle der Türkei in der Nordatlantischen Allianz gleich in mehrfacher Hinsicht ambivalent erscheint und zu der Einschätzung berechtigt, dass die

Türkei heute für den inneren Zusammenhalt und die strategische Entwicklung des Nordatlantischen Bündnisses eine zunehmende Belastung darstellt. Dieser Befund wird durch das Ringen der Türkei in den internen Auseinandersetzungen im Bündnis um eine einvernehmliche Position in zentralen Konflikten der letzten Jahre unterstrichen. Die Auseinandersetzungen zwischen der Türkei und den europäischen Nato-Verbündeten haben dabei in den letzten Jahren ein Ausmaß erreicht, das geeignet ist, die Funktionsfähigkeit der Allianz zu beeinträchtigen. Es zählt zu den Charakteristika dieser Konflikte, dass es sich dabei um zentrale politische Positionierungen des Bündnisses – etwa zum Syrienkrieg oder mit Blick auf die humanitäre Katastrophe in Libyen – handelt, wobei in den meisten der kontroversen Fälle das Verhältnis des Bündnisses zu Russland oder bilaterale Fragen der Beziehungen zu Russland berührt werden. Im Resultat haben diese Bewertungsfragen ihrerseits zu Streitpunkten im Binnengefüge der Allianz, im Streitkräfteplanungsprozess, bei Stationierungs- und Dislozierungsfragen oder bei Fragen der alliierten Kommandostruktur und der Arbeitsmechanismen des Bündnisses geführt.

Auch in den vergangenen Jahren hat die Türkei wiederholt den politischen Konsens im Bündnis getestet. In jüngster Zeit standen dabei immer wieder die türkisch-russischen Beziehungen im Zentrum. Schon im Dezember 2017 hat die Türkei den Kauf des russischen Flugabwehrsystems S-400 in Höhe von 2,5 Mrd. $ bestätigt. Im März 2019 suspendierte der US-Senat den Erwerb des F35-Jets von Lockheed Martin seitens der Türkei, solange die Pläne zum Kauf des russischen S-400-Systems aufrechterhalten blieben. Im April 2019 schlug die Türkei den USA die Gründung einer Arbeitsgruppe zur Feststellung der Unbedenklichkeit des S-400-Systems für US- und Nato-Militär vor. Die USA schlossen daraufhin die Beteiligung der Türkei an der Produktion und Entwicklung des Kampfjets F-35 aus. Am 12. Juli 2019 bestätigte das türkische Verteidigungsministerium das Eintreffen erster S-400-Systeme in Ankara.[3] Im Oktober 2020 bestätigten sodann die türkische Regierung und der türkische Präsident Erdogan den erfolgreichen Test des russischen S-400 Luftabwehrsystems. Am 14. Dezember 2020 kündigte die amerikanische Regierung an, weitere Sanktionen gegen die

---

[3] Reuters, Timeline, *Turkey's path to buying Russian air defense systems – and possible U.S. sanctions*, 22. Juli 2019.

Türkei im Zuge der Beschaffung und des Testens des russischen S-400-Luftabwehrsystems zu verhängen.[4] Die Kooperation mit Russland, die im Kauf der russischen S-400-Abfangraketen ihren sichtbarsten Ausdruck gefunden hat, wird durch eine Reihe von militärtechnischen Rüstungskooperationsabkommen und Vereinbarungen über nachrichtendienstliche Zusammenarbeit begleitet, die die Türkei in die Lage versetzten, gegenüber anderen Nato-Partnern eine privilegierte Position einzunehmen. Im Zusammenhang seiner zunehmend aggressiven Sicherheits- und Energiepolitik und den Bemühungen um Russland hat die türkische Verteidigungspolitik im März 2019 im Rahmen des größten Seemanövers ihrer Geschichte die gleichzeitige Einsatzfähigkeit ihrer Marine im Schwarzen Meer, in der Ägäis und im östlichen Mittelmeer demonstriert und dies zu einer Leistungsschau der Möglichkeiten der heimischen Rüstungsindustrie gestaltet.

Im Zusammenhang mit dem von Konkurrenz und Partnerschaft zugleich geprägten türkisch-russischen Verhältnis sind auch die türkischen Bestrebungen zu sehen, in Libyen einen Luft- und Marinestützpunkt zu errichten. Die damit verbundenen Entscheidungen haben seinerzeit auch mit zu verantworten, dass die Türkei ihren Angriff auf die Hafenstadt Sorte nicht bereit war zu stoppen, da in circa 300 Kilometer Entfernung von Sirte in Al-Dschufra ein russischer Militärstützpunkt entstehen sollte, von dem aus eine dauerhafte russische Kontrolle der Region angestrebt wird. Das türkische Parlament hatte in einer Sondersitzung am 2. Januar 2020 mit großer Mehrheit für eine Militärintervention in Libyen gestimmt (325 Ja-Stimmen; 184 Nein-Stimmen). Die Versendung türkischer Truppen nach Libyen erfolgte am 5. Januar 2020. Mit der Truppenentsendung sollte die Regierung der Nationalen Übereinkunft (GNA) von al-Sarradsch gefestigt und in ihrer Auseinandersetzung mit den von Russland unterstützen Verbänden General Haftar unterstützt werden.[5] Die Bemühungen der Türkei um Konsoli-

---

[4] Vgl. hierzu Forrester, *US government sanctions Turkey over S-400 buy*, 15. Dezember 2020.

[5] Wie Aufnahmen des U.S. Africa Command (AFRICOM) zeigen, nutzt die Russische Föderation den Militärstützpunkt „al-Jufra": Im August verlief die Frontlinie zwischen den beiden Konfliktparteien und ihrer internationalen Unterstützer zwischen Sirte und dem Stützpunkt „al Jufra".

dierung und Ausweitung seiner militärischen Präsenz in Libyen bestätigen das wiederholt erkennbare Muster der türkischen Außen- und Sicherheitspolitik, Fragen der nationalen Sicherheitspolitik mit europäischen Fragen und zugleich mit Nato-Fragen zu verbinden. Das Ringen zwischen der Türkei und Russland ist insbesondere vor dem Hintergrund der Vorherrschaft im östlichen Mittelmeer zu sehen.[6]

Gerade die türkischen regionalpolitischen Ambitionen in den islamisch geprägten Staaten Zentralasiens haben in letzter Zeit immer wieder für Dissens mit den Nato-Verbündeten gesorgt. Beispielhaft dafür sind Beratungen im Nato-Rat in Folge der offenen türkischen Unterstützung Aserbaidschans in der Auseinandersetzung um die Enklave Berg-Karabach, die im November 2020 aufgrund einer auf russische Vermittlung zustande gekommenen Übereinkunft beendet werden konnte. Die Türkei zählt dabei zu den offenkundigen Nutznießern dieser Vereinbarung. Die Rolle der Türkei wurde im Bündnis wiederholt diskutiert, und sie war auch bei den Gesprächen von Nato-Generalsekretär Jens Stoltenberg mit dem türkischen Außenminister Mevlüt Cavusoglu am 5. Oktober 2020 thematisiert worden.[7]

III.

Zu den einschneidendsten und folgenreichsten Konsequenzen der zunehmenden Entfremdung der Türkei von der großen Mehrheit der Mitglieder im Bündnis zählen die Rückwirkungen auf das türkisch-amerikanische Verhältnis. Wenn man die Entwicklung der türkisch-amerikanischen Beziehungen seit den frühen 1990er Jahren betrachtet, so verhalten diese sich spiegelbildlich zur Rolle der Türkei in der Nordatlantischen Allianz. Die durch das Truppenstationierungsveto des türkischen Parlaments im Jahr 2003 belasteten Beziehungen zwischen der Türkei und den Vereinigten Staaten wollte US-Präsident Barack Obama mit seinem Besuch in Ankara am 6. April 2009 und dem Angebot des ursprünglich von Philip H. Gordon geprägten Begriffs der Modellpartnerschaft für einen Neuanfang in den amerikanisch-türki-

---

[6] Vgl. hierzu den Jahresbericht der Konrad-Adenauer-Stiftung, *Inside Libya. Annual Review in Libya 2020*.

[7] Vgl. hierzu Pressekonferenz von Jens Stoltenberg und Mevlut Cavusoglu am 5. Oktober 2020 zum Berg-Karabach-Konflikt von 2020.

schen Beziehungen nutzen. Präsident Obama hat damals tief in die Tasten gegriffen: „Turkey is a critical ally. Turkey is an important part of Europe. And Turkey and the United States must stand together, and work together to overcome the challenges of our time. ... Turkey's greatness lies in your ability to be at the center of things."[8] Mit dieser Sichtweise hatte Obama das türkische Bedürfnis nach einer angemessenen Würdigung erfüllt und dabei nicht zuletzt auch Argumente aufgegriffen, die der Vordenker der türkischen Außenpolitik, Ahmed Davotuglu, seit 2002 außenpolitischer Chefberater der AKP-Regierung und später Außenminister, in seinem Buch „Strategische Tiefe" und in zahlreichen Aufsätzen formuliert hatte.[9] Davotuglus Konzeption sollte die von ihm identifizierte Strategielücke der türkischen Außenpolitik schließen und gleichzeitig die Abkehr von der als einseitig charakterisierten Westorientierung zugunsten einer außenpolitischen Optionenvielfalt einleiten.

Es waren insbesondere die geostrategischen Entwicklungen im Gefolge des arabischen Frühlings, die zu einer deutlichen Abkühlung der Beziehungen zwischen der Türkei und den Vereinigten Staaten und zu erneuten Belastungsproben geführt haben. Dazu zählen insbesondere die türkisch-brasilianischen Vermittlungsbemühungen im UN-Sicherheitsrat bei der Auseinandersetzung um das iranische Atomprogramm oder die türkisch-israelische Auseinandersetzung um Mavi Marmara, als im Mai 2010 acht türkische Staatsbürger von israelischen Marinesoldaten getötet wurden, während diese versuchten, die Blockade zu sprengen.

Wie sehr innerstaatlicher Systemwandel und internationale Konstellationen zusammenhängen, wird mit Blick auf die türkisch-amerikanischen Beziehungen sichtbar, wenn das Ausmaß der Belastungen ermessen wird, die von innenpolitischen Spannungen in der Türkei hervorgerufen worden sind. Auch die wiederkehrenden innenpolitischen Spannungen in der Türkei haben sich wiederholt als Belastungsprobe für die türkisch-amerikanischen Beziehungen erwiesen. Dies gilt insbesondere für die Ereignisse des Sommers 2013 im Istanbuler Gezi-Park,

---

[8] Ansprache Präsident Barack Obamas an das türkische Parlament, Ankara 6. April 2009.
[9] Vgl. hierzu Davotuglu, „Strategic Depth. A Neo Ottomanist Interpretation of Turkish Eurasianism", *Mediterranean Quarterly,* Bd. 25 (2), S. 85-104.

als die Proteste gegen ein unmittelbar an den Taksim-Platz angrenzendes geplantes Bauprojekt von türkischen Ordnungskräften nur gewaltsam durch einen Militäreinsatz beendet werden konnten und in mehreren türkischen Großstädten zu Protesten gegen die AKP-Regierung geführt haben.

Den wohl nachhaltigsten Einfluss auf die innere Entwicklung der Türkei im Atlantischen Bündnis ebenso wie auf ihr Verhältnis zu den Vereinigten Staaten haben die Ereignisse im Zusammenhang mit dem Syrienkrieg gehabt. Der Verzicht der Vereinigten Staaten auf eine militärische Reaktion gegen Syrien nach den Giftgasangriffen von Ghuta im August 2013 in allerletzter Minute, obwohl die von Präsident Obama zuvor festgelegte rote Linie überschritten worden war, hat der Türkei die Grenzen der Möglichkeiten einer eigenständigen Syrienpolitik aufgezeigt. Die durch die amerikanische Staatsführung entschiedene militärische Zurückhaltung als Maßgabe stand seinerzeit in deutlichem Gegensatz zu den Empfehlungen der türkischen Diplomatie und Militärführung.

Die Entscheidung der Allianz im September 2014 zum militärischen Vorgehen gegen den Islamischen Staat hat die Spannungen zwischen den Vereinigten Staaten und der Türkei dann weiter vertieft. Wiederum war damals die Türkei nicht bereit gewesen, sich aktiv an der militärischen Operation zu beteiligen. Vorausgegangen war eine amerikanische Position, die von der Türkei als Enttäuschung aufgefasst wurde. Die Vereinigten Staaten hatten zuvor weder der Errichtung einer Puffer- noch einer Flugverbotszone in Nordsyrien zugestimmt. Auch war nichts unternommen worden, um gegen einen kurdischen Korridor entlang der syrisch-türkischen Grenze vorzugehen. Die militärische Expansion des Islamischen Staates seit Sommer 2014 und die Konsequenzen der Migrationsströme aus der Kriegsregion haben dann wiederum die politischen Rahmenbedingungen für die türkische Außen- und Sicherheitspolitik maßgeblich beeinflusst. Sowohl die russisch-türkische Annäherung nach dem Abschuss eines russischen Militärjets durch türkische Raketen im November 2015 als auch der vor dem Hintergrund der Lage in Syrien und dem Irak sich seit 2012 verstärkende Gegensatz zum Iran in der Wahrnehmung sunnitischer Interessen sind seitdem maßgebliche Bestimmungsfaktoren der türkischen Außenpolitik. Die damit verbundenen Fragen der Rivalität im Nahen Osten sind

– dies zeigt die türkische Politik in der Nordatlantischen Allianz – aus der Perspektive der türkischen Außenpolitik höher zu bewerten als klassische bündnispolitische Positionen.

Mit der Operation *Euphratses Shield* haben zwischen August 2016 und März 2017 türkische Einheiten und Verbände der sogenannten *Freien Syrischen Armee* Kämpfer des IS und Angehörige der Volksverteidigungseinheiten (YPG), aus türkischer Sicht ein syrischer Ableger der Arbeiterpartei Kurdistans (PKK), aus einem rund 40 Kilometer tiefen Streifen in Nordsyrien vertrieben. Im Rahmen dieser Aktion kam es erstmalig zu einer Kooperation zwischen türkischen Bodenkräften und russischen Luftverbänden. Dadurch wurde dem amerikanischen Partner signalisiert, dass es für die Türkei eine Alternative zur amerikanischen Luftunterstützung gäbe. Zuvor hatte die Syrien-Politik der Türkei das Land in den Gegensatz zu Iran und Russland gebracht, und auch das Verhältnis zu Ägypten hatte sich weiter abgekühlt. Insbesondere die Erklärung der ägyptischen Muslimbrüder zur Terrororganisation belastete die Beziehungen zu Saudi-Arabien. Die Folgeoperation *Olive Branch* (Januar bis März 2018) konzentrierte sich auf die syrische Region um Afrin und zerschlug die dort zusammengezogenen paramilitärischen Truppenverbände des IS. Bereits im Dezember 2018 kündigte US-Präsident Trump den Abzug amerikanischer Truppen aus Syrien als Folge des Sieges über den IS an. Der US-Truppenrückzug eröffnete der Türkei weitere Handlungsmöglichkeiten. Die im Oktober 2019 begonnene Folgeoperation *Peace Spring* kann deshalb als weiterer Schritt im Zuge des *strategic decoupling* betrachtet werden.[10]

Insgesamt aber hat die amerikanische Syrien-Politik den außenpolitischen Aktionsrahmen der Türkei wesentlich beeinträchtigt. Insbesondere musste Ankara durch die Anerkennung der fortgesetzten Herrschaft Assads die Idee fallen lassen, Syrien unter die Herrschaft der Muslimbrüder zu bringen. Die Einstufung von Al-Nusra als Terrororganisation hat der Türkei einen nachhaltigen Ansehensverlust bei der sunnitisch-islamischen Opposition in Syrien beschert und den türkischen Einfluss im Land weiter geschmälert. Zugleich erfolgte die sich seit 2016 vollziehende Anlehnung der Türkei an Moskau aus der Ein-

---

[10] Vgl. hierzu das Briefing des Europäischen Parlaments, *Turkey's military operation in Syria and its impact on relations with the EU.*

sicht in die reduzierten eigenen Möglichkeiten in Syrien und der Einschätzung, dass die amerikanische Kurdenpolitik aufgrund ihrer geostrategischen Überlegungen eine dauerhafte und nachhaltige Herausforderung für die türkische Innenpolitik bedeuten würde. Verstärkend hat aus türkischer Sicht zur gegenseitigen Entfremdung beigetragen, dass türkische Vorstöße in der Allianz wiederholt ins Leere liefen. So hatte Ankara Ende Februar 2020 vergeblich den Beistand der Allianz eingefordert, als 36 türkische Soldaten bei Gefechten im Zusammenhang mit dem Vormarsch islamistischer Milizen gegen die Assad-Armee in Idlib fielen. Nach den Beratungen im Nato-Rat auf der Grundlage von Artikel 4 des Nato-Vertrags war Generalsekretär Stoltenberg am 28. Februar 2020 lediglich dazu bereit, die Offensive zu verurteilen und an die Einhaltung der völkerrechtlichen Regeln zu appellieren, ohne Konsequenzen für die Sicherheitsarrangements der Allianz in der Region zu ziehen.[11]

Der Syrien-Konflikt hat damit ganz wesentlich dazu beigetragen, dass sich die Türkei ihrer zentralen Rolle im Nahen Osten – einschließlich der damit verbundenen Gefährdungen – noch stärker bewusst geworden ist, eine Rolle, die sie im Zusammenhang mit den Verhandlungen zwischen der Europäischen Union und der Türkei über die Migrationsfrage im Jahr 2016 zielbewusst und auf den eigenen Vorteil pochend ausgespielt hat. Zu den einschneidenden Erfahrungen der türkischen Außen- und Sicherheitspolitik zählt dabei, dass die Türkei immer wieder im Zusammenhang mit den politischen und militärischen Entwicklungen im Nahen Osten die Grenzen ihrer Möglichkeiten erfahren muss. Auch innenpolitische Maßnahmen wie die Erklärung der Gülen-Bewegung zur Fethullahistischen Terrororganisation durch die AKP Regierung und die Kampagne Präsident Erdogans gegen seinen seit 1999 im selbstgewählten Exil in Pennsylvania lebenden einstigen Weggefährten Fethullah Gülen hat weiter das Verhältnis zwischen den Staaten und der Türkei im Nachgang zum Putschversuch von 2016 belastet. Die Gesamtheit dieser Entwicklungen hat im Resultat zu einem weiter zunehmenden Dissens der Türkei mit den Vereinigten Staaten und den europäischen Partnern geführt. Die Entfremdung zwischen Ankara und Washington hat in der Zwischenzeit ein Ausmaß erreicht, dass

---

[11] Vgl. hierzu das Statement des Generalsekretärs der NATO nach den Konsultationen zu Artikel 4 am 28. Februar 2020.

hochrangige US-Diplomaten mit der Einschätzung zitiert werden: „In short, Ankara wonders if Washington cares about its security needs, and Washington wonders if Ankara is a reliable ally."[12] Auch unter Präsident Biden ist nach den ersten Stellungnahmen seiner Regierung nicht damit zu rechnen, dass sich die kritische Sicht auf den Bündnispartner Türkei wandelt, im Gegenteil. Die erstmalige wörtliche Benennung des Völkermords an den Armeniern im Jahr 1915 durch Präsident Biden in seiner Stellungnahme zum Jahrestag markiert einen weiteren Einschnitt in den türkisch-amerikanischen Beziehungen. Die Äußerung wurde in Ankara als Brüskierung verstanden und wird, jedenfalls vorläufig, zu einer Klimaverschlechterung im Verhältnis führen.[13] Das von Präsident Trump bei seinen Zusammenkünften mit Präsident Erdogan bisweilen ostentativ zur Schau gestellte Einvernehmen der „starken Männer" gehört damit heute einer bereits abgeschlossenen Phase der türkisch-amerikanischen Beziehungen an.

Neben der sich entwickelnden Partnerschaft mit Russland, die sich auch darin äußert, dass sich die Türkei zu einem Energiedrehkreuz für russisches Erdgas entwickelt hat, nimmt die Türkei auch in der Zusammenarbeit mit China in zunehmendem Maße eine strategische Schlüsselrolle ein, die das Land von gemeinsamen Positionen des Westens entfernt. So ist etwa geplant, das osttürkische Kars mit der Schiene an das chinesische Xi'an im Rahmen des Seidenstraßenprojekts zu verbinden und den Ausbau des Flughafens Istanbul als europäisch-asiatisches Drehkreuz weiter konsequent fortzusetzen. In welchem Umfang die türkische Führung dabei bereit ist, bestehende Grundsätze über Bord zu werfen, mag auch daran ersichtlich sein, dass sich die türkische Regierung bislang nicht dazu durchringen konnte, die Menschenrechtsverletzungen der chinesischen Zentralregierung in der Provinz Xinjiang gegen die türkischstämmige muslimische Minderheit der Uiguren zu thematisieren. Diese für die Türkei bezeichnende Flexibilität kommt

---

[12] Zit. nach Johnson und Gramer, "Who Lost Turkey? The blame for Ankara's antagonistic stance to Washington lies with both sides, a product of decades of misunderstandings", *Foreign Policy*, (19. Juli 2019).

[13] „Each year on this day, we remember the lives of all those who died in the Ottoman-era Armenian genocide and recommit ourselves to preventing such an atrocity from ever again occurring." Statement by President Joe Biden on Armenian Remembrance Day, April 24, 2021; vgl. zur Türkei-Politik der Regierung Biden Gramer und Livingstone und Detsch, *Biden Gives Turkey the Silent Treatment*, 3.3.2021.

auch darin zum Ausdruck, dass die Türkei trotz ihrer Annäherung an Russland in einem Richtungsschwenk nun auch jüngst die Nähe zur Ukraine sucht und sich nachdrücklich für eine ukrainische NATO-Mitgliedschaft einsetzt. Auch im Falle der türkisch-ukrainischen Beziehungen stehen Rüstungsfragen im Vordergrund. Die Türkei liefert der Ukraine ihre bereits im Syrien- und Libyenkrieg und zuletzt in Bergkarabach erprobten Drohnen des Typs Bayraktar TB-2 und zeigt sich ihrerseits an den Produkten der ukrainischen Rüstungsindustrie interessiert.

Diese politischen Rahmenbedingungen werden sowohl für die Arbeitsmechanismen innerhalb der Nordatlantischen Allianz als auch mit Blick auf die Verständigung auf einen gemeinsamen strategischen Rahmen für die künftige Ausrichtung des Bündnisses erhebliche Schwierigkeiten nach sich ziehen. Die in Jahrzehnten bewährte Einbindung der Türkei in die Gremienarbeit der Nordatlantischen Allianz, in die fortlaufenden Konsultationen, in die tägliche Zusammenarbeit in integrierten Stäben und Verbänden haben ein Geflecht ergeben, in dem die Türkei mit ihren europäischen Partnern zwar nicht immer reibungslos, aber grundsätzlich vertrauensvoll zusammenarbeiten kann. Die insbesondere mit der politischen Situation in Syrien, Libyen und im Kaukasus verbundene Frage der unterschiedlichen Sicherheitsinteressen – vor allem zwischen den Vereinigten Staaten und der Türkei – bleiben allerdings fortbestehen und werden sich in der Zukunft eher verstärken. Der in Artikel 4 des Washingtoner Vertrages vorgesehene Konsultationsmechanismus kann vor diesem Hintergrund seine vollumfängliche Wirkung entfalten, weil er geeignet ist, auch die im Zusammenhang mit dem Konflikt zwischen der Europäischen Union und der Türkei anstehenden Streitpunkte im Nato-Rat zu konkretisieren, wenn diese Streitpunkte so gravierend erscheinen, dass sie die Solidarität, den inneren Zusammenhalt und die Wirksamkeit der Allianz als Ganzes betreffen. Insbesondere das Syrien-Problem ist in der Vergangenheit im Nato-Rat immer wieder Gegenstand von vertraulichen Konsultationen gewesen. Die Zusammenarbeit zwischen der Nato und der Europäischen Union ist dabei mit Blick auf größere Effizienz und Arbeitsteilung von grundsätzlicher Bedeutung für die Fortentwicklung beider Organisationen. Dies betrifft insbesondere die gegenseitige Abstimmung der Streitkräfteplanungsprozesse und die damit verbundene Ausrichtung der Streitkräftefähigkeiten.

Das absehbare Ringen um die Zukunft der Allianz als zentralen Sicherheitsanker und als Verbindungsstück zwischen Europa und Amerika wird die Türkei weiter ins Zentrum der strategischen Debatten rücken. Die mit diesen Entwicklungen verbundene Stärkung der Schlüsselposition der Türkei wird sich innerhalb der Allianz als zunehmende Herausforderung erweisen und wird zugleich die wiederholt auf den Prüfstand gesetzten türkisch-amerikanischen Beziehungen weiter auf die Probe stellen. Die damit verbundenen Spannungen werden voraussichtlich zu einer weiteren Entfremdung der Türkei von den europäischen Nato-Staaten – insbesondere von Frankreich und Deutschland – führen und die islamische Orientierung der AKP weiter vorantreiben. Zugleich bilden die sich verschärfenden innen- und wirtschaftspolitischen Turbulenzen eine echte Herausforderung für die türkische Staats- und Parteiführung und laufen Gefahr, einen weiter radikalisierenden Effekt zu entfalten, indem sie die Zuflucht zu scheinbar einfachen Lösungsvorschlägen favorisieren. Der angestrebte Vorbildcharakter der Türkei für die arabische Welt wird dadurch leiden. Der Export von Radikalisierungstendenzen, die Austragung von Auseinandersetzungen zwischen Anhängern und Gegnern eines radikalen islamischen Fundamentalismus insbesondere auch in den Staaten Westeuropas werden dadurch begünstigt. Würde es den Interessen Erdogans dienen, dann wäre auch ein Austritt aus der Nato für die türkische Außenpolitik kein Tabu. Noch aber deutet nichts darauf hin, dass diese Radikaloption in Ankara ernsthaft in Betracht gezogen werden könnte, weil die Türkei mit der bislang praktizierten Strategie der Maximalpositionierung wiederholt bündnispolitische Vorteile eingeheimst hat. Der türkische Nato-Kurs und die aktuellen Streitpunkte in der Auseinandersetzung zwischen der Europäischen Union und der Türkei sowie die türkische Rüstungspolitik – insbesondere die Scharfstellung der S-400-Raketen – sind dabei als Gesamtheit zu betrachten. Wie sehr die Türkei zu dieser Sichtweise neigt und dabei die unterschiedlichen Bereiche miteinander verbindet, um ihre politischen Ziele zu erreichen, wurde im Jahr 2017 deutlich, als die Türkei im Bündnis mit Veto durchsetzte, österreichische Militärs nicht mehr mit den Angehörigen von Nato-Mitgliedstaaten gemeinsam üben zu lassen und von allen wichtigen Partnerschaftsprogrammen der Allianz (dem sogenannten *Part-nership Operation Manual*) auszuschließen, weil Wien sich zuvor für einen Abbruch der Beitrittsgespräche mit der Türkei ausgesprochen hatte.[14]

III.

Über Jahrzehnte konnte während des Kalten Krieges eine zunehmende Erstarkung des Islams in der Türkei beobachtet werden[15], ohne dass die von Atatürk mit der Staatsgründung 1923 geprägte Identität des Landes als islamischer Staat berührt oder gar der Zugriff der Religion auf die Legislative ermöglicht worden wäre.[16] Zur religiösen Rückbesinnung zählte beispielsweise die obligatorische Wiedereinführung des Religionsunterrichts an allen Schulen im Jahr 1982 und die Veränderung des türkischen Parteiensystems, wie sie am deutlichsten im Dezember 1995 mit dem Wahlsieg der islamistischen Wohlfahrtspartei Refach Partisi und der Ernennung von dessen Vorsitzendem Necmettin Erbakan zum Ministerpräsidenten zum Ausdruck kam. Auch der von den Militärs erwirkte Rückzug Erbakans und das Verbot seiner Partei im darauffolgenden Jahr durch das türkische Verfassungsgericht änderten nichts daran.

Der Wahlsieg von Recep Tayyip Erdogan und dessen „Gerechtigkeits- und Entwicklungspartei" AKP am 3. November 2002 leitete eine neue, bis heute anhaltende Phase im Verhältnis zwischen Religion und Politik in der Türkei ein. 2002 hatte die neu gegründete Partei für Gerechtigkeit und Entwicklung (AKP) unter Führung von Recep Tayyip Erdogan einen Moment der Schwäche der bis dahin etablierten Parteien zum Machtwechsel genutzt, und dies zu einem Zeitpunkt, als eine Reihe von Korruptionsskandalen zu einem Vertrauensverlust bei den Stimmbürgern geführt und die Bereitschaft gefördert hatte, auf unverbrauchte Köpfe der AKP zu setzen. Die Gründung der AKP im Mai 2000 war als Gegengewicht zur islamistisch orientierten Nationalen Ordnungspartei MNP erfolgt. Sie verstand sich damals als neue Mitte-Rechts-

---

[14] Vgl. hierzu Schlitz, *Erdogan löst wegen Österreich Eklat bei der Nato aus*, 23. Mai 2017.

[15] Vgl. Yavuz, *Islamic Political Identity in Turkey*, 2003.

[16] Zum folgenden grundlegend Spuler-Stegemann, *Die Stellung des Islams und des islamischen Rechts in ausgewählten Staaten: 1. Türkei*, in Werner und Steinbach, *Der Islam in der Gegenwart. Entwicklungen und Ausbreitung; Kultur und Religion; Staat, Politik und Recht*, 5. Aufl., 2005, S. 229ff.

Bewegung, die aus den Erfahrungen Erbakans ihre Lehren gezogen hatte und bezeichnete sich als eine islamische demokratische Partei.[17] Es entspricht dem Selbstverständnis der AKP als „revolutionärer Partei", „die nicht von ‚oben nach unten', sondern mit der Hilfe der Gesellschaft von ‚unten nach oben' das Land verändern will"[18], dass sie einerseits den Modernisierungsprozess des Landes erfolgreich hin zu dem visionären Programm einer „neuen Türkei" vorantrieb und zugleich den noch verbliebenen kemalitisch orientierten Kräften – insbesondere in den Streitkräften und in der Beamtenschaft – rücksichtslos den Kampf ansagte. Der gescheiterte Militärputsch des Jahres 2016 und die darauf folgenden Säuberungswellen in Militärwesen, Politik, Beamtenschaft und Medien nutzte Erdogan auf der legitimitätsstiftenden Grundlage des Verfassungsreferendums des Jahres 2017 zur Umwandlung des parlamentarischen in ein präsidiales Regierungssystem mit Exekutivvollmachten. Die Verfassungsänderung des Jahres 2017 bedeutete einen tiefgreifenden Bruch mit einer auf den Staatsgründer zurückgehenden und den westlichen Demokratien verbundenen Verfassungstradition. Die Rückbesinnung auf einen sunnitisch-muslimischen Neo-Imperialismus, der eine islamische Überlegenheitssehnsucht zum Ausdruck bringt, greift der Entwicklung zu einem autoritären Staat vor, die in der Literatur als „neo-osmanische Versuchung" beschrieben worden ist.[19]

Die innen- und wirtschaftspolitischen Entwicklungen der letzten Jahre, insbesondere die durch die Abwertung der Lira verursachte tiefgreifende Wirtschaftskrise haben dazu geführt, dass nach einer Phase der Konsolidierung der Partnerschaften mit dem Westen in den Nullerjahren die AKP-Führung heute ein aktives und bisweilen auch aggressives außenpolitisches Engagement mit Rechtfertigungsbezügen, die sich aus der imperialen Vergangenheit des Osmanischen Reiches ableiten und die Zugehörigkeit des Landes auch zur islamischen Welt betonen, erkennen lässt. Nationale und religiöse Antriebskräfte gehen dabei ineinander über. Gerade die Verbindung von türkischem Nationalismus und islamischem Glauben erscheint aus AKP-Sicht geeignet, nationale

---

[17] Vgl. Yoldas, *Das türkische Parteiensystem im Wandel*, in Leiße (Hrsg.), *Die Türkei im Wandel. Innen- und außenpolitische Dynamiken*, 2013, S. 235.
[18] Ebd. S. 236.
[19] Schwerin, *Die neo-osmanische Versuchung*, 2017.

Identifikationskräfte freizusetzen. Der damit einhergehende Strukturwandel wird besonders in der Bildungspolitik deutlich. Die massive Förderung von Imam-Hatip-Schulen, die Einführung von Wahlfächern „Koran" und „Leben des Propheten Mohammed" sowie die Kampagne zur Aufhebung des Kopftuchverbotes sollen der Heranziehung einer religiösen Jugend dienen und widersprechen in Geist und Buchstabe den Vorgaben der kemalistischen Verfassung. Das Verfassungsgericht hat 2008 in dem nur knapp gescheiterten Verbotsverfahren gegen die AKP deren Islamisierungstendenzen offengelegt.[20]

Auch die Versuche, die Unabhängigkeit der Justiz durch die Verfassungsänderung des Jahres 2017 durch die Einführung eines „Rats der Richter und Staatsanwälte" zu beschneiden und die umfassende Erweiterung der Befugnisse des Nachrichtendienstes MIT, dessen Agenten auf der neuen gesetzlichen Grundlage eine de facto strafrechtliche Immunität zugestanden wird, haben nicht dazu beitragen können, dass die Machtbasis von Staatspräsident Erdogans AKP signifikant erweitert werden konnte. Auf den wachsenden Vertrauensverlust der AKP bei der „Generation Z" – bei den Parlaments- und Präsidentschaftswahlen im Jahr 2023 werden sich mehr als 6.5 Mio. Erstwähler beteiligen – versucht die AKP einerseits durch gezielte Mobilisierung in den Sozialen Medien, andererseits durch drakonische Maßnahmen wie beispielsweise Einschränkung der Netze zu reagieren, um die um sich greifende Machterosion zu bekämpfen.

In zahlreichen wissenschaftlichen und publizistischen Deutungen der Türkei wird ein Zusammenhang zwischen den hier skizzierten inneren Entwicklungen und der Beobachtung einer zunehmenden außenpolitischen Unberechenbarkeit festgestellt.[21] Es zählt dabei zu den einhelligen Befunden, dass seit der Machtübernahme durch die AKP im November 2002 der innen- und außenpolitische Umgestaltungsprozess und die damit einhergehende politische Neuorientierung der Türkei konsequent fortgesetzt wird. Dabei hat der Islam mehr und mehr an

---

[20] Vgl. dazu Hale, *Christian democracy and the GDP*, in Yavuz (Hrsg.), *The emergence of a new Turkey. Democracy and the AK Party*, 2006.

[21] Vgl. Karg, *Von der Verfassungskrise zur pandemiebedingten Rezession – innenpolitische Rahmenbedingungen in der „Neuen Türkei*; Çiçek, *Türkei – autoritäre Tendenzen im Inneren, expansive nach außen?* in: Schlie (Hrsg.), *Grossmacht Türkei? Eine kritische Bestandsaufnahme*, 2021.

politischer Bedeutung gewonnen und die seit der Staatsgründung angelegte Entwicklung zu einem säkularen Staat sistiert. Die Türkei präsentiert sich heute als islamisches Land mit einer religiös ausgerichteten Regierung, die einen zunehmend nationalistischen, politisch unberechenbaren Kurs verfolgt, der sich vorrangig an nationalen Interessen orientiert und als Abkehr von der westlichen Wertegemeinschaft verstanden werden kann. Dies hat auf Seiten der türkischen Staatsführung zu einer Reihe von politischen Fehleinschätzungen, überzogenen Forderungen und prestigeorientierten Akzentsetzungen geführt, aber zugleich auch deren Fähigkeit zu abrupten diplomatischen Kurswechseln, überraschenden Wendungen und politischen Neuorientierungen gezeigt.

Die Demokratisierungsbemühungen bleiben damit nicht nur unvollkommen, fehlende Transparenz, ein um sich greifender Populismus und die zunehmende politische Gleichschaltung von Eliten sind für ein zunehmendes Demokratiedefizit verantwortlich zu machen. Diese Entwicklung kann umso ungezügelter erfolgen, als die türkischen Eliten seit jeher ein Verständnis für die herausgehobene Rolle der Türkei als regionale Großmacht besitzen und der sich seit geraumer Zeit von Staatspräsident Erdogan vollziehende Elitenwechsel in dieser Auffassung für Kontinuität steht. Mit Blick auf die innenpolitische Entwicklung der Türkei in den letzten zehn Jahren wird zugleich der Zusammenhang zwischen innenpolitischen Rückschlägen und einer zunehmend aggressiver agierenden Außenpolitik deutlich. Dies zeigt sich nicht zuletzt auch in den gänzlich erkalteten Beziehungen zwischen der Europäischen Union und der Türkei. Auch hier kann der gescheiterte Putschversuch von 2016 und die daraufhin ergangenen innenpolitischen Strangulierungsmaßnahmen gegen oppositionelle Kräfte als Zäsur gewertet werden, die im Resultat auch die langjährige strategische Energiekooperation der EU mit der Türkei negativ beeinflusste.

Diese Gesamtentwicklung der Türkei zu einem zunehmend schwierigen und immer unberechenbareren Bündnispartner ist noch nicht abgeschlossen. Sie wird in dem Maße, wie zunehmende strategische Unsicherheiten die regionale Entwicklung der Schnittstelle zwischen Europa und Asien weiter aufwerten, mit Pendelausschlägen verbunden sein. Eine zunehmend globalisierte und global tätige Nordatlantische Allianz, die mit ihren bevorstehenden strategischen und operationellen Anpassungen sich weiter von ihren einstigen Kernaufgaben und ihrem definierten Vertragsgebiet entfernt, die anhaltenden Anfechtungen der weltpolitischen Rolle der Vereinigten Staaten, der damit verbundene amerikanische Gewichtsverlust und die auch in der Zukunft auf absehbare Zeit anhaltenden europäisch-amerikanischen Spannungen werden begünstigen, dass die Türkei den eingeschlagenen Kurs fortsetzt, sich ihrer strategisch unersetzbaren Bedeutung bewusst bleibt und ihre Trümpfe zielbewusst zum eigenen Vorteil einsetzt. Die innenpolitische Entwicklung des Landes, ihre zunehmende Ausrichtung am politischen Islam werden dabei als Belastung wirken und die weitere wirtschaftliche und gesellschaftliche Fortentwicklung an den Grundsätzen der parlamentarischen Demokratie beeinträchtigen. Die Flucht der um die Erosion ihrer innenpolitischen Machtbasis fürchtenden AKP in weitere außenpolitische Abenteuer und um den Preis einer fortschreitenden Islamisierung des Landes könnten dabei am Ende nicht nur zu politischer Instablisierung des Landes ebenso wie zu weiterer bündnispolitischer Unberechenbarkeit und den damit verbundenen Belastungen führen, sondern im Resultat à la longe auch zu einem Machtverlust der heute regierenden AKP und dem Abtritt von Präsident Erdogan führen.

Literatur

Ansprache Präsident Barack Obamas an das türkische Parlament, Ankara 6. April 2009. Online verfügbar unter https://obamawhitehouse.archives.gov/the-press-office/remarks-president-obama-turkish-parliament, zuletzt geprüft am 22.04.2021.

Briefing des Europäischen Parlaments, Turkey's military operation in Syria and its impact on relations with the EU. Online verfügbar unter https://www.clingendael.org/sites/default/files/2019-06/PB_Turkey_in_Northwestern_Syria_June_2019.pdf; https://www.europarl.europa.eu/EPRS/EPRS-Briefing-642284-Turkeys-military-operation-Syria-FINAL.pdf, zuletzt geprüft am 22.04.2021.

Davotuglu Ahmed: "Strategic Depth. A Neo Ottomanist Interpretation of Turkish Eurasianism." Mediterranean Quarterly Bd. 25 (2): 85-104.

Forrester, Charles: US government sanctions Turkey over S-400 buy. 15. Dezember 2020. Online verfügbar unter https://www.janes.com/defence-news/news-detail/us-government-sanctions-turkey-over-s-400-buy, zuletzt geprüft am 22.04.2021.

Gieler, Wolfgang (2013): Die Neuorientierung der türkischen Außenpolitik zwischen „Neo-Osmanismus" und „regionalem Führungsanspruch" – eine Bestandsaufnahme, in Leiße, Olaf (Hrsg.): Die Türkei im Wandel. Innen- und außenpolitische Dynamiken, Baden-Baden.

Gramer Robbie; Livingstone, Katie; Detsch, Jack (3.3.2021): Biden Gives Turkey the Silent Treatment. Online verfügbar unter https://foreignpolicy.com/2021/03/03/biden-erdogan-turkey-silent-treatment-diplomacy-middle-east-syria-crisis-nato/, zuletzt geprüft am 22.04.2021.

Hale, William (2016): Christian democracy and the GDP, in Yavuz, Haken (Hrsg.): The emergence of a new Turkey. Democracy and the AK Party, Salt Lake City.

Jahresbericht der Konrad-Adenauer-Stiftung. Inside Libya. Annual Review in Libya 2020. Online verfügbar unter https://www.csis.org/analysis/moscows-next-front-russias-expanding-military-footprint-libya; https://www.kas.de/documents/282499/282548/Inside+Libya+Annual+Review+2020.pdf/86f01d81-14dc-6b29-3f59-d25397ef5254?version=1.0&t=1608045858108, zuletzt geprüft am 22.04.2021.

Johnson, Keith; Robbie, Gramer (19. Juli 2019): "Who Lost Turkey? The blame for Ankara's antagonistic stance to Washington lies with both sides, a product of decades of misunderstandings." Foreign Policy.

Kramer, Heinz (2013): Ist der türkische Beitrittsprozess am Ende?, in Leiße, Olaf (Hrsg.): Die Türkei im Wandel. Innen- und außenpolitische Dynamiken, Baden-Baden.

Pressekonferenz von Jens Stoltenberg und Mevlut Cavusoglu am 5. Oktober 2020 zum Berg-Karabach-Konflikt von 2020. Online verfügbar unter https://www.nato.int/cps/en/natohq/opinions_178528.htm, zuletzt geprüft am 22.04.2021.

Reuters, Timeline: Turkey's path to buying Russian air defense systems – and possible U.S. sanctions. 22. Juli 2019. Online verfügbar unter https://www.reuters.com/article/us-turkey-security-usa-timeline-i-dUSKCN1UH1RB, zuletzt geprüft am 22.04.2021.

Schlitz, Christoph B.: Erdogan löst wegen Österreich Eklat bei der Nato aus. 23. Mai 2017. Online verfügbar unter: https://www.welt.de/politik/ausland/article164826942/Erdogan-loest-wegen-Oesterreich-Eklat-bei-der-Nato-aus.html, zuletzt geprüft am 22.04.2021.

Schwerin, Ulrich von. Die neo-osmanische Versuchung. Bonn 2017. Online verfügbar unter https://de.qantara.de/inhalt/tuerkische-aussenpolitik-unter-erdogan-die-neo-osmanische-versuchung, zuletzt geprüft am 11.11.2020.

Spuler-Stegemann, Ursula (2005): Die Stellung des Islams und des islamischen Rechts in ausgewählten Staaten: 1. Türkei, in: Ende, Werner; Steinbach, Udo: Der Islam in der Gegenwart. Entwicklungen und Ausbreitung; Kultur und Religion; Staat, Politik und Recht, 5. Auflage.

Statement by President Joe Biden on Armenian Remembrance Day, April 24, 2021. Online verfügbar unter https://www.whitehouse.gov/briefing-room/statements-releases/2021/04/24/statement-by-president-joe-biden-on-armenian-remembrance-day/, zuletzt geprüft am 27.04.2021.

Statement des Generalsekretärs der NATO nach den Konsultationen zu Artikel 4 am 28. Februar 2020. Online verfügbar unter https://www.nato.int/cps/en/natohq/opinions_173939.htm?selectedLocale=en; https://www.npr.org/2020/02/28/810307205/nato-meets-after-turkey-says-russian-backed-force-killed-33-troops-in-syria?t=1619017626265, zuletzt geprüft am 22.04.2021.

Yavuz, M. Hakan (2003): Islamic Political Identity in Turkey. Oxford.

Yoldas, Yunus (2013): Das türkische Parteiensystem im Wandel, in Leiße, Olaf (Hrsg): Die Türkei im Wandel. Innen- und außenpolitische Dynamiken, Baden-Baden.

Globale Terrorismus Netzwerke von al-Qaida und Islamischer Staat (IS). Nichtstaatliche Akteure und deren Bedrohung für Europa und Deutschland

Hans-Jakob Schindler

1   Einleitung

Dieser Beitrag beschäftigt sich mit zwei extremistischen Erscheinungsformen des politischen Islams, den Islamistisch-terroristischen Netzwerken von al-Qaida und des Islamischen Staates (IS). Diese haben sich in den letzten Jahren an den kontinuierlichen Druck durch verschiedene Terrorabwehrmaßnahmen angepasst und stellen weiterhin eine erhebliche Gefahr für die interne Sicherheit Europas und Deutschlands dar.

Der Beitrag umfasst drei Teile. Zunächst wird die Entwicklung und die aktuelle Lage der wichtigsten al-Qaida Ableger in verschiedenen Krisenregionen dargestellt. Dabei wird deutlich, dass es al-Qaida gelungen ist, trotz Rückschlägen und der Konkurrenz durch den IS, sein globales Netzwerk von Ablegern zu erhalten. In einigen Regionen scheint al-Qaida an Schlagkraft zu gewinnen und bleibt deshalb eine latente Gefahr auch für Deutschland und Europa.

Im zweiten Teil wird die Entwicklung des IS-Netzwerkes betrachtet. Schon vor der Zerschlagung des physischen IS-„Kalifats" in Syrien und dem Irak begann der Umbau der Organisation zu einer netzwerkbasierten Gruppierung. Trotz Verteilungskämpfen mit al-Qaida-Kräften, aktuell vor allem in Westafrika, ist keine gegenseitige Schwächung beider Strukturen zu erwarten.

Der dritte Teil des Beitrags beleuchtet den Missbrauch von Online-Diensten, inklusive Kryptowährungen. Diese Technologien erlauben al-Qaida und dem IS, auch ohne physische Strukturen in Europa oder Deutschland, eine Gefahr für die interne Sicherheit darzustellen. So wird die effektive Nutzung von Einzeltätern durch diesen Missbrauch nicht nur befördert, sondern zum Teil erst ermöglicht. Seit 2017 wurden erste regulatorische Mechanismen von Deutschland und der Europäischen Union entwickelt. Aktuell bestehen jedoch bei diesen noch strukturelle Schwächen, welche behoben werden sollten, um die sich entwickelnde Missbrauchsabwehr effektiver zu gestalten.

2 Aktuelle Lage der Netzwerke von al-Qaida und Islamischer Staat (IS)[1]

Die globalen Netzwerke von al-Qaida und dem IS stehen seit Jahren unter Druck, sowohl durch Militär- und Polizeikräfte der Staaten, in welchen ihre Ableger operieren, als auch durch eine Reihe multilateraler Koalitionen, wie z.B. die Global Coalition Against Daesh oder die beendete Mission Resolute Support in Afghanistan. Weiterhin werden sie durch globale Mechanismen, wie das ISIL (Da'esh) & al-Qaida Sanktionsregime des Sicherheitsrates der Vereinten Nationen beschränkt. Obwohl in den letzten 20 Jahren durch diese Maßnahmen immer wieder wichtige Einzelerfolge erzielt wurden, wie z.B. die Zerschlagung des physischen IS-Kalifats in 2019 oder der Einzug beachtlicher Summen durch internationale Finanzsanktionen (UNSCMTC-TED 2020, S. 5), gelang es beiden Netzwerken, ihre Operationen in einer Reihe von Krisenherden fortzuführen. Daher sind neben Terrorabwehrmaßnahmen auch regionale Stabilisierungsmechanismen von grundlegender Bedeutung. Eine Verbindung von außen-, sicherheits- und entwicklungspolitischen Ansätzen bleibt wichtig, um den Risiken, welche beide Netzwerke für die Sicherheit Europas und Deutschlands weiterhin darstellen, nachhaltig entgegenzuwirken.

2.1 Al-Qaida

Seit dem Tod Usama Bin Ladens 2011 und dem Erstarken des IS nach 2014 ist die öffentliche Aufmerksamkeit weniger auf die Aktivitäten des

---

[1] Aufgrund der Kürze des Beitrages können die globalen Netzwerke von al-Qaida und IS hier nur schlaglichtartig in ausgewählten Regionen betrachtet werden. Auch kann auf die Finanzierungsmechanismen nur im Zusammenhang mit dem Missbrauch von Kryptowährungen eingegangen werden. Für eine umfassende Betrachtung aller für diese beiden Netzwerke relevanten Regionen und Strukturen siehe die Berichte des ISIL, al-Qaida & Taliban Monitoring Teams des Sicherheitsrates der Vereinten Nationen im Literaturverzeichnis.

globalen al-Qaida Netzwerkes gerichtet. Es ist diesem Netzwerk jedoch gelungen, in den letzten zehn Jahren durch die Aufnahme neuer Ableger und die damit verbundene Dezentralisierung seiner operativen Entscheidungsfindung seine Schlagkraft im Wesentlichen zu erhalten und auf verschiedene Regionen zu verlagern. So zeigten der Aufbau von al-Qaida im Indischen Subkontinent (AQIS) in der Afghanistan-Pakistan Region in 2014 (UNSCMT 2014, S. 11) oder die Bildung der Jama'at Nasr al-Islam wal Muslimin (JNIM) Koalition in West Afrika in 2017 (UNSCMT 2017c, S. 12) die Adaptionsfähigkeit des Netzwerkes. Zawahiri erklärte die Gründung von AQIS im September 2017, offensichtlich auch als propagandistische Gegenreaktion zur offiziellen Ausrufung des sogenannten Kalifats durch al-Baghdadi im Juni 2017 (NPR 2017). Die Formierung von JNIM reorganisierte verschiedene al-Qaida-nahe Gruppierungen in Westafrika,[2] zu einem Zeitpunkt, als der IS versuchte, in der Region Strukturen aufzubauen.[3]

Obwohl Anschläge in Europa, welche al-Qaida Zellen zugeordnet wurden, in den letzten Jahren selten waren,[4] bleibt das Netzwerk in mehreren Krisenregionen ein zentraler Unsicherheitsfaktor. In Westafrika konnten die dortigen al-Qaida Ableger zwar nicht die Etablierung der neuen IS-Gruppierungen ISWAP und ISGS verhindern, behaupten sich jedoch seither erfolgreich gegen diese terroristische Konkurrenz. So übte JNIM in den letzten Monaten erheblichen Druck gegen ISGS aus (UNSCMT 2021a, S. 9). In Nordafrika operieren al-Qaida Zellen weiterhin im Südwesten von Libyen, während AQIM in Algerien aktuell geschwächt erscheint. (UNSCMT 2021a, S. 9). In Ostafrika scheint der dortige al-Qaida Ableger al-Shabaab in Somalia aktuell gestärkt und

---

[2] JNIM umfasst al-Qaida im Islamischen Maghreb (AQIM), eine Fraktion von Al-Mourabitoun, Ansar Eddine und die Front de Libération du Macina (UNSCMT 2017c, S. 12).

[3] Ende 2014 und Anfang 2015 hatten sich die beiden Fraktionen von Boko Haram zu IS loyal erklärt. Eine Fraktion nannte sich im Folgenden Islamic State West Africa Province (ISWAP) (UNSCMT 2015, S. 4). Weiterhin erklärten Teile von Al-Mourabitoun ihre Loyalität zu IS und nannten sich Islamic State in the Greater Sahara (ISGS) (Joscelyn und Weiss 2016).

[4] Der letzte große Anschlag war der Angriff auf das Büro der Satirezeitschrift Charlie Hebdo in Paris im Januar 2015, welcher von Anhängern des al-Qaida Ablegers al-Qaida in der Arabischen Halbinsel (AQAP) verübt wurde (Abi Habib et.al. 2015).

ist regelmäßig für signifikante Anschläge verantwortlich (UNSCMT 2021a, S. 11).

In Syrien operieren zwei al-Qaida-nahe Gruppierungen: Hayat Tahrir al-Sham (HTS),[5] welche trotz einer öffentlichen, aber mit der Führung von al-Qaida vorab abgestimmten Distanzierung weiterhin diesem Netzwerk zuzurechnen ist (UNSCMT 2017a, S. 11) und Huras al-Din (HuD), eine Abspaltung von HTS (Zelin 2019). Nach der Zerschlagung des physischen Kalifates von IS in Syrien konnten sich HTS und HuD weiterhin im Land behaupten. Aktuell ist HTS eine der dominanten Kräfte in der Provinz Idlib (Zeilin 2021). Im Jemen bleibt der dortige al-Qaida Ableger, AQAP, trotz aktuell erheblicher Verluste von Führungspersonal und Mitgliedern (UNSCMT 2021a, S. 8) weltweit derjenige Teil des al-Qaida Netzwerkes, welcher insbesondere auf internationale Anschläge hinarbeitet. Dies machte nicht nur der Anschlag auf das Büro von Charlie Hebdo in Paris im Jahr 2015, sondern auch der Anschlag auf US-Militärangehörige in Pensacola, USA im Dezember 2019 deutlich (FBI 2020).

Die Präsenz von Kern-al-Qaida sowie einer ganzen Reihe al-Qaida naher Gruppierungen in der Afghanistan-Pakistan Region wird seit Jahren von den Vereinten Nationen dokumentiert (zuletzt UNSCMT 2021b, S. 12ff.). Selbst optimistische BeobachterInnen befürchten, dass der Abzug der internationalen Truppen aus Afghanistan den Druck auf die al-Qaida Strukturen erheblich verringern wird (Byman 2021). In Afghanistan pflegen al-Qaida Kräfte weiterhin enge Beziehungen zu den Taliban. So trafen sich seit 2019 regelmäßig Taliban-Führungspersonen mit wichtigen al-Qaida Persönlichkeiten, um die Verhandlungen mit den Vereinigten Staaten abzustimmen. Weiterhin beglückwünschte öffentlich der Führer von AQIS in Afghanistan, Asim Umar, noch kurz vor seinem Tod im September 2020 den Führer der Taliban, Mullah Haibatullah, zu dessen „Sieg" (UNSCMT 2020, S. 12f.).

In Südostasien überschattete der IS al-Qaida seit 2015. Dies war nicht nur durch die weitgehende Zerschlagung des Netzwerkes von Jemaah Islamiyah (JI)[6] in Indonesien Anfang der 2000er Jahre bedingt. Auch

---

[5] Ehemals al-Nusrah Front.

[6] JI, gegründet um 1940, entwickelte sich in den späten 1990ern Jahren als Teil des globalen al-Qaida Netzwerkes und wurde insbesondere durch den Anschlag auf

das Aufkommen neuer lokaler IS Strukturen nach 2015 führte zu einem Einflussverlust von al-Qaida in der Region. Die neuen IS Gruppierungen erreichten 2017 den Höhepunkt ihres Einflusses mit der Besetzung der Stadt Marawi, auf der südphilippinischen Insel Mindanao (UN-SCMT 2017c, S. 16). Dennoch konnte die Abu Sayyaf Gruppe (ASG), der al-Qaida Ableger auf den Philippinen, ihre Aktivitäten, insbesondere ihr professionell aufgebautes Entführungsnetzwerk (CEP 2021, S. 4f.), weiter betreiben. Auch führte die Entlassung von JI Führungspersonen in Indonesien nach dem Ende ihrer Haftstrafen in den letzten Jahren zu einem Aufleben dieses Netzwerkes. JI versucht aktuell, durch Angriffe auf ethnische Minderheiten und kriminelle Finanzierungsaktivitäten seine Position wieder zu stärken (UNSCMT 2021a, S. 17).

Trotz der operativen Regionalisierung des al-Qaida Netzwerkes in den letzten 20 Jahren und der akuten Frage, wer al- Zawahiri als neuer Führer der Organisation folgen soll (UNSCMT 2021a S. 6), bleibt der strategische Anspruch der Organisation, auch global zu agieren, weiterhin bestehen. Ein Hinweis hierauf ist die Veröffentlichung einer globalen Zusammenstellung der Aktivitäten der verschiedenen al-Qaida Ableger im März und April 2020 durch eine al-Qaida-nahe online Agentur (UNSCMT 2020a, S. 12f.).

Daher bleiben die Aktivitäten des globalen al-Qaida Netzwerkes weiterhin von sicherheitspolitischer Relevanz für Europa und Deutschland. Nicht nur sind deutsche Interessen in den Konfliktregionen betroffen, sondern es besteht auch weiterhin die Gefahr, dass die Organisation versucht, Anschläge in Europa zu verüben.

2.2 Islamischer Staat (IS)

Die Umorganisation des IS von einer zentral und hierarchisch strukturieren zu einer netzwerkbasierten Gruppierung begann schon vor dem Ende des physischen IS-„Kalifats" in Syrien und dem Irak. Aufgrund des militärischen Drucks dezentralisierte der IS seine Entscheidungsmechanismen seit 2017 zunehmend (UNSCMT 2017b, S. 5) und

---

Nachtclubs und ausländische Touristen auf Bali 2002 weltweit bekannt. Auch als Reaktion auf diesen Anschlag ging die indonesische Regierung gegen die Gruppe vor und schwächte ihre Operationsfähigkeiten durch die Verhaftung zahlreicher Führungspersonen.

räumte seinen Ablegern in anderen Regionen wachsende Entscheidungsautonomie zu. So wurde z.B. dem IS Ableger in Afghanistan von der Führung des IS im gleichen Jahr mitgeteilt, dass er auf Finanzierungsquellen vor Ort zugreifen soll und Unterstützung durch die Zentrale nicht mehr zu erwarten sei (UNSCMT 2017b, S. 12).

Nach dem endgültigen Verlust der territorialen Kontrolle in Irak und Syrien stellt sich der IS nun als netzwerkbasierte Organisation dar und unterscheidet sich in seiner Struktur nicht mehr wesentlich von der des globalen al-Qaida Netzwerkes. IS Ableger operieren in allen Konfliktregionen, in denen auch al-Qaida Ableger aktiv sind. Während im Irak aktuell keine al-Qaida-nahen Strukturen bestehen, sind verbleibende IS-Zellen für eine wachsende Anzahl von Anschlägen verantwortlich (Dent 2020). Auch in Syrien bestehen weiterhin IS-Zellen, insbesondere in den Lagern, in welchen IS-Anhänger als Gefangene zusammengefasst wurden (Sanches 2021). Aufgrund der Anwesenheit von europäischen Staatsangehörigen in diesen Lagern stellt dies eine latente Sicherheitsbedrohung für Europa dar. Trotz hart geführter Auseinandersetzung zwischen al-Qaida[7] und IS-Strukturen vor 2019 hat die Zerschlagung des IS-„Kalifats" die Verteilungskämpfe zwischen beiden Strukturen aktuell im Irak und Syrien zum Erliegen gebracht.

Der ISIL-Ableger in Afghanistan, die Islamische Staat Provinz Khorasan (ISPK), operiert im Wesentlichen in den östlichen Provinzen des Landes mit weiteren Zellen vor allem in den nördlichen Provinzen. Bei Anschlägen, vor allem in Kabul, scheinen Teile von ISPK mit dem Haqqani-Netzwerk, welches Teil der Taliban Struktur ist, zu kooperieren (UNSCMT 2021b, S. 16f), obwohl Teile der Taliban in der Vergangenheit immer wieder militärischen Druck auf ISPK ausgeübt haben.[8] Auch in Afghanistan sind aktuell keine Auseinandersetzungen zwischen den dort operierenden al-Qaida Ablegern und ISPK bekannt. Eine ähnliche Situation zeigt sich in Libyen. Al-Qaida operiert im Südwesten des Landes, parallel zu den verbleibenden IS-Zellen (UNSCMT 2021a, S. 8f.), ohne dass in letzter Zeit Konflikte bekannt wurden.

Trotz bestehender Parallelstrukturen zwischen al-Qaida und IS in Südostasien sind aktuell auch hier keine internen Auseinandersetzungen zu

---

[7] Damals noch unter dem Namen al-Nusrah Front operierend.
[8] Zum Beispiel bei der Zerschlagung der ISPK Strukturen in Nord-Afghanistan in 2018 (UNSCMT 2019a, S. 15).

beobachten. So finanzierte z.B. der Entführungsapparat von ASG 2017 sowohl al-Qaida- wie auch IS-loyale Kämpfer (UNSCMT 2017a, S. 19). Die Niederlage bei Kämpfen um die Stadt Marawi 2017 schwächte die IS-Ableger in Südostasien[9] empfindlich, da bei den Kämpfen wichtige Führungspersönlichkeiten des Netzwerkes getötet wurden.[10] Daher wurden IS-Anschläge in der Region in den folgenden Jahren regelmäßig durch einzelne Anschlagszellen vorbereitet und durchgeführt.[11] Dabei führten IS-Zellen auch neue Angriffsmethoden ein, wie z.B. die Nutzung ganzer Familien als Selbstmordattentäter. Zum ersten Mal wurde diese Methodik bei einem Anschlag auf eine Reihe von Kirchen in Indonesien in 2018 (Schulze 2018) genutzt. Die Anschläge in Sri Lanka 2019 verdeutlichten weiterhin, dass lokale Strukturen die Methoden von IS-Anschlägen erfolgreich kopieren und mit tödlichem Erfolg nutzen können (UNSCMT 2019b, S. 16).

In anderen Regionen kommt es zu bewaffneten Auseinandersetzungen zwischen Gruppierungen beider Netzwerke. Diese sind im Kern Verteilungskonflikte, da beide Seiten lokal ihre Finanzierung sichern. Nicht nur stehen die beiden Strukturen in Westafrika in Konflikt,[12] auch in Jemen kommt es immer wieder zu gewaltsamen Zusammenstößen (UNSCMT 2020b, S. 9). Bislang haben jedoch diese Verteilungskonflikte nicht nachhaltig zu einer gegenseitigen Schwächung beider Netzwerke geführt. So kooperierten ISGS und JNIM noch 2019 (UNSCMT 2019b, S. 11), bevor 2020 ein Konflikt zwischen beiden ausbrach, als ISGS Kräfte in den Einflussbereich von JNIM vordrangen (UNSCMT 2020c, S. 10). Trotz des aktuellen Konfliktes zwischen al-Qaida und IS Kräften in der Region sowie Auseinandersetzungen innerhalb von

---

[9] IS war es 2017 gelungen, für diese Operation eine Koalition aus Teilen von ASG, welche sich IS loyal erklärten, der Maute Gruppe, einer lokalen terroristischen Gruppierung, sowie einer Reihe von ausländischen Kämpfern zu bilden (UNSCMT, 2017c, S. 16f.).

[10] Isnilon Totoni Hapilon, ehemaliger ASG Führer, Omar und Abdullah Maute, die Anführer der Maute Gruppe, sowie Mahmud Ahmad, ein wichtiger Organisator des Netzwerkes (UNSCMT 2018, S. 17).

[11] Es gab auch weiterhin Anschläge von lokalen Gruppen, welche dem Netzwerk von IS zugerechnet werden können und die gleiche Methodik nutzen, wie z.B. der Angriff auf eine Kirche in Indonesien im April 2021, welcher laut Presseberichten von Anhängern von Jamaah Ansharut Daulah (JAD) durchgeführt wurde. (Lamp und Da Costa 2021).

[12] Siehe oben 2.1.

Boko Haram[13] verschlechtert sich dennoch die Sicherheitslage in der Sahel Region zunehmend und es ist eine wachsende Anzahl von Anschlägen zu beklagen (Hoije et al. 2021).

Seit 2019 war der IS in der Lage, seine Position in Afrika insgesamt auszubauen und neue Ableger in seine globale Netzwerkstruktur aufzunehmen. So operiert seit 2019 in Zentralafrika ein neuer IS-Ableger, die Islamischer Staat Zentralafrika Provinz (ISCAP). Dieser kooperiert mit IS-Strukturen in Puntland (UNSCMT 2021a, S. 11). ISCAP vereinte mehrere extremistisch-islamistische Bewegungen der Region in einer Struktur unter dem IS-Label (UNSCMT 2020a, S. 12).

Zusätzlich zum Aufbau seines globalen Netzwerkes regional-basierter Ableger setzte der IS seit 2017 auch erfolgreich auf die Nutzung von sogenannten Einzeltätern für Anschläge außerhalb seiner Operationsgebiete, insbesondere in Europa. Zu diesem Zweck verbreitete 2017 der IS in den Sozialen Medien einen entsprechenden Aufruf[14] sowie Informationen zu einfachen Anschlagsmethoden (UNSCMT 2017c, S. 6). In der Folge kam es zu einer signifikanten Anzahl solcher Anschläge in Europa.[15] Schließlich arbeitet der IS, ähnlich wie al-Qaida, auch weiterhin an der Durchführung komplexerer Anschläge in Europa. Die Verhaftung einer IS-Zelle in Deutschland im Sommer 2020 zeigte dies erneut. Die Zelle soll eine Reihe von Anschlägen in Deutschland vorbereitet haben und dabei von IS-Strukturen in Afghanistan angeleitet worden sein (GBA 2021).[16]

---

[13] Der seit 2015 andauernde interne Konflikt zwischen beiden Fraktionen von Boko Haram trat mit der Tötung von Abubakar Shekau, dem Führer einer der beiden Fraktionen, Anfang Sommer 2021 in ein neues Stadium ein (BBC News 2021). Es bleibt abzuwarten, ob sich nun die Anhänger von Shekau ISWAP anschließen.

[14] Wie der Anschlag auf den Weihnachtsmarkt am Berliner Breitscheidplatz im Dezember 2016 demonstriert, gab es auch schon vor diesem offiziellen Aufruf Anschläge von durch die IS-Ideologie motivierten Tätern. Daher markiert dieser Aufruf lediglich die öffentliche Anerkennung dieser Anschlagsform als Teil der IS-Gesamtstrategie.

[15] EUROPOL vermerkte für 2019 sechs von Einzeltätern durchgeführte oder vereitelte Anschläge aus dem islamistisch-terroristischen Umfeld (EUROPOL 2020, S. 14).

[16] Es ist davon auszugehen, dass die durch die COVID-19 Pandemie bedingten Kontakt- und Reisebeschränkungen 2020 auch zu einer Verlangsamung solcher komplexerer Anschlagsvorhaben in Europa geführt haben, da die Verfügbarkeit von weichen

Unabhängig von al-Qaida und IS-Strukturen sowie deren Sympathisantennetzwerken in Europa verdeutlichten die Tötung des französischen Lehrers Samuel Patty in Paris und die Ermordung von drei Personen in einer Kirche in Nizza im Oktober 2020, dass auch eine Gefahr von extremistisch Islamistischen Tätern ausgehen kann, welche nicht formal in diese Netzwerke eingebunden sind (UNSCMT 2020a, S. 13). Die Ermordung von Paty, bei welcher, Medienberichten zufolge, der Täter durch eine Internetkampagne zu seiner Tat motiviert worden war (Leloup 2020), ist ein Beispiel für die Gefahren, welche durch den Missbrauch des Internets und Sozialer Medien durch extremistische und terroristische Kräfte entstehen.

3   Missbrauch von Online-Diensten

Zusätzlich zu den Entwicklungen der Bedrohungslage offline ist in den letzten Jahren die Bekämpfung der Aktivitäten terroristischer Gruppierungen online ins Zentrum der Aufmerksamkeit gerückt. Die Nutzung moderner Technologien durch Terrororganisationen ist kein neues Phänomen. Schon vor 2001 nutzten al-Qaida Anhänger in Afghanistan E-Mail Accounts für ihre Kommunikation (Zanini und Edwards 2001, S. 37). Ebenso führte die Verbreitung kommerzieller Drohnentechnologie seit 2017 zu ihrer Nutzung durch terroristische Gruppierungen, wie z.B. IS-Kräfte in Syrien und dem Irak (GCTF 2019, S. 2). Daher ist nicht überraschend, dass die Nutzung von Online-Diensten, wie Soziale Medien, Messenger Dienste oder Kryptowährungen mittlerweile fester Bestandteil der Operationen der al-Qaida und IS-Netzwerke sind und auch zur Terrorismusfinanzierung genutzt werden.

Der Missbrauch von Internet-Plattformen zu Kommunikationszwecken, der Verbreitung von Propaganda, Rekrutierung und Wissenstransfer wurde seit dem Erstarken des IS 2014 regelmäßig und breit dokumentiert. Seitens der Industrie wurde durch die Gründung eigener

---

Anschlagszielen, wie Veranstaltungen und Menschenansammlungen, wesentlich reduziert war (CTED 2020, S. 2).

Organisationen, wie z.B. dem Global Internet Forum to Counter Terrorism (GIFCT)[17] oder Tech Against Terrorism (TAT 2021),[18] versucht, diesem Missbrauch entgegenzuwirken. Obwohl es in den letzten Jahren zum Teil zu einer Verlagerung von al-Qaida und IS Material auf kleinere Plattformen kam (TAT 2019), werden auch weiterhin globale Plattformen durch Terror-Netzwerke missbraucht. So lokalisierte das Counter Extremism Project (CEP) im Februar 2021 erneut mehrere IS-Accounts auf Facebook, auf denen seit Juni 2020 eine große Anzahl von Videos, inklusive Aufrufe zur Gewalt, gepostet wurden (CEP 2021b).[19]

In Bezug auf den Missbrauch der Sozialen Medien, Messenger Dienste und Crowdfunding Webseiten zur Finanzierung des Terrorismus sind die internen Abwehrmechanismen der Industrie im Moment nicht ausreichend und grundlegende Elemente fehlen (Keating und Keen 2019; Schindler 2020). Dieser Missbrauch wird dabei oft mit der Nutzung von Kryptowährungen verbunden.

Kryptowährungen sind eine Internet-basierte Technologie, welche den weltweiten Transfer von Werten außerhalb des formalen Finanzsystems erlaubt und dabei als funktionaler Bestandteil die Identifizierungsdaten der Nutzer sowie Informationen über die Transaktionswege kryptiert.[20] Sie ist daher immanent intransparent und wird von Terrorgruppen mittlerweile regelmäßig (Schindler 2021, S. 30f.) und in nicht unbeachtlichem Ausmaß genutzt. So führte eine US-Operation im August 2020 zur Beschlagnahmung von Kryptowährungen im Gegenwert von mehreren Millionen US-Dollar, welche Terrororganisationen zugeordnet wurden (USDOJ 2020).

Um diesen verschiedenen Missbrauchsmethoden entgegenzutreten und illegale Inhalte im Netz zu reduzieren, erlies die Bundesregierung

---

[17] Seit 2020 eine von der Industrie finanzierte eigenständige Nichtregierungsorganisation (GIFCT 2021).

[18] Während GIFCT hauptsächlich ein Forum globaler Plattformen ist, unterstützt TAT kleinere Plattformen. Dabei arbeitet dieses Project auch mit dem Sicherheitsrat der Vereinten Nationen zusammen.

[19] CEP beobachtet fortlaufend die online Aktivitäten terroristischer Netzwerke und publiziert die Ergebnisse wöchentlich (CEP 2021c).

[20] Entweder durch die Nutzung von technischen Hilfsdiensten, wie Tumblers und Mixers oder durch Transfers in Privacy Coins, eine neue Generation von Kryptowährungen (Eisermann 2020).

2017 das Netzwerkdurchsetzungsgesetz (NetzDG). Laut NetzDG werden Internetplattformen verpflichtet, durch Anwender gemeldete illegale Inhalte nach einer Prüfung zu löschen (NetzDG, §1). In Bezug auf die Löschung gemeldeter, illegaler terroristischer Inhalte durch die Industrie besteht hierbei jedoch noch signifikantes Verbesserungspotential.[21] Auf Seiten der Europäischen Union wurde im April 2021 die Terrorist Content Online (TCO) Verordnung erlassen. Die TCO behält die Systematik des NetzDG (Löschung nach Meldung, TCO 2021, Art. 3) bei, führt jedoch kürzere Löschfristen (eine Stunde, TCO 2021, Art. 3.3) und höhere Strafen (bis zu 4 Prozent globaler Jahresumsatz, TCO 2021, Art. 18.3) ein. Aktuell berät das Europäische Parlament einen Entwurf der Europäischen Kommission für eine neue Verordnung für digitale Dienste (EUCOM 2020).[22] Diese soll zum ersten Mal verpflichtend interne Risikobewertungen (EUCOM 2020, Art. 26) und externe Audits (EUCOM 2020, Art. 28) für globale Plattformen einführen. Jedoch gibt es auch hier noch Nachbesserungsbedarf (Ritzmann et al. 2021).

In Bezug auf den Missbrauch von Kryptowährungen treibt die Financial Action Task Force (FATF) die globale Regulierung seit 2019 kontinuierlich voran (FATF 2019).[23] Die Europäische Union definierte Serviceanbieter von Kryptowährungen in der Fünften Geldwäscherichtlinie 2018 äquivalent zu Finanzdienstleistern (AMLD5 2018, Art. 1). Da sich die bisherigen europäischen Maßnahmen ausschließlich auf die Anbieter konzentrieren, welche den Umtausch von Fiat zu Kryptowährungen erlauben und neue technische Entwicklungen wie z.B. Tumblers, Mixers, Privacy Coins nicht berücksichtigen, bestehen im europäischen Raum noch erhebliche regulatorische Lücken, welche

---

[21] Bei einem Test von CEP wurden Anfang 2020 nur rund 43.5 Prozent der gemeldeten illegalen terroristischen Inhalte durch globale Plattformen gelöscht (Ritzmann et al. 2020, S. 8). Dies entspricht auch den Ergebnissen von Tests zur Löschung von illegalen Inhalten durch andere Organisationen, wie z.B. Jugendschutz.net. Die Organisation fand 2019 eine durchschnittliche Löschquote von 45 Prozent (Jugendschutz 2020, S. 31).

[22] Diese soll die aktuell geltende Richtlinie über den elektronischen Geschäftsverkehr (ECOM 2000) aus dem Jahr 2000 ersetzen.

[23] Aktuell diskutiert die FATF eine Neuauflage seiner 2019 Guidelines, bei der Tumblers, Mixers und Privacy Coins als besonders risikobehaftet ausgewiesen werden sollen (FATF 2021, S. 16f.).

weiterhin den Missbrauch von Kryptowährungen durch Terroristen er-möglichen (Schindler et al. 2020).

Die regulatorische Struktur gegen den Missbrauch von online-Diensten in der Europäischen Union ist aktuell noch im Aufbau. Daher kann noch nicht von einer effektiven Abwehr gesprochen werden. Dennoch sind diese neuen Ansätze wichtige Schritte, um die Internetindustrie effektiver in staatliche Abwehrmaßnahmen einzubinden und durch ge-setzliche Vorschriften zu einer effektiveren Abwehr gegen die Nutzung ihrer Technologien durch Terrorgruppen zu bewegen.[24]

4 Ausblick

Dieser Beitrag beschrieb die aktuelle Bedrohung durch die globalen Netzwerke von al-Qaida und dem IS. Beide Netzwerke haben sich in den letzten 20 Jahren an den kontinuierlichen militärischen, polizeili-chen und politischen Druck angepasst und operieren weiterhin in einer beachtlichen Anzahl von Krisenregionen.

Dem al-Qaida Netzwerk, welches durch das Aufkommen des IS nach 2014 weniger öffentliche Aufmerksamkeit erfahren hat, gelang es in den letzten Jahren nicht nur neue Ableger, wie z.B. AQIS, aufzubauen, sondern sich auch gegen die Konkurrenz durch IS-Strukturen in meh-reren Regionen zu behaupten. Daher stellt dieses Netzwerk, insbeson-dere der al-Qaida Ableger in Jemen, AQAP, weiterhin ein signifikantes Sicherheitsrisiko für Europa dar. In den Krisenregionen sind al-Qaida Ableger weiterhin für eine beachtliche Anzahl von Anschlägen und Kampfhandlungen verantwortlich. Wie die Anschläge auf das Büro von Charlie Hebdo in Paris 2015 oder US-Militärpersonal in Pensacola, USA 2019, demonstrieren, gelingt es AQAP immer wieder, seine in Je-men aufgebauten Strukturen auch für Angriffe in Europa und den USA zu nutzen.

Die Umwandlung des IS von einer hierarchisch strukturierten Organi-sation zu einem globalen Netzwerk von Ablegern, ähnlich dem von al-

---

[24] Die Kooperation von Telegram mit EUROPOL, welche in nur zwei Tagen im No-vember 2019 laut Medienberichten zur Entdeckung und Entfernung von mehr als 5000 IS-Accounts auf der Plattform führte, verdeutlicht das bislang ungenutzte Ab-wehrpotential der Industrie (BBC 2019).

Qaida, begann schon 2017, also noch vor der Zerschlagung des physischen IS-„Kalifats" in Syrien und dem Irak. In den letzten Jahren ist es IS nicht nur gelungen, sich in den gleichen Krisenregionen wie al-Qaida zu platzieren, sondern mit der Gründung von ISCAP in Zentralafrika auch in neuen Regionen Fuß zu fassen. Die erfolgreiche Inspiration und Anleitung von Einzeltätern und einzelnen Angriffszellen in Europa verleiht dem IS auch ohne den Aufbau von lokalen Strukturen die Fähigkeit, eine Gefahr für die interne Sicherheit Europas und Deutschlands darzustellen.

Die Netzwerke von al-Qaida und IS agieren je nach Krisenregion parallel, kooperativ oder sind in Verteilungskämpfe verwickelt. Insgesamt ist jedoch keine signifikante gegenseitige Schwächung beider Netzwerke zu beobachten. Daher ist neben klassischen Terrorabwehrmaßnahmen, insbesondere auch in den Krisenregionen, der Einsatz außen- und entwicklungspolitischer Instrumente von erheblicher Bedeutung. Nur durch den Aufbau funktionierender staatlicher Strukturen und der Beendigung bewaffneter interner Konflikte in den betroffenen Staaten kann eine nachhaltige Schwächung dieser Terrornetzwerke erreicht werden.

Der Missbrauch von Online-Diensten sowohl zu Kommunikationszwecken als auch zur Finanzierung des Terrorismus ist in den letzten Jahren integraler Bestandteil der Operationen von al-Qaida und des IS geworden. Nachdem weiterhin Lücken bei den internen Abwehrmechanismen der Tech-Industrie bestehen, versuchen Deutschland und die Europäische Union seit 2017, diese Risiken durch neue legislative Initiativen wie NetzDG, TCO, DSA und AMLD5 entgegenzutreten. Diese Versuche sind wichtig, es bestehen jedoch weiterhin strukturelle Schwächen. Eine bessere Abwehr dieses Missbrauchs ist zentral, da diese Technologien die operativen Fähigkeiten von al-Qaida und dem IS wesentlich erhöhen und somit zentral für deren Aktionen und Anschlagsplanungen in Europa sind.

Literatur

Abi-Habib, M., Coker, M., & Almasmari, H. (2015, 14. Jan.). Al Qaeda in Yemen claims responsibility for Charlie Hebdo attack. Senior leader says organization financed, planned operation. Wallstreet Journal. https://on.wsj.com/3iSzDfp. Zugegriffen: 16. Juni 2021.

Amtsblatt der Europäischen Union (TCO) (2021). Verordnung (EU) 2021/784 des Europäischen Parlaments und des Rates vom 29. April 2021 zur Bekämpfung der Verbreitung terroristischer Online-Inhalte. https://bit.ly/3cW6ZGy. Zugegriffen: 16. Juni 2021.

Amtsblatt der Europäischen Union (ECOM) (2000). Richtlinie 2000/31/EG des Europäischen Parlaments und des Rates über bestimmte rechtliche Aspekte der Dienste der Informationsgesellschaft, insbesondere des elektronischen Geschäftsverkehrs, im Binnenmarkt („Richtlinie über den elektronischen Geschäftsverkehr"). 8. June 2000. https://bit.ly/3qeB61a. Zugegriffen: 16. Juni 2021.

Amtsblatt der Europäischen Union (AMDL5) (2018). Richtlinie (EU) 2018/843 des Europäischen Parlaments und des Rates zur Änderung der Richtlinie (EU) 2015/849 zur Verhinderung der Nutzung des Finanzsystems zum Zwecke der Geldwäsche und der Terrorismusfinanzierung und zur Änderung der Richtlinien 2009/138/EG und 2013/36/EU. 30. Mai 2018. https://bit.ly/3h3gkhd. Zugegriffen: 16. Juni 2021.

BBC Monitoring (2019, 25. Nov.). Europol disrupts Islamic State propaganda machine. https://bbc.in/3xAc3rX. Zugegriffen: 16. Juni 2021.

BBC News (2021, 7. Juni). Abubakar Shekau: Nigeria's Boko Haram leader is dead, say rival militants. https://bbc.in/3iUPt9r. Zugegriffen: 17. Juni 2021.

Byman, D. L. (2021, 4. Mai). Order from chaos. Don't expect an al-Qaida reboot in Afghanistan. Brookings Institution. https://brook.gs/3xC5dCe. Zugegriffen: 16. Juni 2021.

Counter Extremism Project (CEP) (2021a). Abu Sayyaf Group (ASG). https://bit.ly/3wWdQrH. Zugegriffen: 16. Juni 2021.

Counter Extremism Project (CEP) (2021b, 16. Feb.). Extremist content online: ISIS content located on Facebook. https://bit.ly/35DEklB. Zugegriffen: 16. Juni 2021.

Counter Extremism Project (CEP) (2021c). Tech and extremism online. https://bit.ly/3xAKK0N. Zugegriffen: 16. Juni 2021.

Counter Terrorism Executive Directorate (CTED) (2020). The impact of the COVID-19 pandemic on terrorism, counter-terrorism and countering violent extremism. Update. Dezember 2020. https://bit.ly/3vLSOua. Zugegriffen: 16. Juni 2021.

Dent, E. (2020, 21. Okt.). US Policy and the resurgence of ISIS in Iraq and Syria. Middle East Institute. https://bit.ly/3gFOtV1. Zugegriffen: 16. Juni 2021.

Eisermann, D. (2020). Kryptowährungen als Risiko für die öffentliche Sicherheit und Terrorismusbekämpfung. Gefahrenanalyse und Probleme der Regulierung. CEP und Berlin Risk. April 2020. https://bit.ly/3cY5kAf. Zugegriffen: 16. Jun. 2021.

Europäische Kommission (EUCOM) (2020). Vorschlag für eine Verordnung des Europäischen Parlaments und des Rates über einen Binnenmarkt für digitale Dienste (Gesetz über digitale Dienste) und zur Änderung der Richtlinie 2000/31/EG. 15. Dezember 2020. https://bit.ly/3vKRGHj. Zugegriffen: 16. Juni 2021.

EUROPOL (2020). European Union (EU) terrorism situation and trend report (TE-SAT) 2020, 23. Juni 2021.
https://bit.ly/35EnoLM. Zugegriffen: 16. Juni 2021.

Federal Bureau of Investigations (2020, 18. Mai). FBI Director Christopher Wray's remarks at press conference regarding Naval Air Station Pensacola Shooting Investigation. FBI National Press Office. https://bit.ly/3cVVMFZ. Zugegriffen: 16. Juni 2021.

Financial Action Task Force (FATF) (2019). Guidance for a risk-based approach. Virtual assets and virtual asset service providers. June 2019. https://bit.ly/3gEWSZ1. Zugegriffen: 16. Juni 2021.

Financial Action Task Force (FATF) (2021). Draft updated guidance for a risk-based approach to virtual assets and VASPs. https://bit.ly/35DrWlx. Zugegriffen: 16. Juni 2021.

Generalbundesanwalt am Bundesgerichtshof (GBA) (2021, 15. Feb.). Anklage gegen fünf mutmaßliche Mitglieder einer Terrorzelle der ausländischen terroristischen Vereinigung „Islamischer Staat (IS)" erhoben. Pressemitteilung. https://bit.ly/3xsd2dQ. Zugegriffen: 16. Juni 2021.

Global Counter Terrorism Forum (GCTF) (2019). Berlin Memorandum on good practices for countering terrorist use of unmanned aerial systems. https://bit.ly/3cVRjmA. Zugegriffen: 16. Juni 2021.

Global Internet Forum to Counter Terrorism (GIFCT) (2021). About. https://bit.ly/3gJH6MB. Zugegriffen: 16. Juni 2021.

Hoije, K., Dodge, S., & Diamond, J. (2021, 3. Apr.). Spate of islamist attacks puts Sahel on track for deadliest year. Bloomberg. https://bloom.bg/3wVIsJu. Zugegriffen: 16. Juni 2021.

International Crisis Group (2019, 16. Mai). Facing the challenge of the Islamic State in West Africa Province. Africa Report Nr. 273. https://bit.ly/3h3heu7. Zugegriffen: 16. Juni 2021.

Joscelyn, T., & Weiss, C. (2016, 31. Okt.). Islamic State recognizes oath of allegiance from jihadists in Mali. FDD's Long War Journal. https://bit.ly/3cXx3RD. Zugegriffen: 16. Juni 2021.

Jugendschutz.net (2020, Apr.). 2019 Bericht. Jugendschutz im Internet. Risiken und Handlungsbedarf. https://bit.ly/3zHV2OA. Zugegriffen: 16. Juni 2021.

Keatinge, T., & Keen, F. (2019). Social media and terrorist financing. What are the vulnerabilities and how could public and private sectors collaborate better? Global Research Network on Terrorism and Technology, Paper No. 10. https://bit.ly/2SFx4mx. Zugegriffen: 16. Juni 2021.

Lamb, K., & Da Costa, A. B. (2021, 1. Apr.). 'Familial terrorism': How personal ties link suicide bombings in Southeast Asia. Reuters. https://reut.rs/3gDMWyR. Zugegriffen: 16. Juni 2021.

Leloup, D. (2021, 20. Okt.). Incriminés après l'assassinat de Samuel Paty, les réseaux sociaux auraient-ils pu faire davantage? Il est difficile d'imputer à Facebook ou à Twitter une responsabilité directe dans la mort de l'enseignant à Conflans-Sainte-Honorine. Le Monde. https://bit.ly/3gEwazM. Zugegriffen: 16. Juni 2021.

Netzwerkdurchsetzungsgesetz (NetzDG). https://bit.ly/2SMW8I8. Zugegriffen: 16. Juni 2021.

NPR (2017, 29. Jun.). Sunni extremist group ISIS declares new islamic caliphate. https://n.pr/3iS71TG. Zugegriffen: 16. Juni 2021.

Ritzmann, A., Macori, M., & Schindler, H. J. (2020). NetzDG 2.0. Empfehlungen zur Weiterentwicklung des Netzwerkdurchsetzungsgesetzes (NetzDG) und Untersuchung zu den tatsächlichen Sperr- und Löschprozessen von YouTube, Facebook und Instagram. CEP Policy Paper, 13. März 2020. https://bit.ly/35BJIWk. Zugegriffen: 16. Juni 2021.

Ritzmann, A., Schindler, H. J., Creighton, L. (2021). EU Commission consultation. Digital Services Act package – ex ante regulatory instrument of very large online platforms acting as gatekeepers. CEP Policy Paper. Mai 2021. https://bit.ly/3cWiwWm. Zugegriffen: 16. Juni 2021.

Sanches, N. (2021, 1. Apr.). In Syria, there is a new kind of war against ISIS. El Pais. https://bit.ly/3zCHgwy. Zugegriffen: 16. Juni 2021.

Schindler, H. J. (2020). Terrorismusfinanzierung und soziale Medien. CEP Policy Paper. April 2020. https://bit.ly/3xE1vIf. Zugegriffen: 16. Juni 2021.

Schindler, H. J. (2021). Misuse of online services for the financing of terrorism. Counter IED Report. Spring/Summer 2021. https://bit.ly/3xDHCky. Zugegriffen: 16. Juni 2021.

Schindler, H. J., Hanely-Giersch, J., & Eisermann, D. (2020). Further development of European Union Regulatory Framework for cryptocurrencies necessary to mitigate risks of terrorism financing. CEP und Berlin Risk. Policy Paper. https://bit.ly/35Hi2PM. Zugegriffen: 16. Juni 2021.

Schulze, K. E. (2018). The Surabaya Bombings and the evolution of the jihadi threat in Indonesia. CTC Sentinel, June/July 2018, 11(6). https://bit.ly/2UjM2Ps. Zugegriffen: 16. Juni 2021.

Tech Against Terrorism (TAT) (2019, 3. Juli). ISIS use of smaller platforms and the Dweb to Share terrorist content. VoxPol. https://bit.ly/3cW8kx4. Zugegriffen: 16. Juni 2021.

Tech Against Terrorism (TAT) (2021). About. https://bit.ly/3qdY2Or. Zugegriffen 16. Juni 2021.

UNSCMT – United Nations Security Council ISIL, Al-Qaida & Taliban Monitoring Team (2014). S/2014/770. https://bit.ly/3xzc7s3. Zugegriffen: 16. Jun. 2021.

UNSCMT (2015). S/2015/441. https://bit.ly/3zDEc3b. Zugegriffen: 16. Juni 2021.

UNSCMT (2017a). S/2017/35. https://bit.ly/2TPcNuK. Zugegriffen: 16. Juni 2021.

UNSCMT (2017b). S/2017/409. https://bit.ly/3cVFT2k. Zugegriffen: 16. Juni 2021.

UNSCMT (2017c). S/2017/573. https://bit.ly/35BSG67. Zugegriffen: 16. Juni 2021.

UNSCMT (2018). S/2018/14/Rev.1. https://bit.ly/3zIBzgq. Zugegriffen: 16. Juni 2021.

UNSCMT (2019a). S/2019/481. https://bit.ly/3gLCjc3. Zugegriffen: 16. Juni 2021.

UNSCMT (2019b). S/2019/570. https://bit.ly/3cY8xjr. Zugegriffen: 16. Juni 2021.

UNSCMT (2020a). S/2020/415. https://bit.ly/2UkXElf. Zugegriffen: 16. Juni 2021.

UNSCMT (2020b). S/2020/717. https://bit.ly/35CIeei. Zugegriffen: 16. Juni 2021.

UNSCMT (2021a). S/2021/68. https://bit.ly/3zJUkR0. Zugegriffen: 16. Juni 2021.

UNSCMT (2021b). S/2021/486. https://bit.ly/2SfeTUr. Zugegriffen: 16. Juni 2021.

UNSCMTCTED – United Nations Security Council ISIL, Al-Qaida & Taliban Monitoring Team & Counter Terrorism Executive Directorate (2020). S/2020/493. https://bit.ly/3vDaU1D. Zugegriffen: 16. Juni 2021.

United States Department of Justice (2020, 13. Aug.). Global disruption of three terror finance cyber-enabled campaigns. Largest ever seizure of terrorist organizations' cryptocurrency accounts. Press Release. https://bit.ly/2SGerik. Zugegriffen: 16. Juni 2021.

Zanini, M., & Edwards, S. J. A. (2001). The networking of terror in the information age. In: Arquilla, J., & Rohnfledt, D. (Hrsg.), Networks and netwars: The future of terror, crime, and militancy. Santa Monica. RAND Corporation. https://bit.ly/3xC6ppc. Zugegriffen: 16. Juni 2021.

Zelin, A. Y. (2019, 24. Sep.). Huras al-Din: The overlooked al-Qaeda group in Syria. The Washington Institute for Near East Analysis. Policy Watch 3188._https://bit.ly/35BK7rO. Zugegriffen: 16. Jun. 2021.

Zelin, A. Y. (2021, 11. Juni). Hanging on in Idlib: Hayat Tahrir al-Sham's expanding tribal engagement. The Washington Institute for Near East Analysis. Policy Watch 3499. https://bit.ly/3zDDtz3. Zugegriffen: 16. Juni 2021.

Maritimer Terrorismus und Seepiraterie: aktuelle Herausforderungen

Patricia Schneider

1 Einleitung

Zu den größten Herausforderungen für die internationale Sicherheit zählt gegenwärtig der weltweite Terrorismus. Auch die internationale Seeschifffahrt wurde in jüngster Vergangenheit immer wieder Ziel terroristischer Anschläge. Im Vergleich zur Gesamtzahl der Terroranschläge insgesamt ist der Anteil des maritimen Terrorismus zwar relativ klein und daher vermeintlich eine geringere Bedrohung. Angesichts der enormen Bedeutung des Seehandels für das Welthandelssystem kann ein einziger Terroranschlag jedoch verheerende Wirkungen haben. Wenn Container- oder Frachtschiffe gekapert und ihre Besatzungen entführt werden, sorgt das für Unruhe auf dem Markt. Und unruhige Märkte bedeuten für die Endverbraucher in der Regel höhere Preise. Denn die Reedereien müssen mehr für die Sicherheit ihrer Besatzungen und Schiffe aufwenden und möglicherweise auf sicherere und längere Handelsrouten ausweichen. Auch erfahren die betroffenen Seeleute großes menschliches Leid.

Die moderne Piraterie ist ebenfalls ein transnationales, also ein weltumspannendes Risiko, das die internationale Schifffahrt, die Besatzungen und den Handel betrifft. Piraterie und Terrorismus werden meist idealtypisch anhand ihrer Motive unterschieden, wobei die Motive der Piraten überwiegend profitorientiert sind. Allerdings gibt es auch Regionen, in denen sich beide Phänomene überschneiden. Da beide mit direkter Gewalt gegen Menschen vorgehen, verstoßen sie gegen geltendes Seerecht. Es erfordert breite Anstrengungen, um maritime Sicherheit und eine gute Ordnung auf See wiederherzustellen. Für Deutschland ist maritime Gewalt – sei es durch Terroristen oder Piraten – deshalb ein wichtiges Thema, weil Deutschland lange über die drittgrößte Handelsflotte und die größte Containerflotte der Welt verfügte. Erst 2018 wurde es von China überholt (Marinekommando Jahresbericht 2018). Deutschland ist auf den funktionierenden Seehandel für den Import von Rohstoffen und Energie als auch den Export von Waren angewiesen und daher von Piraterie und von Terrorismus besonders betroffen.

Die moderne Piraterie befindet sich mit der Eindämmung der somalischen Angriffe nach ihrem Höhepunkt in 2010 mit 445 Vorfällen auf dem Rückzug, verbleibt aber auf einem problematischen Niveau. Das Internationale Maritime Büro (IMB) der Internationalen Handelskammer (ICC) verzeichnete 2020 im Vergleich zum Vorjahr leicht steigende Zahlen mit insgesamt 195 Vorfällen. Aktuell hat sich der weltweite Hotspot der Piraterieangriffe von Ostafrika nach Westafrika verschoben. Hier zeigt sich – wie bereits in Somalia – die Verzahnung von maritimer Gewalt durch terroristische und Piratengruppen. Es gibt Ähnlichkeiten, aber auch deutliche Unterschiede beim Vorgehen und den Rechtfertigungen der somalischen und nigerianischen Piraten.

2 Wie Piratenangriffe ablaufen

Wie ein solcher Piratenangriff typischerweise ablaufen kann, zeigt der Überfall auf die Taipan, die 2010 im Indischen Ozean gekapert wurde. Er führte zum ersten Seeräuber-Prozess seit dem Mittelalter und wurde vor dem Internationalen Seegerichtshof in Hamburg aufgeklärt.[1] Nachdem die Annährung mehrerer kleiner Schiffe bemerkt wurde, versuchte die Taipan zunächst, einen Zickzackkurs einzuschlagen und die Geschwindigkeit zu erhöhen. Dies gehört zu den Selbstschutzmaßnahmen der Schiffe. Meist sind sie dann schon unter Beschuss von Maschinengewehren, Raketenwerfern und Mörsern. Können die Piraten das Schiff dennoch einholen, entern und über den von der Besatzung ausgebrachten Stacheldraht an der Reling klettern, gehen sie meist mit brutaler Gewalt gegen die Crew vor, sofern diese sich nicht in einem Schutzraum verschanzen kann. Das Motiv der Piraten ist dabei häufig die Entführung gegen Lösegeld. Das Martyrium der Seeleute, die samt ihren Schiffen an die Küsten des zerfallenen Staates entführt und gefangen gehalten wurden, dauerte häufig Wochen und Monate. Die Piraten setzen die Unterhändler unter Druck, indem sie zum Beispiel Scheinhinrichtungen an den Gefangenen verüben. Heute haben wir am

---

[1] Zum Hamburger Prozess und zur Strafverfolgungsproblematik von Piraten im Allgemeinen siehe Schneider 2013a.

Horn von Afrika eine ständige Präsenz der EU und internationaler Marinekräfte, ein Regelwerk für Selbstschutzmaßnahmen der maritimen Wirtschaft sowie den Einsatz privater Sicherheitsdienste. Durch diese Maßnahmen gibt es am Horn von Afrika nur noch sporadische Angriffe. Die Piratengruppen am Golf von Guinea gehen daher anders vor als somalische Piraten.

3 Piraterieentwicklung weltweit

Die modernen Piraterieformen unterscheiden sich je nach Region: in Südostasien finden vor allem schnelle Raubüberfälle, häufig auf geankerte Schiffe statt. Doch auch hier werden vereinzelt Seeleute getötet. Die erfolgreichen Patrouillen der indonesischen Marine Police führten zu einem Rückgang der Vorfälle. In der Straße von Malakka kam es schon seit 2015 zu keinen Piratenangriffen mehr. Auf niedrigem Niveau gibt es weitere Pirateriefälle in Ostasien, Indien, Süd- und Mittelamerika (BPOL See 2019). In Tab. 1 werden die Vorfälle der wichtigsten Piraterie-Hotspots aufgelistet. Die Daten entstammen den jährlichen Piraterieberichten der Bundespolizei See (zuletzt für 2019 und 2020 aus BPOL See 2021, S. 9)

Tab. 1: Ausgewählte Pirateriehotspots 2008-2020

Vorfälle 1.-4. Quartal	2008	2009	2010	2011	2012	2013	2014	2015	2016	2017	2018	2019	2020
Weltweit	293	406	445	439	297	264	245	246	191	180	201	162	195
HRA (High Risk Area) und Ostafrika	92	126	219	237	75	15	11	0	2	12	5	4	4
Westafrika mit Golf von Guinea	54	39	28	39	56	51	41	31	55	45	82	64	84
Südostasien	54	45	70	80	80	104	141	147	68	76	60	53	62

Während die Piraterie sich weltweit insgesamt bis 2012-2017 auf dem Rückzug befand, beobachtet das Internationale Maritime Büro der Internationalen Handelskammer in 2018 erstmals wieder einen Anstieg der Überfälle. Deutschland rangiert aufgrund der Größe seiner Handelsflotte dabei immer unter den fünf Nationen, die am häufigsten von Piratenüberfällen betroffen sind. 2018 und 2020 stieg die Zahl der Piratenüberfälle wieder an, insbesondere in der Region Westafrika und am Golf von Guinea. Dort sind derzeit die meisten Schiffsentführungen, Angriffe auf Schiffe mit schwerer Munition und Geiselnahmen mit Lösegeldforderungen zu verzeichnen. Im Gegensatz zum Vorgehen somalischer Piraten werden oftmals Crewmitglieder von den Schiffen entführt. Die Schiffe fahren mit dem Rest der Crew weiter. Die entführten Seeleute werden an Land gebracht und in den Sümpfen des Niger-Deltas versteckt, bis die Lösegeldverhandlungen i.d.R. innerhalb weniger Wochen abgeschlossen werden. Es gab auch schon Fälle, in denen eine andere kriminelle Gruppe an Land versucht hat, den Entführern ihre Geiseln abzujagen, um selbst eine Lösegeldforderung zu stellen. Die Piraten im Golf von Guinea haben es zudem nicht selten auf Teile der Fracht abgesehen. Oft kaperten die Piraten kleinere Schiffe, um weiter auf das Meer auszuweichen und eine größere Bandbreite von Schiffen ins Visier zu nehmen. Anvisiert werden alle Arten von Schiffen: Massengutfrachter, Containerschiffe, lokale Tanker, Unterstützungsschiffe der Ölindustrie, Fischereischiffe oder andere (ICC-IMB 2019). Die Piratengruppen in Somalia und Nigeria haben mehr Auswirkungen auf die internationale Handelsschifffahrt als die Piraterie in anderen Regionen. Im Folgenden werden daher die Hotspots Somalia und Nigeria – beide Heimat sowohl von Piraten- als auch von Terrorgruppen – beispielhaft näher beleuchtet.

4   Brennpunkt Somalia

Ein Brennpunkt des maritimen Terrorismus war in den vergangenen Jahren Somalia mit maritimen Angriffen *von Al-Qaida* und *Al-Shabaab*. Die islamische *Al-Shabaab*, die auch für zahlreiche Landangriffe verantwortlich war, führte die meisten maritimen Anschläge in somalischen Gewässern durch. Al-Shabaab zielte auf maritime Hafenanlagen und führte zerstörerische Angriffe auf Schiffe aus. Sie befeuerten einen Hafen mit Mörsern oder richteten gezielte Terroranschläge gegen Hafenbeamte. Zu ihrem Vorgehen gehört auch die Entführung von Besatzungsmitgliedern. Bei einem Angriff im Jahr 2016, bei dem ein mit Explosivstoffen beladenes Fahrzeug in einem Seehafen detonierte, gab es viele Opfer (Schneider 2020b). Die *Al-Shabaab*-Milizen kontrollierten große Teile im südlichen Teil des gescheiterten Staates Somalia und bekannten sich zu Osama Bin Laden. Die Zugehörigkeit zu *al-Qaida* ermöglicht es ihnen, im In- und Ausland Kämpfer zu rekrutieren und ihnen in Somalia ein für afrikanische Verhältnisse attraktives Gehalt zu zahlen. Die erklärten Ziele von *Al-Shabaab* sind die Gründung eines islamischen Staates und die Teilnahme an einem weltweiten Dschihad, also einem sogenannten „heiligen" Krieg zur Verbreitung des Islams. Inzwischen hat die Terrormiliz jedoch die Kontrolle über viele Gebiete verloren und konzentriert sich stattdessen auf eine Hit-and-Run-Strategie mit überfallartigen Angriffen und sofortigem Rückzug (Doboš 2016, S. 950). Die Mission der Afrikanischen Union in Somalia (AMISOM) hat stark zur rückläufigen Dominanz der Terrormiliz beigetragen. Anstatt weiterhin Militärbasen anzugreifen, wendet sie sich verstärkt der städtischen Guerilla-Kriegsführung zu, und zielt mit Bombenangriffen auf Regierungsbüros oder auch auf Unternehmen, wenn diese keine „Steuern" an Al-Shabaab zahlen wollen. Der Krieg um die nationale Vorherrschaft und die Ausrichtung des politischen Systems dauert an. Die Angriffe von Al-Shabaab außerhalb des Landes hatten Folgen. Die betroffenen Staaten, u.a. Kenia, reagierten mit militärischen Vergeltungsschlägen gegen die Terrormiliz (Jones, Liepman und Chandler 2016, S. 8). Gleichzeitig kommt es zu militärischen Auseinandersetzungen zwischen Al-Shabaab und Milizen des Islamischen Staates (IS) in Somalia. *Al-Shabaab* profitiert derzeit von der Tatsache, dass die Streitkräfte an anderer Stelle gebunden sind, da die Provinzen sich gegenseitig bekämpfen. Die gewalttätigen Auseinandersetzungen zwischen Streitkräften aus den Regionen Somaliland und Puntland schwächen den Kampf gegen *Al Shabaab*, der seine Präsenz in diesen Provinzen 2018 kräftig ausbauen konnte. Puntland ist der wichtigste Ausgangspunkt und Stützpunkt für Terroristen und Piraten (HIIK 2019, S. 85-87).

Al-Shabaab rekrutiert seine Kämpfer aus verschiedenen somalischen Clans und bringt ausländische Kämpfer nach Somalia, um traditionelle

Machtstrukturen aufzubrechen. Piratengruppen hingegen sind in der Regel nach Clanlinien organisiert. Dennoch wird oft über einen möglichen Zusammenhang zwischen Terrorismus und Piraterie diskutiert. Die Scharia, die eigentlich Piraterie als Verbrechen verurteilt, wurde in Somalia neu interpretiert, um eine religiöse Legitimation für die Zusammenarbeit der Piraten und *Al-Shabaab* zu ermöglichen (Hansen 2013, S. 111-112). Obwohl es keinen Beweis für eine operative Zusammenarbeit zwischen Al-Shabaab und somalischen Piratengruppen gibt (BKA 2011, S. 5), wird davon ausgegangen, dass die Islamisten von Piraterie-Lösegeldern profitierten und bis zu 30 Prozent der Pirateneinnahmen forderten (Kolb, Salomon und Udich 2011, S. 110-115).

Piraterie auf hoher See und bewaffneter Raubüberfall in Territorialgewässern vor der somalischen Küste und im Golf von Aden wurden zu einem wichtigen Anliegen für die wirtschaftlichen und politischen Interessen vieler Staaten. Denn ab 2008 nahmen Piratenangriffe und Schiffsentführungen im Golf von Aden und im Indischen Ozean drastisch zu. Die Reedereien waren von den wirtschaftlichen und menschlichen Kosten stark betroffen. Die Globalisierung ließ den Welthandel stark wachsen. Mehr Handel bedeutete eine verstärkte Nutzung der Seewege etwa durch mehr Containerschiffe auf den internationalen Handelsrouten. Die Abhängigkeit vom Handel, insbesondere bei zentralen Industriezweigen wie der Öl- oder Gasindustrie, machen die Staaten verwundbar. Insgesamt gibt es eine wachsende geostrategische Bedeutung des Meeres, insbesondere der Region des Indischen Ozeans. Sie wurde zum Mittelpunkt einer neuen Ära der transnationalen organisierten Kriminalität, der wirtschaftlichen Ausbeutung, des maritimen Verkehrs und der zwischenstaatlichen Rivalität.

Nach Angaben des Maritimen Büros der Internationalen Handelskammer ICC nahmen die weltweiten Angriffe von somalischen Piraten bis 2011 stetig zu. Nach diesem Höhepunkt ging die Zahl vor Somalia jedoch bis 2021 deutlich zurück, während die Angriffe in Westafrika zunahmen. Insgesamt erreichten die weltweiten Piratenangriffe 2017 sogar ein 22-Jahres-Tief und erst 2018 zeigten sich wieder steigende Tendenzen (ICC-IMB 2019). Das Potenzial für Angriffe somalischer Piraten bleibt bestehen: Die Situation an Land ist immer noch instabil, und es besteht die Gefahr, dass die Angriffe wieder zunehmen, sobald Marinemissionen und private Wachen auf Schiffen verschwinden.

Sowohl *Al-Shabaab* als auch somalische Piratengruppen sind daher gute Beispiele für die Ausnutzung einer besonderen geographischen Lage und politischer Umstände. Sie nutzen die hohe Dichte des landesnahen Seeverkehrs und die schwachen staatlichen Strukturen. Piratengruppen nutzen bewaffnete Raubüberfälle auf den maritimen Seeverkehr und Entführungen mit Lösegelderpressung zu Profitzwecken. Terroristen zielen hingegen darauf ab, den Handel zu unterbrechen, Schreckensbotschaften zu senden und staatliche Autoritäten herauszufordern. Sie verwenden gleichzeitig die Methoden der organisierten Kriminalität, um mit dem Lösegeld ihre terroristischen Aktivitäten zu finanzieren. Somalische Piraten konnten die entführten Schiffe und Besatzungen während der Lösegeldverhandlungen nur deshalb monatelang an der Küste versorgen, weil der Staat zu schwach war, um sie herauszufordern, und weil ihr Narrativ – eine Werte und Gefühle transportierende Geschichte zur Rechtfertigung von Handlungen – sowie das Gewinnversprechen ihnen lokale Unterstützung sicherte.

Die somalischen Piratengruppen sind sehr heterogen zusammengesetzt und organisiert. Einige stehen unter dem Schutz eines Clans und andere nicht. Einige sind von finanzieller Gier getrieben, andere sind ehemalige Fischer, die aus blanker Not mitmachen, weil sie in dem armen Land keine anderen Einkommensmöglichkeiten haben.

5 Vermeintlich hehre Rechtfertigungsnarrative

So unterschiedlich die Ziele von Piraten und Terroristen auch sein mögen, eines eint sie: die Rechtfertigung ihrer Taten. In der Fachwelt wird diese Rechtfertigung als „Robin-Hood-Narrativ" bezeichnet. Es kann eine emotionale Bindung und so auch eine positive oder zumindest gemischte Medienberichterstattung erzeugen. Es gibt vier Legitimationsmuster im somalischen „Robin-Hood-Narrativ", die alle auf den Vorwürfen der illegalen Fischerei durch internationale Fischfangflotten und der Deponierung von Giftmüll durch andere Staaten beruhen. Erstens wird behauptet, die Piraten seien eine Art Küstenwache, die die somalische Küste und deren Ressourcen schützt. Zweitens wird angeführt, Somalier würden aufgrund von Armut und unzureichenden wirtschaftlichen Alternativen zur Piraterie gezwungen. Zwei weitere populäre Rechtfertigungen sind: die illegale Fischerei als Auslöser für den Beginn der Piraterie und ein allgemeiner Zorn der Somalis über das

Verhalten der internationalen Gemeinschaft, der sie dazu treibe, die Piraterie zu unterstützen. Der Sicherheitsrat der Vereinten Nationen hat in seinen Aufrufen an die internationale Gemeinschaft zur Bekämpfung der somalischen Piraterie dieses Narrativ über den vermeintlich legitimen Kampf ums Überleben abgelehnt (siehe UN SC Res. S/RES/2077).[2]

Es ist bekannt, dass schwierige Lebensumstände und finanzielle Not allein keine ausreichende Erklärung für Gewalt und Kriminalität sind, sondern der Umgang damit Teil eines jeden gesellschaftlichen Aushandlungsprozesses ist. So zeigt es sich auch bei der modernen somalischen Piraterie, die sich schnell in das Geschäftsmodell organisierter Kriminalität einfügte: Sie war ein aufwändiges, arbeitsteiliges Unterfangen, bei dem beteiligte Einzelpersonen (Navigatoren, Kämpfer, Übersetzer, Verhandler, Versorger etc.) nur einen kleinen Anteil des Lösegeldes erhielten, während der größte Teil des Lösegeldes an kriminelle Investoren ging, die das Geld teils reinvestierten, um weitere Piratenaktivitäten und Geiselnahmen zu finanzieren. Das Risiko eines Scheiterns ist derzeit sehr hoch, weshalb das Geld heute häufig in andere illegale Handelsaktivitäten fließt. Die Gewalt somalischer Piraten gegen lokale Fischer hat dazu beigetragen, dass sie Sympathien in der heimischen Bevölkerung verspielt haben. Denn die Piraterie kann für den Zusammenbruch des Fischereisektors mitverantwortlich gemacht werden. So wurden Fischerboote gestohlen, um auf hoher See Angriffe durchzuführen, und auch der Fischfang wurde beschlagnahmt (Weldemichael 2014, S. 217). Bei all dem wurden einige Fischer verletzt oder getötet – entweder von Piraten, Sicherheitsunternehmen oder Marinekräften. Das skizzierte „Robin-Hood-Narrativ" mag zu Beginn der somalischen Piraterie eine wichtige Rolle gespielt haben. Schon bald aber wurde deutlich, dass es den Piraten weniger um positive Veränderungen in ihrem Heimatland ging als vielmehr um ihren eigenen Gewinn. Die internationale Gemeinschaft fand die Gewalt gegen Seeleute der internationalen Handelsschifffahrt abstoßend. Dies führte dazu, dass sie vielmehr Gegenreaktionen und Missionen von Staaten, internationalen Organisationen oder Industrieverbänden unterstützte. Diese zielten auf die Abwehr zur See, aber auch in kleinerem Umfang auf die

---

[2] Zur Kritik am Narrativ sowohl empirisch als auch theoretisch, siehe Schneider und Winkler 2013.

Verbesserung der staatlichen und wirtschaftlichen Kapazitäten in Somalia.

Im nächsten Abschnitt wird der Fall Nigeria näher beleuchtet, der einige Gemeinsamkeiten, aber auch Unterschiede aufweist. Auch dort sehen wir ein opportunistisches Vorgehen, ein Ausnutzen der Chancen von Piraten und Akteuren politischer Gewalt, die sich aus dem steigenden globalen Seeverkehr sowie aus globalen Ungleichheiten und Auswirkungen der Globalisierung ergeben. In diesem Fall betrifft dies die Folgen der Ölindustrie und der daraus resultierenden Umweltverschmutzung und den Kampf um Einnahmen.

6   Golf von Guinea – ein zentraler Piraterie Hotspot

Im Jahr 2020 war, wie schon in den Jahren zuvor, die Region Westafrika, insbesondere der Golf von Guinea, der wichtigste Hotspot. 2020 fanden dort über 95 Prozent aller weltweiten Entführungen von Crewmitgliedern statt – die mit 130 Personen in 22 Vorfällen laut IMB einen neuen Höchststand erreichten. Die hochgradig organisierten Angriffe sind von brutaler Gewalt gekennzeichnet. Nigerianische und somalische Gewässer, genauer gesagt der Golf von Aden und der Golf von Guinea, gehören zu den Gebieten, die am stärksten von maritimer Gewalt betroffen sind. Nigeria war einer der wichtigsten Krisenherde im maritimen Terrorismus.

Seit 1997 befindet sich die nigerianische Regierung im Konflikt mit verschiedenen Rebellengruppen über Autonomie und die Verteilung der Einnahmen aus den Ölressourcen im Nigerdelta. Die *Bewegung für die Emanzipation des Nigerdeltas* (MEND – Movement for the Emancipation of the Niger Delta), erst 2005 gegründet, wurde schnell für eine hohe Anzahl von Angriffen verantwortlich gemacht. Sie führten im Zeitraum 2006-2010 28 maritime Angriffe durch, sie entführten kleinere Gruppen von Zivilisten, zivile Schiffe und griffen Schiffe und Seehäfen an. Die *MEND* ist ein Netzwerk von separatistischen und ethno-nationalistischen Gruppen. In dem Konflikt geht es zum einen darum, wer Zugriff auf die Ressourcen des Landes hat, das über wertvolle Öl- und Gasvorkommen verfügt. Zum anderen geht es aber um die von dem Netzwerk geforderte Abspaltung eines Landesteils vom Staat Nigeria. Die Konfliktparteien sind mehrere ethnische Gruppen, die Regierung und multinationale Ölgesellschaften. Umweltverschmutzungen, ausgelöst durch die Ölförderung der großen internationalen Konzerne, und die Unzufriedenheit mit der Gewinnverteilung aus den Einnahmen aus dieser Ölförderung lösten den Konflikt aus (HIIK 2019, S. 82).

Im Jahr 2009, nach einer Amnestie der MEND-Kämpfer durch den Präsidenten, deeskalierte der Konflikt. MEND nahm sporadisch jedoch weiterhin Geiseln und attackierte Einrichtungen der Ölindustrie. Im Jahr 2018 protestierte die lokale Bevölkerung gegen das Amnestieprogramm des Präsidenten, das die Kämpfer integrieren sollte. Sie kritisierten Korruption und mahnten fehlende Zahlungen an. Die Protestierenden drohten Ölinfrastrukturen und Sicherheitspersonal wieder anzugreifen (HIIK 2019, S. 82). Der Demobilisierungs-Prozess war zwar teilweise erfolgreich, vor allem durch Schulungen für die ehemaligen Kämpfer und eine Einbeziehung vieler Interessengruppen in den politischen Prozess. Der Niger-Delta-Masterplan sah jedoch auch eine Stärkung der Jugend und umweltverträgliche, nachhaltige menschliche Entwicklung sowie verbesserte Umweltschutzmaßnehmen vor. Die Umsetzung dieser Ziele wird ebenfalls noch angemahnt (Nwobueze und Okolie-Osemene 2018, S. 125, 131-133).

In den Jahren 2010-1019 schaffte es Nigeria nicht in die Top-5 Hot-Spot-Kategorie des maritimen Terrorismus. Die MEND fragmentierte immer mehr und ging weniger aggressiv vor, während andere Gruppen auftauchten. Die nigerianischen Streitkräfte unternahmen mehrere Operationen in den Staaten des Nigerdeltas, um Pipeline-Vandalismus, illegale Ölraffinerien, Öldiebstahl und Entführungen zu bekämpfen. Der aktuelle Schwerpunkt liegt heute auf dem Kampf gegen die *Niger Delta Avengers* (NDA, was mit den „Niger Delta Rächern" übersetzt werden könnte). Sie bildeten sich im Jahr 2016 und setzten bewaffnete Angriffe auf das Eigentum der Ölindustrie sowie Sicherheitskräfte im Nigerdelta fort (Obi und Oriola 2018). Zudem versucht das nigerianische Militär gegen die islamistische Gruppe *Boko Haram* vorzugehen, die hauptsächlich im Norden Nigerias tätig ist.

Im Nigerdelta gibt es kaum eine Grundversorgung für die Bevölkerung. Die Flüsse des Meeres sind stark belastet, so dass in ihnen nicht gefischt werden kann. Zeitgleich sind weite Teile der Bevölkerung unzufrieden, weil sich der Staat überwiegend aus den Öleinnahmen aus dem Nigerdelta finanziert und ein Teil dieser Einnahmen durch Korruption nur einige wenige bereichert. Zu langsame oder gar keine Reinigungs- und Entschädigungsarbeiten von Ölverschmutzungen tragen zur Frustration bei. Sabotageakte der militanten Gruppen gegen die Ölindustrie, Öldiebstähle und illegale Raffinerien haben die wirtschaftliche Situation verschärft und die Umweltbedingungen weiter verschlechtert. Da illegale Raffinerien oft die einzige Einnahmequelle für Dörfer sind, gibt es gleichzeitig wenig Zusammenarbeit mit den Sicherheitskräften. Die illegale Fischerei verschärft zudem die Versorgungslage an den Küsten (Kinzel 2019, S. 14-19).

Die neuen militanten Gruppen positionieren sich als Beschützer der Gemeinden vor den Angriffen der als blindwütig kritisierten staatlichen Sicherheitskräfte. Die NDA konstatierten, dass sie die Ölförderung an Land und vor der Küste zum Erliegen bringen wollten, um Aufmerksamkeit für die Belange der Gemeinden zu erzeugen. Es gelang ihnen, die Wirtschaft schwer zu schädigen und als Verhandlungspartner mit in den politischen Prozess des Pan-Niger-Deltaforums (PANDEF) aufgenommen zu werden. Diesem gehören bedeutende politische und traditionelle Führer der Deltaregion an, um mit Verhandlungen mit der Regierung die Delta-Krisen zu lösen (Oriola und Adeakin 2018, S. 151-152).

Die Niger Delta Avengers beschuldigten Politiker sowie ehemalige MEND-Mitglieder, sich selbst zu bereichern. Sie stellen MEND als von Gier motivierte Kriminelle und Seepiraten dar. Sie wollen sich von ihnen abgrenzen, indem sie erklären, dass sie zivilisierter sind als sie, weil sie ihre Angriffe auf die Öl-Infrastruktur durchführen, ohne Menschen zu töten. Auch würden sie von vielen der von MEND bekannten Methoden absehen, wie dem Öldiebstahl, Entführung und Erpressung (Oriola und Adeakin 2018, S. 154-144). Während also die Nachfolger MENDS sich derzeit nicht als Piraten betätigen, waren die MEND von Piratengruppen kaum zu unterscheiden.

Der Golf von Guinea hat sich aktuell zu einem der wichtigsten Hotspots für Piraterie entwickelt. Es gab viele Entführungen, wegen der höheren Lösegelder vorzugsweise von westlichen Besatzungsmitgliedern. Obwohl dies dem Verhalten somalischer Piraten sehr ähnelt, können Schiffe an der nigerianischen Küste nicht unbehelligt monatelang festgehalten werden. Im Unterschied zum Vorgehen somalischer Piraten werden statt ganzer Schiffe daher oft nur Crewmitglieder von den Schiffen entführt. Auch findet weniger Arbeitsteilung statt: Die Entführer sind dieselben Personen, die die Geiseln an Land bringen und im Nigerdelta verstecken und versorgen. Die Piraten im Golf von Guinea haben es zudem nicht selten auf Teile der Fracht abgesehen. Ähnlich wie bei der somalischen Piraterie kapern die Piraten kleinere Schiffe, um weiter auf das Meer ausweichen und eine größere Bandbreite von Schiffen ins Visier nehmen zu können. Darüber hinaus werden private Streitkräfte auf Handelsschiffen nicht auf die gleiche Weise eingesetzt wie im Golf von Aden, da Nigeria auf seine Souveränität beharrt, und ausländische private Sicherheitsdienste auf Schiffen in seinen Territorialgewässern nicht erlaubt. Gegen Entgelt können Teams der nigerianischen Marine, Begleitboote der Marine oder Reeden und Hafenbereiche, die von einem Konsortium aus nigerianischen und britischen Sicherheitsunternehmen geschützt sind, genutzt werden (BPOL See 2021).

Zusammenfassend lässt sich sagen, dass Piraten wie Terroristen ähnliche Geschäftsmodelle verwenden – Seeraub und Entführungen mit Lösegelderpressung. Das Beispiel des Golfs von Guinea zeigt aber auch, wie schwierig es ist, eine klare Unterscheidung zwischen Piraterie und Terrorismus vorzunehmen: Es gibt eine Mischung aus Motiven, zum Beispiel die geforderte Umverteilung der Einnahmen aus Ölressourcen, aber auch Profitgier. Manche nennen die nigerianische Piraterie daher „Ölpirateriegewalt" (HIIK 2019, S. 83). Es ist nicht klar, ob diese Mischung das Ergebnis schwacher Führungs- und Organisationsstrukturen oder ein Nebenprodukt des Versuchs Einkommen zu sichern ist, da sich die Motive vermischen. Es scheint wahrscheinlich, dass Piratengruppen und Rebellen auf die maritimen Fähigkeiten derselben Menschen zurückgreifen und dass das Narrativ zur Rechtfertigung von Verbrechen das Gleiche ist: Sie hätten keine andere Wahl angesichts der politischen, wirtschaftlichen und ökologischen Situation und beschuldigen Industrie und Regierungen.

Problematisch ist, dass Piraterie aufgrund der aktuellen politischen Lage für die nigerianische Regierung eine nur geringe Priorität hat. Sie kämpft an mehreren Fronten gegen Gewaltkonflikte, wie bspw. gegen die *Boko Haram* im Norden. Zudem machen dem Land eine schwere Wirtschaftskrise und die weit verbreite Organisierte Kriminalität zu schaffen. Korrupte staatliche Strukturen erschweren anderen Staaten die Zusammenarbeit mit Nigeria. Wer aber zur Einhegung maritimer Gewalt im Golf von Guinea beitragen will, muss neben der Ergreifung von Selbstschutzmaßnahmen die Suche nach einer politischen Lösung an Land unterstützten, unter Einbeziehung aller relevanten Interessensgruppen und regionalen Partner und mit der Stärkung der nigerianischen Kapazitäten.[3]

7 Aktuelle Entwicklungen des maritimen Terrorismus weltweit

Eine spezifischere Analyse der Angriffscharakteristika und des Kontextes der Akteure sollte zu einer spezifischeren Reaktion führen. Sie hilft auch, die Relevanz des aktuellen maritimen Terrorismus zu bewerten. Als Grundlage der Analyse wurde die Global Terrorism Database (GTD) verwendet. Unter Verwendung der strengsten Terrorismus-Kriterien, um nur die Fälle abzurufen, bei denen im Wesentlichen kein Zweifel am Terrorismus besteht, und nur erfolgreiche Angriffe mit spürbaren Auswirkungen einzubeziehen, wurden 96 maritime Fälle für die Jahre 2010-2019 gefunden und ausgewertet.[4] Im Vergleich zur Gesamtzahl der terroristischen Vorfälle ist der maritime Terrorismus relativ klein und daher weniger alarmierend. Daher stellt der maritime Terrorismus bisher eine relativ geringe Bedrohung dar. Die vorgelegten Daten und Auswertungen gemäß der GTD-Datenbank, die nur als Annäherung an die empirische Realität betrachtet werden sollten, haben Folgendes gezeigt: Im Zeitverlauf sind die Angriffszahlen starken

---

[3] Zu nigerianischen Kapazitäten, regionalen Lösungsansätzen und ihren Grenzen und möglicher deutscher Unterstützung siehe Kinzel 2019.

[4] See https://www.start.umd.edu/gtd/search/. Daten für 2020 im Juni 2021 noch nicht verfügbar. Der Zieltyp „maritim" umfasst „Angriffe auf Fischereischiffe, Öltanker, Fähren, Yachten usw." und „schließt auch Häfen und maritime Einrichtungen ein" (GTD-Codebook, 2018, S. 32. übersetzt). Alle drei GTD-Terrorismuskriterien müssen erfüllt sein. „Kriterium I: Die Tat muss auf die Erreichung eines politischen, wirtschaftlichen, religiösen oder sozialen Ziels gerichtet sein. Kriterium II: Es muss eine Absicht erkennbar sein, ein größeres Publikum (oder Zielgruppen) als die unmittelbaren Opfer zu zwingen, einzuschüchtern oder eine andere Botschaft zu vermitteln. Kriterium III: Die Handlung muss außerhalb des Rahmens der legitimen Kriegsführung liegen, d.h. die Handlung muss außerhalb der vom humanitären Völkerrecht zugelassenen Parameter liegen (insbesondere die Ermahnung, nicht absichtlich auf Zivilisten oder Nichtkombattanten zu zielen)." (GTD Codebook, übersetzt).

Schwankungen unterworfen (siehe Abb. 1). Die Daten und Abbildungen über vergangene Anschläge sind nicht unbedingt ein Hinweis auf mögliche katastrophale Folgen zukünftiger maritimer Terroranschläge. Wiederholte Bedrohungen, die strategisch wichtige Routen betreffen, sollten jedoch zumindest ein gleichbleibend hohes Maß an Aufmerksamkeit erfordern. Daher wird eine effektive Beherrschung dieses besonderen Risikos weiterhin notwendig sein, zusammen mit Maßnahmen gegen andere Formen der Kriminalität und zur Beilegung von Bürgerkriegssituationen, in denen bewaffnete Gruppen terroristische Aktivitäten durchführen.

Abb. 1: Anzahl maritimer Anschläge 2010-2019

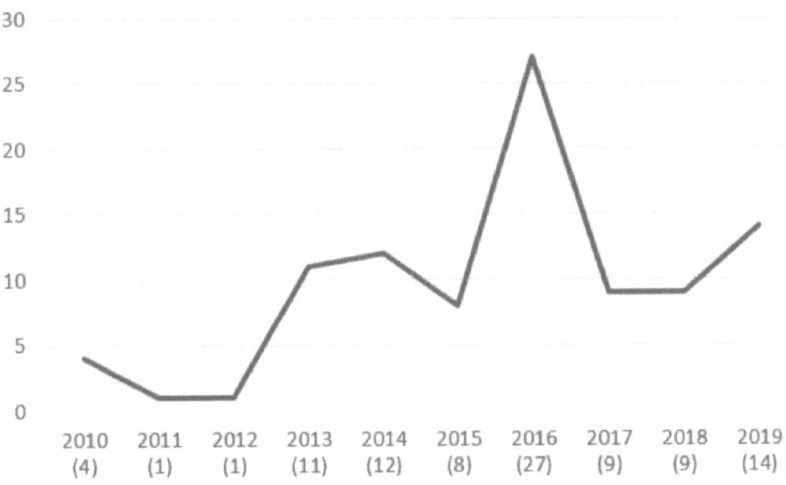

Obwohl man gerade angesichts der jüngsten Ereignisse in Frankreich, Belgien, Deutschland und den USA denken könnte, dass kein Ort vor Terrorismus sicher ist, zeigen die Daten, dass sich terroristische Anschläge nach Regionen, Ländern und Städten stark auf relativ wenige Orte konzentrieren und dass sich die regionale Verteilung (wie auch die Tätergruppen selbst) im Laufe der Zeit verändert haben (LaFree, Dugan und Miller, 2015, S. 49, 67, 234). Dies gilt auch für den maritimen Terrorismus.

Drei *Regionen* waren in der Zeit zwischen 2010-2019 am stärksten betroffen: Südostasien (39 Fälle), der Nahe Osten und Nordafrika (29 Fälle) sowie Afrika südlich der Sahara (17 Fälle) (siehe Abb. 2).

Abb. 2: Regional distribution of maritime attacks, numbers, 2010-2019

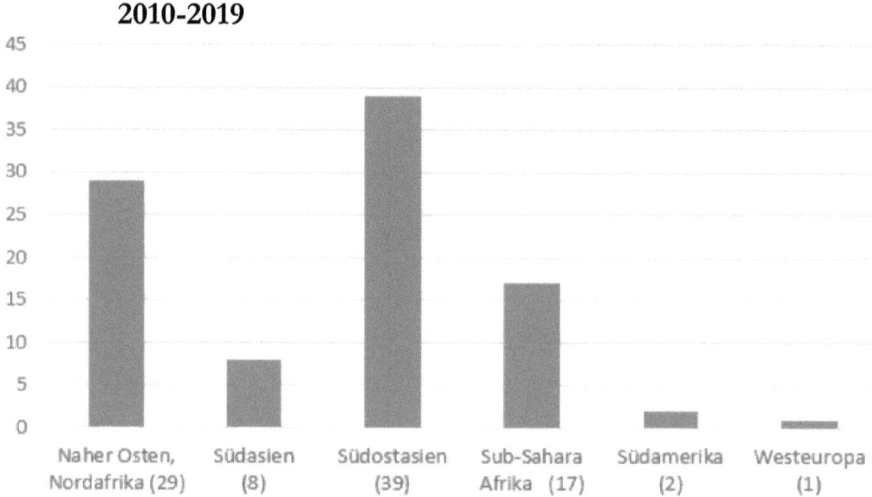

Die am meisten betroffenen *Staatsgebiete und Gewässer* seit 2010 waren die der Philippinen, Malaysia, Jemen, Libyen und Somalia (siehe Tab. 2).

Tab. 2: Anzahl maritimer Angriffe 2010-2019 in den fünf betroffensten Ländern

Gebiet	Philip-pinen	Jemen	Malaysia	Libyen	Somalia
Anzahl der Anschläge	19	13	12	8	6

Schusswaffen (55 Fälle) und der Einsatz von Sprengstoff/Bomben/Dynamit (33 Fälle) waren mit Abstand die beliebtesten eingesetzten *Waffentypen (siehe Abb. 3).*

Abb. 3: In maritimen Anschlägen genutzte Waffentypen, 2010-2019

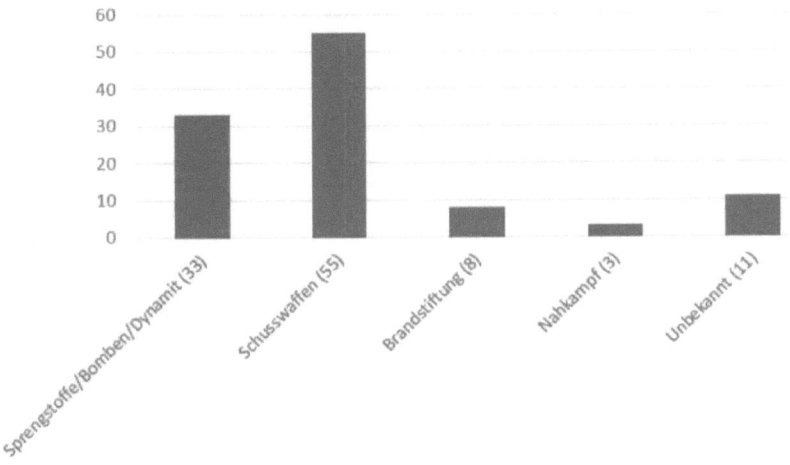

Die häufigsten *Angriffsarten* für den Untersuchungszeitraum und maritime Ziele sind Geiselnahmen (34 Fälle) und der Einsatz von Bomben/Explosionen (30 Fälle). Danach folgt die Übernahme der Kontrolle über ein Fahrzeug durch Entführung (14 Fälle), bewaffnete Angriffe (13 Fälle) und gezielte Angriffe gegen Einrichtungen/Infrastruktur (siehe Abb. 4).

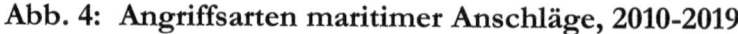

Abb. 4: Angriffsarten maritimer Anschläge, 2010-2019

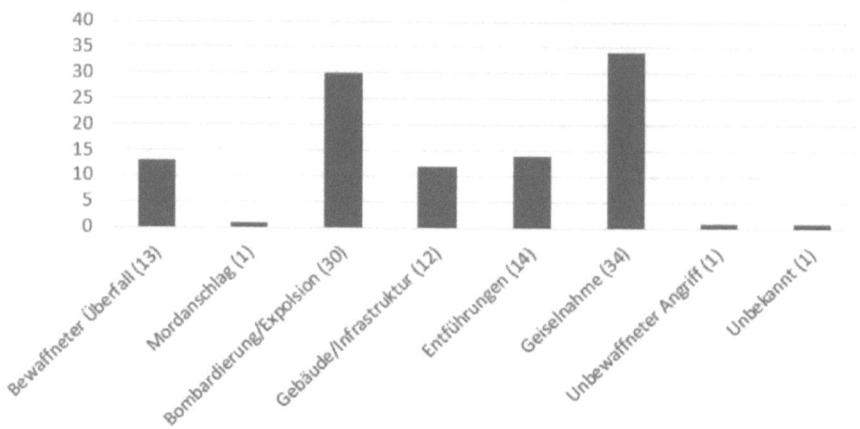

Die Analyse des Waffentyps und des Angriffstyps geht Hand in Hand mit der Frage nach den *Angriffsszenarien*: Es hat sich gezeigt, dass es sich bei den am meisten gefürchteten maritimen Szenarien um Zukunftsszenarien handelt, die noch nicht Realität geworden sind. Es gibt beispielsweise keinen Hinweis auf chemische, biologische, radiologische oder nukleare Waffen oder Sabotageakte. Wie auch bei den Anschlägen zu Lande wurden hauptsächlich „gewöhnliche" und konventionelle Mittel und Anschläge verübt. Dies deckt sich mit den Erkenntnissen aus den allgemeinen Terrorismustrends aus dem GTD, dass Anschläge große Verluste an Menschenleben und Zerstörung verursachen können und dass die überwältigende Mehrheit der Angreifer dabei auf leicht zugängliche Waffen wie Explosivstoffe und Kleinwaffen zurückgreift (LaFree, Dugan, and Miller, 2015, S. 100).

Die *Anzahl der Opfer* variiert und einzelne Angriffe können große Verluste verursachen, während die meisten Angriffe keine oder eine unbekannte Anzahl von Opfern haben (siehe Abb. 5 und 6).

Abb. 5: Todesopfer 2010-2019

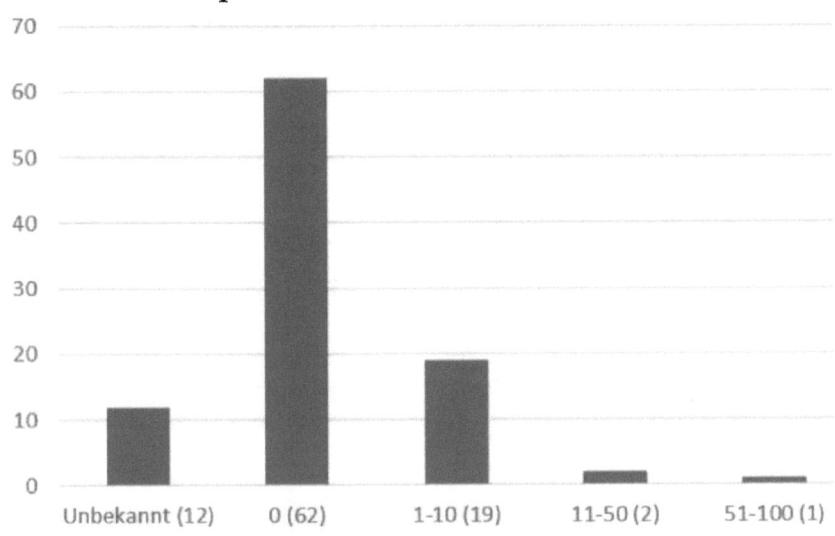

Abb. 6: Verletzte, 2010-2019

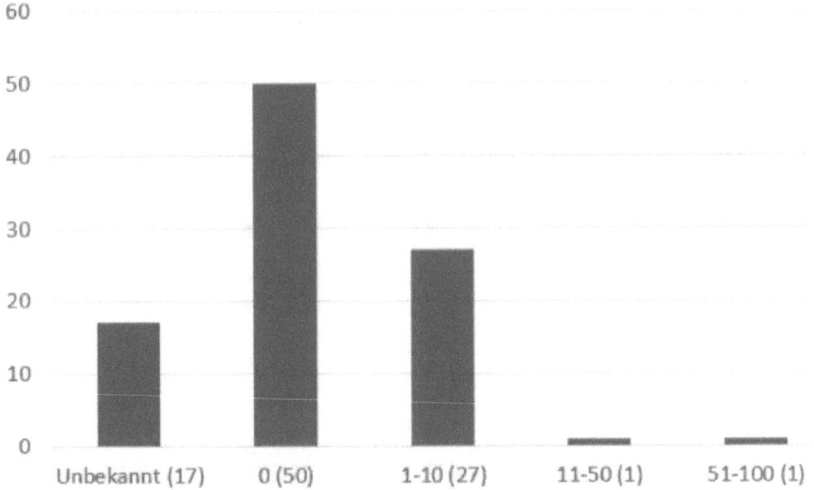

Islamistische Gruppen (allein oder kombiniert mit nationalen/separatistischen Motiven) haben die meisten Opfer verursacht. Innerhalb dieser Gruppe führte die Abu-Sayyaf-Gruppe die meisten Angriffe auf See in den Jahren 2010-2019 durch, die Zahl der Opfer war jedoch bei Angriffen von Ex-Houthi-Extremisten wesentlich höher, gefolgt von Al-Shabaab (siehe Abb. 6). Betrachtet man die Tätergruppen, die die insgesamt 96 Anschläge verübt haben, so sind nur wenige Gruppen für eine Mehrzahl von Vorfällen verantwortlich. Alle Fälle zeigen, dass der maritime Terrorismus nur ein Teilaspekt der Auseinandersetzungen an Land ist.

Abb. 7: Groups with more than three attacks in 2010-2019

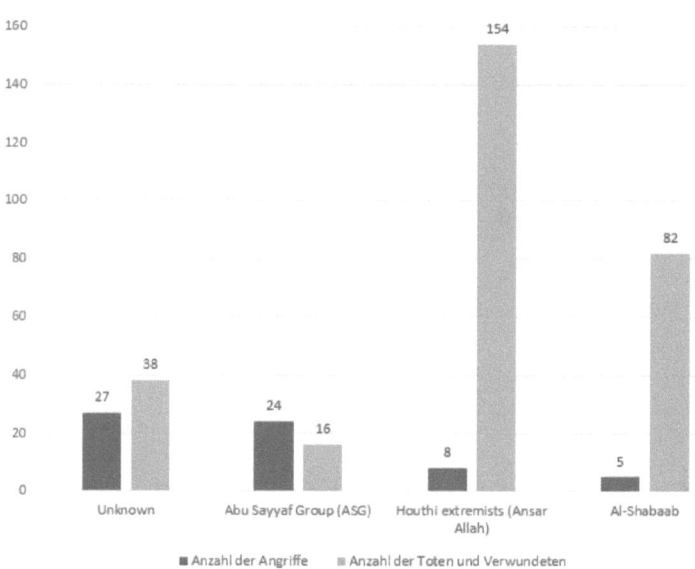

Diese Fälle weisen darauf hin, dass – anders als bei der Piraterie – deren terroristische Bekämpfung nicht nur im maritimen Bereich stattfindet, z.B. auf Häfen und Boote abzielt, sondern im Gesamtkontext des Konflikts des Landes bzw. der Täter zu bewerten ist. Beide Fälle bestätigen die bisherigen Befunde dahingehend, dass sich der islamische Terrorismus, gemessen an der Zahl der Fälle, als die größte Bedrohung erwiesen hat, wobei es sich bei Al Shabaab um eine somalische dschihadistische Gruppe und bei der Houthi-Bewegung um eine ebenfalls islamisch-religiös-politisch bewaffnete Bewegung handelt, die im Kontext des jemenitischen Bürgerkriegs kämpft.

Al-Qaida hatte in letzter Zeit kaum noch Kapazitäten für Anschläge, aber eine Reihe von aktiven Terrorgruppen sind Ableger. Sie steht im Schatten der Konkurrenz mit dem IS, der derzeit eine der aktivsten und tödlichsten Terrororganisationen ist. Abu Sayyaf wechselte sogar seine Zugehörigkeit von Al-Qaida zum IS. *Al-Qaida* stellte eine besondere Herausforderung für den Seehandel dar, da sie bereits 2005 spezifische Handelsrouten benannt hatte, um westliche Nationen und Israel anzugreifen: die Straße von Hormuz (Persischer Golf), der Suezkanal (Ägypten), die Bab al-Mandeb-Straße und die Straße von Gibraltar. Der *al-Qaida Ableger AQAP* wurde für zwei maritime Angriffe im Jemen verantwortlich gemacht: Im Jahr 2013 wurde mit einem Fahrzeug ein Gas-Terminal angegriffen, 2016 richteten sich Boote mit explosiver Fracht gegen einen Hafen. Ein Beispiel für weitere Aktivitäten von *al-Qaida* Ablegern ist der Angriff der *Abdullah Azzam Brigaden* im Libanon. Sie übernahmen die Verantwortung für die Führung eines mit Sprengstoffen beladenen Schiffes gegen den japanischen Öltanker *M Star*, während er 2010 die Straße von Hormuz passierte (ohne menschliche Verluste). Ein anderes Beispiel sind die *al-Furqan* Brigaden, die auf das Frachtschiff *Cisco Asia,* das 2013 den Suezkanal passierte, Granaten abfeuerten (ohne menschliche Verluste). Es ist anzumerken, dass *al-Qaida* in letzter Zeit wenig Kapazitäten für Angriffe hatte und seine Bedeutung im Konkurrenzkampf mit dem sogenannten *Islamischen Staat* abnimmt. Pläne für maritime Angriffe durch den sogenannten Islamischen Staat sind bisher keine bekannt, obwohl sie einige der treibenden Motive – wie die Schädigung westlicher Staaten und ihrer Wirtschaft – gemeinsam haben sollten. Gleichzeitig gibt es keinen Grund anzunehmen, dass Terroristen nicht auch aus Profitgründen oder zur Finanzierung ihrer Anschläge mit Piraten kooperieren, wie sich im Fall von Nigeria oder Somalia gezeigt hat.

Zusammenfassend kann davon ausgegangen werden, dass die in der Praxis umgesetzten Angriffsarten derzeit die wahrscheinlicheren Formen des maritimen Terrorismus sind, d.h. eine höhere Wahrscheinlichkeit haben, wiederholt zu werden. Daher sollten diese Methoden im

Mittelpunkt der Abwehrmaßnahmen stehen oder zumindest einen gleichwertigen Anteil daran beanspruchen. Dies ist bisher nicht der Fall, da sie sich eher auf Angriffsszenarien konzentrieren, die noch nicht stattgefunden haben. Man könnte aber auch argumentieren, dass sie nicht eingetreten sind, weil der Fokus der Gegenmaßnahmen auf sie trainiert wurde. Nichtsdestotrotz ist es unerlässlich, auch diese potenziellen Bedrohungen zu betrachten, um zu einer ausgewogeneren Risikoanalyse zu kommen.

Die Konzentration auf worst case szenarios gegenüber dem maritimen Terrorismus scheint jedoch eine allgemeine Denkweise über den Terrorismus widerzuspiegeln, die sich nach 9/11 entwickelt hat, einen „(...) Eindruck, dass die meisten Angriffe rapide zugenommen haben, dass die meisten Angriffe ihren Ursprung im Nahen Osten haben, dass terroristische Angriffe sich auf eine komplexe Planung und hochentwickelte Waffentechnik stützen und unglaublich tödlich sind, und dass die meisten terroristischen Gruppen irrationale Forderungen stellen, die nicht durch Verhandlungen gelöst werden können" (LaFree, Dugan und Miller, 2015, S. 7, übersetzt).

Die Daten zum maritimen Terrorismus zeigen, dass dieses Verständnis von Terrorismus verzerrt ist. Dies gilt auch für den Terrorismus im Allgemeinen: „In den letzten vier Jahrzehnten haben sich Terroristen am häufigsten auf leicht verfügbare Waffen verlassen, die relativ anspruchslos sind (...) das Spektrum der Ziele ist extrem breit (...) [die] Untersuchung von mehr als 100.000 terroristischen Anschlägen aus der GTD zeigt, dass Anschläge mit Massensterben selten sind und dass Anschläge, die keine Todesopfer fordern, tatsächlich häufiger sind als Anschläge mit Todesfolge (...)" (LaFree, Dugan und Miller, 2015, S. 9). Gleichzeitig zeigen Vorfälle wie die Anschläge in Madrid, London, Mumbai und Norwegen (Brevik), dass unerwartete Anschläge mit unverhältnismäßiger Wirkung stattfinden können, da sie „(...) die Charakteristika von Ereignissen des Schwarzen Schwans insofern teilen, als sie hochkarätig, schwer vorhersehbar und außerhalb des Bereichs der normalen Erwartung waren" (LaFree, Dugan und Miller, 2015, S. 7, übersetzt). Dies führt uns zu einem allgemeinen Dilemma, mit dem Regierungen im Umgang mit Terrorismus (und anderen außergewöhnlichen Verbrechen) konfrontiert sind: Während „(...) der Schwarze Schwan zu überzogenen Reaktionen ermutigt, deren Umfang größer sein kann, als er sein muss, um weitere Angriffe zu verhindern, (...) war [diese] Überreaktion der Regierungen ein erklärtes Ziel derjenigen, die terroristische Angriffe nutzen" (LaFree, Dugan und Miller, 2015, S. 10, übersetzt).

Es ist zu erwarten, dass die Abwägung zwischen dem Anliegen, katastrophale Ereignisse zu verhindern und den sich entwickelnden taktischen Innovationen von Terroristen Rechnung zu tragen und gleichzeitig keine Ressourcen zu verschwenden oder gar den Terroristen in die Hände zu spielen, auch in Zukunft eine Herausforderung sein wird, insbesondere für liberale Regierungen (LaFree, Dugan und Miller, 2015, S. 10).

Die vorliegende Analyse kann die möglichen Auswirkungen von sicherheitspolitischen Maßnahmen in der Vergangenheit auf die genannten Tätergruppen weder beweisen noch widerlegen. Allerdings ergeben sich aus dieser Analyse mehrere Schlussfolgerungen. Die bestehenden Governance-Maßnahmen gegen maritimen Terrorismus sind im Allgemeinen oft nicht regions- oder gruppenspezifisch, beziehen in der Regel nichtstaatliche Akteure/Zivilgesellschaft und andere Stakeholder als Staaten nicht mit ein und nutzen nur formale Mechanismen (Schneider, o.J.; Ehrhart, Petretto, Schneider, Blecker, Engerer und König, 2013; Schneider, 2013).

8 Fazit

Um die Wirksamkeit von Governance-Maßnahmen zu erhöhen, um eine Beschränkung auf allgemeine und defensive Lösungen zu vermeiden, ist eine Analyse der Akteure erforderlich, z. B. durch Einordnung in einen regionalen/lokalen Kontext, um Bedingungen, Motivationen, Methoden, Kapazitäten und Entwicklungsmöglichkeiten zu identifizieren. Wenn das Ziel die Prävention und nicht nur die Neutralisierung eines unmittelbaren Angriffs ist, ist es zudem entscheidend, Ideologie und Motive bei der Schaffung von Anreizen und Fehlanreizen sowie Strategien der De-Legitimierung zu berücksichtigen (Schmid und Schneider 2011, S. 14-18).

Der islamische Terrorismus hat sich im Bereich maritimer Sicherheit als die größte Bedrohung erwiesen.

Letztlich können die notwendigen Anstrengungen zur „Ursachenbekämpfung" politischer Radikalisierung im Allgemeinen nur in einer einheitlichen und konzertierten Aktion aller Parteien effektiv abgeschlossen werden. Terroristische Organisationen oder politische Gruppen, die mit terroristischen Methoden operieren, sollten ihre Unterstützungsbasis verlieren und es sollte verhindert werden, dass sie sich die Ressourcen sichern, die sie für weitere Anschläge benötigen. Da die allgemeinen Maßnahmen gegen den Terrorismus so vielfältig sind, ist die Wirksamkeit solcher Bemühungen schwer zu beurteilen. Im Gegensatz dazu werden die Motive von Piratengruppen gründlicher (wenn auch immer noch nicht ausreichend) berücksichtigt. Darüber hinaus ist eine kontinuierliche Einschätzung und Bewertung der Zusammenarbeit zwischen Terroristen und Piraten eine ständige Notwendigkeit.

Für die Exportnation Deutschland ist es von vitalem wirtschaftlichen Interesse, dass bedeutende internationale Seehandelsrouten ohne Gefahr für die Schiffsbesatzungen und die geladenen Güter befahrbar sind. Um der weltweiten Piraterie zu begegnen, wurde eigens das Pirateriezentrum der Bundespolizei geschaffen sowie ein Zulassungsverfahren für maritime private Sicherheitsdienste etabliert.

Deutschland ist mit dem Pirateriepräventionszentrum der Bundespolizei (PPZ) sowie dem Zulassungsverfahren für maritime Private Sicherheitsdienste im Prinzip gut aufgestellt (Schneider 2014, BT-Drucksache 19/5273 2018). Das PPZ hat mehrere Funktionen, zum einen ist es die Kontaktstelle für Reeder, Sicherheitsbeauftragte und Kapitäne. Zum anderen bündelt es Informationen aus verschiedenen Quellen und erstellt umfassende Lagebilder inklusive der Vorgehensweisen der Piraten. Es berät und schult hinsichtlich eines verbesserten Sicherheitsmanagements und über die Anwendung von Abwehrmaßnahmen. Schließlich registriert es die Schiffspassagen im Hochrisikogebiet am Horn von Afrika (BPOL See 2020). Dabei betrachtet es die Situation in Seegebieten auch hinsichtlich anderer Gefahren, wie es bspw. im Rahmen des Jemen-Konflikts vor einer zufälligen Mitbetroffenheit oder Verwechslung von Handelsschiffen bei Raketenbeschuss oder vor Seeminen im Roten Meer und im Bab al-Mandeb warnte. Andere Warnhinweise richteten sich etwa an Angriffe von Land oder aus der

Luft durch den Bürgerkrieg in Libyen, teils mit Kämpfen um die Kontrolle der Seehäfen und damit Sicherung des Nachschubs. In einem Fall brachten Migranten das Tankschiff in ihre Gewalt, das sie rettete, um in Europa anzulanden. Auch warnt das PPZ vor Entführungen und Lösegelderpressung durch die Terrorgruppe Abu Sayyaf in den Philippinen und Malaysia (BPOL See 2018, S. 23, 47, 50, 52). Damit geht das Lagebild über Piraterie weit hinaus und setzt sich zu einem Lagebild über maritime Gewalt weltweit zusammen. Im Jemen war auch Al-Qaida mit Anschlägen aktiv. Es zeigt sich auch hier, dass die zivile Handelsschifffahrt von den Auswirkungen der weltweiten Konfliktlage betroffen ist und die maritime Lage nicht unabhängig vom Konfliktgeschehen an Land betrachtet werden kann.

Deutschland setzt sich auch im Rahmen europäischer Missionen für die Pirateriebekämpfung im Indischen Ozean ein. Die Piraterie vor Somalia hat zu einer beispiellosen internationalen Zusammenarbeit mit zahlreichen nationalen und internationalen Missionen zur See und an Land geführt. Diese Kooperation wurde durch die einzigartigen Bedingungen eines zerfallenen Staates und eines starken Mandats des UN-Sicherheitsrates ermöglicht. Die Mitwirkung der maritimen Industrie und die Nutzung privater Sicherheitsdienstleister haben zur Eindämmung der Piraterie wesentlich beigetragen. Durch die weiterhin instabile Lage an Land, nicht zuletzt durch die Kämpfe gegen die Al-Shabaab-Milizen oder das Andauern illegaler Fischerei, bleibt das Risiko für maritime Gewalt bestehen. Das Beispiel des maritimen Terrorismus zeigt, dass die Lage zur See und an Land nicht unabhängig voneinander betrachtet werden kann. In Nigeria sind die Phänomene Terrorismus und Piraterie kaum zu trennen. Die nigerianische Piraterie ist zum wichtigsten Hotspot geworden, und auch hier zeigen sich negative Auswirkungen der Globalisierung, wie die Verschmutzung bei der Ölförderung oder durch die Anschläge auf Produktionsanlagen. Nigeria ist ein wichtiger, aber schwieriger Partner. Die lokalen Friedensprozesse sowie die länderübergreifende Befassung mit einem maritimen Problem verdienen besondere Unterstützung.

Piraterie und Terrorismus sind nur ein Ausschnitt von Fragen maritimer Sicherheit. Sie eignen sich aufgrund ihres Potentials für ökonomische und geostrategische Disruption sehr wohl für ein Engagement von Akteuren des politischen Islam. Man sollte deshalb künftige Entwicklungen auch diesbezüglich im Auge behalten. Folgestudien sollten nicht nur die aktuellen Entwicklungen in diesen Bereichen verfolgen. Eine mögliche Folgestudie sollte aufzeigen, welche politischen, wirtschaftlichen und behördlichen Akteure sich in Deutschland damit beschäftigen, aber auch, welche wissenschaftlichen Netzwerke im Bereich maritimer Sicherheit entstanden sind sowie welche Forschungsthemen besondere Relevanz haben. Dazu zählen etwa die deutsche und europäische Arktispolitik, Territorialstreitigkeiten und Durchfahrtrechte bspw. im südchinesischen oder auch im Schwarzen Meer, Ressourcenausbeutung des Meeresbodens, maritime Fluchtrouten und Ozeane und Klimapolitik.

Literatur

BKA – Bundeskriminalamt (2011). *Lagebild Seesicherheit 2010*. Annual report (reporting period 01 January 2009 – 31 December 2010).

BPOL See (2021). *Piratriebericht der Bundespolizei See*: 4. Quartal und Jahresbericht 2020. Neustadt in Holstein.

BT-Drucksache 19/5273 (2018, 13. Nov.). Beitrag privater Sicherheitsformen zur Bekämpfung moderner Piraterie. Antwort der Bundesregierung auf die Kleine Anfrage der Abgeordneten Reinhard Houben, Michael Theurer, Renata Alt, weiterer Abgeordneter und der Fraktion der FDP, Drucksache 19/5273. https://dserver.bundestag.de/btd/19/057/1905773.pdf. Zugegriffen: 1. Aug. 2021.

Doboš, B. (2016). Shapeshifter of Somalia: Evolution of the political territoriality of Al-Shabaab. *Small wars & Insurgencies, 27*(5), 937-957.

Ehrhart, H. E., Petretto, K., Schneider, P., Blecker, T., Engerer, H., & König, D. (Hrsg.) (2013). *Piraterie und maritimer Terrorismus als Herausforderungen für die Seehandelssicherheit Deutschlands: Politik, Recht, Wirtschaft, Technologie*. Baden-Baden: Nomos.

Hansen, S. J. (2013). *Al-Shabaab in Somalia. The history and ideology of a militant islamist group, 2005-2012*. Oxford: Oxford University Press.

HIIK – Heidelberg Institute for International Conflict Research (2019). Conflict Barometer 2018. https://hiik.de/conflict-barometer/current-version/?lang=en. Zugegriffen: 20. Okt. 2019.

ICC-IMB International Chamber of Commerce – International Maritime Bureau (2019). Piracy and armed robbery against ships – Report for the period 1 January–31 December 2018.

Jones, S. G., Liepman, A. M., & Chandler, N. (2016). *Counterterrorism and counterinsurgency in Somalia. Assessing the campaign against Al-Shabaab.* Santa Monica: RAND Corporation.

Kinzel, W. (2019, März). Piraterie im Golf von Guinea: Greift der Yaoundé-Prozess? SWP-Studie 5. https://www.swp-berlin.org/publications/products/studien/2019S05_kzl.pdf. Zugegriffen: 1. Aug. 2021.

Kolb, A. S., Salomon, T. R., & Udich, J. (2011). Paying danegeld to pirates – Humanitarian necessity or financing jihadists. *Max Planck Yearbook of United Nations Law, 15*, 105-164.

LaFree, G., Dugan, L., & Miller, E. (2015). *Putting terrorism in context. Lessons from the global terrorism database.* New York: Routledge.

Marinekommando (2018). Jahresbericht 2018. Fakten und Zahlen zur maritimen Abhängigkeit der Bundesrepublik Deutschland. https://deutscher-marinebund.de/wp-content/uploads/2018/11/Jahresbericht-Marinekommando-2018.pdf. Zugegriffen: 1. Aug. 2021.

Miller, E. (2016, August). *Patterns of Islamic State-related terrorism, 2002–2015.* START Background Report. https://www.start.umd.edu/pubs/START_IslamicStateTerrorism-Patterns_BackgroundReport_Aug2016.pdf. Zugegriffen: 20. Okt. 2019.

Nwobueze, C. C.; & Okolie-Osemene, J. (2018). The resurgence of militant groups in the Niger Delta: A study of security threats and the prospects for peace in Nigeria. In: Obi, C. & Oriola, T. B. (Hrsg.) (2018), *The unfinished revolution in Nigeria's Niger Delta. Prospects for environmental justice and peace* (S. 120-137). New York: Routledge.

Obi, C., & Oriola, T. B. (Hrsg.) (2018). *The unfinished revolution in Nigeria's Niger Delta. Prospects for environmental justice and peace.* New York: Routledge.

Oriola, T. B., & Adeakin, I. (2018). The framing strategies of the Niger Delta Avengers. In: Obi, C. & Oriola, T. B. (Hrsg.) (2018). *The unfinished revolution in Nigeria's Niger Delta. Prospects for environmental justice and peace* (S. 138-158). New York: Routledge.

Schmid, J., & Schneider, P. (2011). Terrorismus: Eine Herausforderung für Strategie und Legitimität. *Aus Politik und Zeitgeschichte, 61*(27), 14-18.

Schneider, P. (2013a). Piraterie und Recht. Zum Urteil im Hamburger Piratenprozess. *if – Zeitschrift für Innere Führung, 57*(1), 20-25.

Schneider, P. (2014). Private Sicherheitsdienstleister zur See. Das neue Zulassungsverfahren. *Marineforum, 89*(4), 25-27.

Schneider, P. (2019). Seepiraterie und maritimer Terrorismus. *Bürger & Staat, 69*(4), 254-261.

Schneider, P. (2020a). When protest goes to sea: Theorizing maritime violence by applying social movement theory to terrorism and piracy in the cases of Nigeria and Somalia. *Ocean Development & International Law, 51*(4), 283-306.

Schneider, P. (2020b). Recent trends in global maritime terrorism. In: Lucas, E. R. et al. (Hrsg.), *Maritime security: Counter-Terrorism lessons from maritime piracy and narcotics interdiction* (S. 187-206). Amsterdam: IOS Press – NATO Science for Peace and Security Series.

Schneider, P. (n.d.). *Maritime terrorism and piracy: The development of maritime security and its governance,* Publication in preparation.

Schneider, P., Winkler, M. (2013). The Robin Hood Narrative: A Discussion of Empirical and Ethical Legitimizations of Somali Pirates. *Ocean Development & International Law (ODIL), 44*(2), 185-201.

Weldemichael, A. T. (2014). Ransoming in contemporary Northeast Africa: Piracy off the coast of Somalia. *African Economic History Journal,* (42), 215-237.

Der Radikalisierungsprozess eines Berliner Jihadisten. Eine Einzelfallanalyse anhand der Sozialisationstheorie

Dirk Baehr

1 Einleitung

In der Forschung zu Radikalisierungsprozessen von Extremisten hat sich in den vergangenen vierzig Jahren ein wichtiges Forschungsfeld herausgebildet, welches Biografien, Sozialisationsprozesse sowie bestimmte Persönlichkeitsmerkmale von Straftätern aus dem extremistischen Milieu erforscht, um anhand ihrer Lebensläufe und Persönlichkeitsentwicklung zu erklären, weswegen sie sich extremistischen Gruppen angeschlossen oder terroristische Straftaten begangen haben (Jäger 1981; Süllwold 1981; Willems 1993; Horgan 2008; Lyall 2017). Schon in den frühen 1980er Jahren fiel der amerikanischen Terrorismusforscherin Martha Crenshaw auf, dass gewaltbereite Extremisten „ähnliche biographische Hintergründe und bestimmte psychologische Verhaltensmerkmale aufwiesen" (Crenshaw 1981, S. 379). Nicht alle extremistischen Straftäter radikalisierten sich in einem polarisierten gesellschaftlichen Umfeld oder durch Diskriminierungs- und Ausgrenzungserfahrungen. In der Radikalisierungsforschung wurde anhand von Fallstudien extremistischer Straftäter aufgeklärt, dass Extremisten als Kinder negative Erfahrungen in der Familie oder Schule gemacht haben, diese sich negativ auf die Persönlichkeitsentwicklung auswirkten und sie sich auch deswegen in der Jugend radikalisierten. So können die direkten Einflüsse der Eltern beispielsweise durch einen autoritären Erziehungsstil zu einer negativen Entwicklung der Persönlichkeit bei Kindern oder Jugendlichen beitragen. Dafür gibt es viele wissenschaftliche Belege, die klar aufzeigen, dass die Sozialisation eine wichtige Rolle bei der Herausbildung von abweichendem politischem Verhalten spielt und dadurch auch als notwendige Voraussetzung für Radikalisierungsprozesse angesehen werden kann (Jäger 1981; Willems 1993; Hartevelt Kobrin 2016).

In dem hier vorliegenden Aufsatz stelle ich den Radikalisierungsprozess eines jungen Berliner Jihadisten vor, der mehrere terroristische

Vereinigungen unterstützt bzw. Werbung für diese betrieben hat. Im Gerichtsverfahren konnte nachgewiesen werden, dass der junge Deutsch-Türke propagandistisches Material der ‚Deutschen Taliban Mudschahideen' (DTM) und anderer jihadistischer Bewegungen im Internet verbreitet sowie Spendengelder für die DTM gesammelt hat. Die Richter sahen es als erwiesen an, dass der Jihadist als Internetaktivist für mindestens zwei jihadistische Bewegungen propagandistisch tätig war, indem er jihadistische Videos im Internet veröffentlichte, die andere Personen dazu bewegen sollten, sich terroristischen Vereinigungen im Ausland anzuschließen oder diese zu unterstützen. Neben der Propagandatätigkeit für Al-Qaida und der Islamischen Jihad Union unterstützte er die vom Gericht als terroristische Vereinigung eingestufte DTM mit drei Geldspenden in einer Höhe von insgesamt 800 Euro. Dabei soll sich der Jihadist gemäß den Angaben in der Urteilsverkündung bewusst gewesen sein, dass die DTM die von ihm gesammelten Spendengelder für den Kauf von Waffen und Munition nutzte (Gerichtsverfahren gegen Alican T. am Kammergericht in Berlin, Verhandlung vom 22. Juni 2011).

Bei der Einzelfallanalyse des Berliner Straftäters konzentriere ich mich auf die Sozialisation vor seiner Radikalisierung. Anhand der empirischen Daten, die ich während des gesamten Gerichtsverfahrens sammelte, war es möglich, persönliche Belastungsmomente oder vorgelagerte Ereignisse aus der Kindheit und Jugend des jihadistischen Straftäters zu identifizieren, die deutlich aufzeigen, dass in seiner Kindheit und Jugend signifikante familiäre Probleme aufgetreten sind, die sich negativ auf seine weitere Sozialisation auswirkten.

Mit einem Forschungsansatz der Sozialisationstheorie werden die psychischen Belastungsmomente dargelegt und zugleich darauf hingewiesen, weswegen diese konkreten persönlichen Erfahrungen die spätere Radikalisierung des Jihadisten mit beeinflusst haben könnten.

2 Sozialisationstheorie als Erklärungsansatz von Radikalisierungen

Die Sozialisationstheorie ist für Wissenschaftler, die sich mit Radikalisierungen beschäftigen, hilfreich, um herauszufinden, in welcher Weise sich innerpsychische Prozesse in der Kindheits- und Jugendphase negativ entwickeln und welche Folgen sie auf die Sozialisation der Jugendlichen haben können. Hierbei ist für die Radikalisierungsforschung von besonderem Interesse, welche Faktoren bei den innerpsychischen Prozessen langfristig eine Radikalisierung hin zum Extremismus befördern oder auslösen können. Für die Ursachenanalyse von Radikalisierungen ist das Wissen über die Besonderheiten der verschiedenen Sozialisationsphasen relevant, um individuelle oder psychologische Radikalisierungsfaktoren erschließen zu können. In jeder Phase der Sozialisation können signifikante innerfamiliäre Konflikte und andere Belastungen auftreten, die sich tiefgreifend in Persönlichkeitsstrukturen niederschlagen (Böllinger, S. 62). So schreibt Gerhard Schmidtchen, dass sich terroristische Karrieren „durch eine Reihe vorgelagerter Ereignisse und Motive auszeichnen, die zusammen mit späteren entscheidenden Begegnungen, ideologischen Lernprozessen und der Herstellung organisatorischer Voraussetzungen" (Schmidtchen 1982, S. 14) dazu führen, dass jemand letztendlich terroristisch handelt. Daher ist es für die Radikalisierungsforschung wichtig, empirische Daten über den Sozialisationsprozess der Extremisten zu erhalten, um bestimmte Entwicklungsstrukturen erkennen zu können, die belastende Ereignisse während der unterschiedlichen Sozialisationsphasen aufzeigen und Rückschlüsse über die Radikalisierungsursachen, die aus individuellen Faktoren resultieren, geben. In der Frühentwicklung der Persönlichkeit können durch tiefgreifende Konflikte und erhebliche familiäre Spannungen bei Kindern Einstellungsmuster befördert werden, die im späteren Sozialisationsprozess dazu beitragen, dass sie sich von ihrem sozialen Umfeld distanzieren und sich Gruppen zuwenden, die von der Gesellschaft abweichende Positionen vertreten. Diese Entfremdungserlebnisse, die Kinder in der frühkindlichen Phase haben, können sich demnach nachhaltig auf die Persönlichkeitsstrukturen niederschlagen. Die Psychologin Christa Meves zeigt auf, dass die daraus folgenden problematischen Charaktereigenschaften „meist erst beim Eintritt ins Erwachsenenalter" (Meves 1978, S. 70) sichtbar werden. Denn Kinder, die schon in ihrer vorpolitischen Lebensphase durch elterliche Zuwendungsausfälle und Gewalterfahrungen geprägt sind, haben meist erst im Erwachsenenalter signifikante Probleme, mit konflikthaften Situationen umzugehen. Aufgrund ihrer latenten Ängste, manifesten Oppositionshaltung und tiefsitzenden Aggressionen sind sie in den späteren Lebensphasen nur begrenzt fähig, „sich auf emotionale Beziehungen einzulassen" (Jäger 1982, S. 142).

In der frühkindlichen Phase liegt die zentrale Aufgabe der Eltern darin, Kindern das Gefühl des Urvertrauens zu vermitteln. Der Psychoanalytiker Erik H. Erikson versteht unter Urvertrauen das „Gefühl des Sich-Verlassen-Dürfens [...] in Bezug auf die Glaubwürdigkeit anderer wie die Zuverlässigkeit seiner selbst" (Erikson 1966, S. 62). Für ihn ist das Urvertrauen ein zentraler Bestandteil in der Entwicklung einer gesunden Persönlichkeit. Wenn Kinder in ihrer frühen Lebensphase immer wieder Konflikten ausgesetzt sind oder es Probleme bei der Bedürfnisbefriedigung gibt und diese nicht durch die elterliche Fürsorge kompensiert werden, entsteht bei ihnen ein tiefsitzendes Misstrauen. Dieses resultiert aus diffusen, für die Kinder angsteinflößenden Erlebnissen, die nicht bewältigt werden können, weil sie unter massiven Zuwendungsausfällen leiden. Zugleich bewirkt dieses Misstrauen bei den heranwachsenden Kindern einen manifesten Wandel der Wahrnehmung und des Handelns (Böllinger 1982, S. 180). Denn je häufiger Kinder solchen Konflikten ausgesetzt sind, umso mehr entwickeln sie Abwehrmechanismen, die ihnen zwar ein Gefühl der Sicherheit geben, aber zu einem übersteigerten Misstrauen und zu einer unverhältnismäßigen Beziehungsabwehr führen. Dabei reagieren sie auch mit ausgeprägten Wutaffekten, weil sie zum Beispiel nicht die nötige Beachtung von Seiten der Mutter oder des Vaters erhalten. Kinder, die häufig unter frühkindlicher Mangelsozialisation leiden, können ein „aggressives Triebpotential in Form reaktiver Wut" (Böllinger 1982, S. 179) entwickeln. Langfristig besteht deswegen das Risiko, dass sich Aggressionen aufstauen, die in den weiteren Phasen der Persönlichkeitsentwicklung zu erheblichen Störungen im Sozialverhalten führen.

Oft verinnerlichen Kinder aggressive Verhaltensmuster durch erlebte Interaktionen mit ihren Eltern, die in Konfliktsituationen entstanden sind (Uslucan 2012, S. 24). Eine solche Form der Verinnerlichung kann sich als problematisch erweisen, wenn Kinder bewusst aggressive Konflikte erleben und diese beängstigenden Erfahrungen nicht erfolgreich bewältigen. Die betroffenen Kinder neigen dazu, „den aggressiven Auseinandersetzungen aus dem Weg zu gehen" (Böllinger 1982, S.

215), indem sie sich kleinmachen. Da sie bei den Versuchen, dem aggressiven Verhalten anderer Personen etwas entgegenzusetzen, scheitern, ziehen sie sich zurück. Nach zahlreichen Misserfolgen kann sich aber das Gefühl, minderwertig zu sein, verfestigen. In Reaktion auf die erlebte Ohnmacht entwickeln sich bei Kindern Minderwertigkeitsgefühle, die zu tiefgreifenden innerpsychischen Konflikten führen. Diese Konflikterfahrungen können bei Kindern die Bildung einer gesunden Identität behindern, da die im Kind erzeugten Anspruchsniveaukonflikte zu selbstdestruktiven Kräften und aggressiven Regungen beitragen. Dadurch fällt es Kindern mit Minderwertigkeitsgefühlen bedeutend schwerer, sich in Gruppen zu integrieren. Denn die betreffenden Kinder reagieren bei konflikthaften Situationen mit Gleichaltrigen aggressiv, so dass ein harmonisches Zusammenleben kaum möglich ist. Die Konflikte in der frühkindlichen Phase können sich dementsprechend einschneidend auf die späteren Lebensphasen auswirken, weil die betroffenen Personen die „als bedrückend erlebte Umwelt [...] verlassen und sich Gruppierungen mit kontrastierender Lebensweise an[.]schließen" (Böllinger 2006, S. 62). Aufgrund dieser Form der Desozialisation kann bei den betroffenen Personen zwischen dem 13. und 25. Lebensjahr der „Ausstieg aus dem allgemeinen politischen und gesellschaftlichen Konsens" (Bhui/Everett/Jones 2014, S. 6) erfolgen. Die betroffenen Personen haben erhebliche Kontaktschwierigkeiten zu Gleichaltrigen, dies führt zu stark ausgeprägten Minderwertigkeitsgefühlen und Depressionen, was einen Bruch mit der bisherigen sozialen Umwelt beschleunigt. Um diesen Zustand zu kompensieren, schließen sich die betroffenen Personen oft extremistischen Gruppen an, die durch ihre ständige Agitation Feindbilder vermitteln, die es zu bekämpfen gilt und dadurch eine hohe Bindekraft erzeugen, was depressiven oder verunsicherten Jugendlichen hilft, ihr mangelndes Selbstwertgefühl zu steigern.

3 Familiärer und biographischer Hintergrund des Berliner Dschihadisten

Der junge Jihadist, den ich in einer Einzelfallanalyse untersuchte, hieß Alican T. und lebte bei seinen Eltern im Berliner Stadtteil Kreuzberg. Er wurde Ende der 1980er Jahre in Berlin geboren und war deutscher Staatsbürger mit türkischem Migrationshintergrund. Sein Vater lebt schon seit Anfang der 1970er Jahren in Deutschland, wo er anfangs im Straßenbau arbeitete (Deckwert 2010). Die Mutter zog zwei Jahre später mit den ältesten Kindern nach Berlin. Anfang der 1980er Jahre wechselte der Vater den Arbeitsplatz und verdiente sein Geld als Hilfsarbeiter beim Pharmakonzern Schering im Wedding. Nachdem der Vater 30 Jahre bei Schering arbeitete, bot ihm das Unternehmen eine Frühverrentung an, die er bereitwillig annahm (Gespräch mit dem Vater von Alican T. während des Gerichtsverfahrens am Kammergericht in Berlin 2010/2011).

Alican T. war der jüngste Sohn der Familie. Die Eltern bekamen insgesamt neun Kinder, alles Söhne, von denen allerdings zwei früh starben. Ein älterer Bruder starb bei einem Autounfall, wovon die Eltern ihrem jüngsten Sohn erst erzählten, als er 15 war. Auf Drängen von Alican T. befasste sich die Familie für kurze Zeit mit dem Tod des Bruders. Sie besuchten das Grab des verstorbenen Bruders, den die Eltern ebenfalls den Namen Alican gegeben hatten. Ein weiterer Bruder kam bei einem Badeunfall ums Leben, als Alican T. sechs Jahre alt war. Damit wurde er schon frühzeitig mit dem Tod konfrontiert. In der Familie wurde jedoch nur selten über den Tod der beiden Söhne bzw. Brüder gesprochen und die Schicksalsschläge wurden weitgehend verdrängt. Das Verdrängen solcher tragischen Schicksalsschläge kann bei betreffenden Personen existenzielle Ängste hervorrufen. In späteren Lebensphasen können diese Angstzustände erneut auftreten bzw. früher erlebte Traumata wieder aufbrechen, wenn die betreffenden Personen nochmals ein schockierendes Erlebnis wie den Tod einer wichtigen Bezugsperson erleben. Insbesondere bei Jugendlichen, die Persönlichkeitsdefizite (aufgrund von Traumata) haben, können diese Schicksalsschläge Radikalisierungsprozesse auslösen (McBride 2011, S. 563; Dossje/Loseman 2013, S. 600).

Beim Prozess gegen T. waren die Eltern und zwei jüngere Brüder regelmäßig anwesend. Zwei ältere Brüder kamen einmal zum Prozess, und zwar in einer dreiwöchigen Phase, in welcher die Eltern nicht erschienen. Von den beiden älteren Brüdern besaß einer zum Zeitpunkt des Gerichtsverfahrens einen Nachtclub im Berliner Rotlichtmilieu, der andere einen Imbiss. Von den jüngeren Brüdern arbeitete der eine als

Koch in Baden-Württemberg und der andere war arbeitslos. Alle Brüder waren westlich gekleidet. Nach ihrem äußeren Erscheinungsbild zu urteilen, wirkten sie gut integriert.

Die Familie T. ist keine streng religiöse Familie. Die Eltern haben keine fundamentalistische Weltsicht. Der Vater geht nach eigenen Angaben zwar regelmäßig freitags in die Moschee. Aber er fühlte sich nicht verpflichtet, seine Kinder religiös zu erziehen (Gespräch mit dem Vater). Seinen Sohn Alican soll er erst im Alter von sechs Jahren in die Moschee mitgenommen haben. T. selbst erzählte den Ermittlern, dass er keine Religionsschule besuchen musste und von den Eltern nicht aufgefordert wurde, strenge islamische Vorschriften einzuhalten. Selber hätte er als Kind keinen besonderen Bezug zum Islam gehabt (Gerichtsverfahren gegen T. am Kammergericht in Berlin, Verhandlung vom 22. Juni 2011).

Die Familie machte nicht den Eindruck, als würde sie das deutsche Werte- und Normensystem ablehnen. Der Vater war stolz, die deutsche Staatsbürgerschaft zu besitzen. Für ihn entwickelte sich die Einwanderung nach Deutschland positiv, weil seine Erwerbsarbeit die soziale Situation der Familie bedeutend verbesserte. Die Familie lebte zwar noch in den 1990er Jahren in beengten Wohnverhältnissen, aber die materielle Situation scheint besser gewesen zu sein als in der Türkei. Als wesentliches Hindernis für eine vollständige Integration der Eltern in die deutsche Gesellschaft kann das niedrige Bildungsniveau angesehen werden. Zum einen blieben die Eltern aufgrund dieses niedrigen Bildungsstandes in ihrem türkischen Herkunftsmilieu stark verhaftet. So hielten sie auch in Deutschland weiterhin an traditionellen türkischen (Gesellschafts-) Normen und Regeln fest. Beispielsweise ging aus Gesprächen mit einem Bruder des Angeklagten hervor, dass fast alle Brüder Frauen aus der türkischen Heimat der Eltern geheiratet hatten, die Ehen also sehr wahrscheinlich arrangiert waren (Gespräch mit einem Bruder von Alican T.). Zum anderen traten zahlreiche Erziehungsprobleme bzw. Konflikte mit den Kindern auf, die nicht oder nur unzureichend behoben werden konnten. Die Eltern besaßen so gut wie keine Fähigkeiten, ihren Kindern in Konfliktsituationen zu helfen und Konflikte konstruktiv zu lösen. Ihre Erziehungsmaßnahmen waren im hohen Maße willkürlich und inkonsistent. Darüber hinaus bestand – insbesondere von Seiten des Vaters – nur eine geringe emotionale Nähe zu den Kindern (siehe auch Uslucan 2012; S. 104). Dies resultierte unter anderem daraus, dass der Vater häufig nicht zu Hause und die Mutter den Herausforderungen allein nicht gewachsen war (Gerichtsverfahren am Kammergericht, Verhandlung vom 22. Juni 2011). Letztere überließ die Erziehung der jüngeren Kinder ihrem ältesten Sohn. Dieser war aber nicht in der Lage, positiv auf seine Brüder einzuwirken. Da er sich erzieherisch nicht durchsetzen konnte, übte er regelmäßig körperliche Gewalt gegenüber seinen Brüdern aus. Insbesondere der jüngste Bruder Alican litt erheblich unter den rabiaten ‚Erziehungsmethoden' seines ältesten Bruders.

1996 wurde Alican T. in die Kreuzberger Paul-Dohrmann-Schule eingeschult. In der Grundschule fiel er den Lehrern schon früh durch sein aggressives Verhalten auf. So soll T. des Öfteren Klassenkameraden beleidigt oder verprügelt haben. Da er uneinsichtig auf die Ermahnungen der Lehrer reagierte, kam es zu heftigen Auseinandersetzungen mit den Lehrern, die sogar dazu führten, dass er mit Stühlen warf. Aufgrund seines aggressiven Verhaltens beschwerte sich die Klassenlehrerin zahlreiche Male bei den Eltern, die jedoch mit den Schulproblemen ihres jüngsten Sohnes überfordert waren und es deswegen ihrem ältesten Sohn überließen, sich damit auseinanderzusetzen. Aber auch dieser fühlte sich von der Situation überfordert und verprügelte seinen jüngsten Bruder jedes Mal, wenn Beschwerden von der Klassenlehrerin eingingen, weil er sich schlecht in der Grundschule benommen hatte (Gerichtsverfahren am Kammergericht, Verhandlung vom 22. Juni 2011).

Der psychologische Gutachter im Gerichtsverfahren sah die Gewalthandlungen von Alican T. darin begründet, dass sowohl die Eltern als auch der älteste Bruder nicht in der Lage waren, den jüngsten Sohn vernünftig zu erziehen. Er behauptete, dass T. aufgrund der mangelnden Unterstützung von Seiten der Eltern sein Vertrauen gegenüber seiner Familie verlor. Weder die Mutter noch der Vater schützten ihn vor den körperlichen Übergriffen des älteren Bruders, so dass er sich innerhalb der Familie immer mehr isoliert fühlte. Da T. unentwegt gewalttätigen Konflikten in der Familie ausgesetzt war und er keinen Ansprechpartner in seiner Familie fand, der ihm half, die Probleme sowohl in der Schule als auch mit seinem ältesten Bruder konstruktiv zu beheben, entwickelten sich bei ihm in der späten Kindheit aggressive Abwehrmechanismen. Solche Abwehrmechanismen entstehen oft bei

Kindern, wenn sie von Seiten der Eltern nicht die nötige Beachtung erhalten. So neigte auch Alican T. zu aggressivem Verhalten gegenüber seinen Mitschülern, weil ihn niemand vor seinem aggressiven Bruder schützte. Denn die anhaltenden körperlichen Übergriffe seines Bruders führten bei ihm auch zu einem übersteigerten Misstrauen gegenüber seinen Mitmenschen, das in Konfliktfällen zu einer unverhältnismäßigen Beziehungsabwehr durch Gewaltanwendung führen konnte. Alican Ts. defizitäre Familiensozialisation führte bei ihm zu erheblichen Störungen in seinem Sozialverhalten. Er fühlte sich permanent von anderen Personen angegriffen. Laut Nancy Hereveldt Kobrin führt das Gefühl, permanent angegriffen zu werden, zu Verfolgungsängsten (Hartevelt Kobrin 2016, S. 108). Dadurch war er nicht fähig, längere Beziehungen zu gleichaltrigen Kindern aufzubauen.

Aufgrund des aggressiven Verhaltens in der Grundschule musste T. im Sommer 1998 auf eine neue Schule wechseln, wo er die zweite Klasse wiederholte. Durch den Schulwechsel erreichte man jedoch bei ihm keine wesentlichen Verhaltensänderungen. Er war weiterhin aggressiv gegenüber Mitschülern. Mit seinem gewalttätigen Verhalten wollte er vermutlich die körperlichen Übergriffe des Bruders kompensieren. Wenn sich Lehrer über sein aggressives Auftreten in der Schule bei seinem Bruder beschwerten, hatte dies zur Folge, dass er erneut von diesem verprügelt wurde. Die Übergriffe des Bruders waren teilweise so brutal, dass T. für mehrere Tage im Kindernotdienst untergebracht werden musste (Gerichtsverfahren am Kammergericht, Verhandlung vom 22. Juni 2011).

Erst der Wechsel auf die Hauptschule führte zu Veränderungen in seinem Sozialverhalten. In der weiterführenden Schule verhielt sich T. bei Weitem nicht mehr so aggressiv wie in der Grundschule. War er bis zur sechsten Schulklasse nur ein mäßiger Schüler, verbesserten sich die Schulnoten auf der Hauptschule. Im siebten Schuljahr soll T. die Durchschnittsnote von Note 2,5 in seinem Zeugnis gehabt haben. Ab der neunten Klasse verschlechterten sich allerdings seine schulischen Leistungen wieder. Ein Grund hierfür scheint darin gelegen zu haben, dass seine Eltern von ihm verlangten, eine Frau aus der Türkei zu heiraten. Der Druck, den die Eltern auf ihren jüngsten Sohn ausübten, scheint ihn so stark belastet zu haben, dass er sich nicht mehr befähigt sah, einen guten Schulabschluss zu machen (Gerichtsverfahren am Kammergericht, Verhandlung vom 10. Februar 2011).

Im Nachhinein kann nur darüber spekuliert werden, weshalb sich T. in der Hauptschule nicht mehr so aggressiv gegenüber seinen Mitschülern verhielt. Der Wandel im Sozialverhalten könnte damit zusammenhängen, dass der älteste Bruder nicht mehr bei den Eltern wohnte und T. deswegen nicht mehr den aggressiven ‚Erziehungsmethoden' seines Bruders ausgesetzt war. Dies würde die These stützen, dass der älteste Bruder maßgeblich für Alican Ts. aggressive Gewalthandlungen in der Grundschulzeit verantwortlich war. Hätten die Lehrer in der Grundschule versucht, den Konflikt mit Alican T. anders zu bewältigen, wäre es vermutlich nicht zu einer derartigen Gewaltspirale gekommen. Obwohl T. seine Lehrer bat, sich nicht an seinen Bruder zu wenden, gingen sie immer wieder zu ihm und beschwerten sich über das gewalttätige Verhalten des jüngsten Bruders. Paradoxerweise beförderten sie mit den Beschwerden gerade die Gewaltspirale, die sie eigentlich beheben bzw. eindämmen wollten. Denn jede Schulbeschwerde führte unweigerlich dazu, dass T. von seinem ältesten Bruder geschlagen wurde, so dass er sein erlittenes Leid und die sich aufstauende Wut durch aggressives Verhalten in der Grundschule zu kompensieren versuchte. T. befand sich in einer Art Teufelskreis, weil er in seiner Familie und in der Schule sozial isoliert war. Er fühlte sich von keiner Person richtig verstanden. Und dadurch war es für ihn nicht möglich, Vertrauen zu seinen Lehrern aufzubauen. Da die Lehrer ihm nicht richtig zuhörten, blieb für ihn nur der soziale Rückzug übrig, der in eine totale Verweigerungshaltung gegenüber allen Personen in seinem sozialen Umfeld endete.

Diesem Befund nach ist es recht wahrscheinlich, dass individuelle bzw. psychologische Faktoren zur Radikalisierung Alican Ts. mit beigetragen haben. Der Grund für die radikalisierungsfördernde Wirkung von konfliktträchtigen Familienverhältnissen liegt darin, dass sie „in nicht unerheblichem Ausmaß die sich noch in der Entwicklung befindende Persönlichkeit [eines] Jugendlichen" (Heitmeyer/Möller/Schröder 1997, S. 146) beeinträchtigen können. Bei T. löste die spätkindliche Mangelsozialisation tiefgreifende Ängste und Selbstzweifel aus, die sich auf seine spätere Persönlichkeitsentwicklung negativ auswirkten. Durch die körperlichen Gewalterfahrungen konnte sich bei ihm kein gesundes Selbstwertgefühl entwickeln. Für Crenshaw und Pearlstein, zwei der renommiertesten amerikanischen Terrorismusforscher, sind besonders Anzeichen von mangelndem Selbstwertgefühl ein wesentlicher individueller und psychologischer Faktor für Radikalisierungen (Crenshaw 2000, S. 405ff.; Pearlstein 1991).[1] So begründet beispielsweise Crens-haw ihre Position damit, dass auffällig viele junge Männer und Frauen, die sich terroristischen Bewegungen angeschlossen hätten, „suffered numerous traumatic events in life that damaged their self-esteem and led to an obsession with belonging and approval" (Crenshaw 2000, S. 408).

Traumatische Gewalterfahrungen in der Kindheit oder Jugend können demnach tiefgreifende Verunsicherungen bei den betreffenden Personen verursachen und ihre Selbstwertentwicklung zutiefst stören. Alles, was sie erfahren und was um sie herum passiert, kann sie verängstigen. Dabei fühlen sie sich im Umgang mit anderen Menschen oft auch hilflos oder ungerecht behandelt, weil sie sich von ihnen bedroht oder hintergangen fühlen (Kruglanski/Fishman 2009, S. 19). Um das eigene Selbstwertgefühl in der Adoleszenzphase steigern zu können, neigen dadurch betroffene Personen dazu, sich extremistischen Gruppen zuzuwenden, um ein Held zu werden und einer Gemeinschaft von Kämpfern anzugehören. So verweisen Siebert, von Winterfeld und Johns darauf, dass Bewegungen wie der Islamische Staat jungen Männern ‚the Opportunity to Become a Hero' bieten, um ihr Selbstwertgefühl anheben zu können (Siebert, Johannes/von Winterfeld, Detlof 2015, S. 44). Die Hinwendung zu einer solchen Gruppe, die extremistisch fundierte Gewalt befürwortet, kann aber auch als ein Mittel der subjektiven Verarbeitung und Kompensation von selbst erlebter Gewalt in der Familie angesehen werden (Heitmeyer/Möller/Schröder 1997, S. 149f.). In der Terrorismusforschung werden folglich hohe familiäre Konfliktpotentiale, die auch zu körperlichen Gewalterfahrungen und Traumata führen können, und die daraus resultierenden mangelnden Selbstwertgefühle bzw. Minderwertigkeitskomplexe bei den Opfern als wichtige Faktoren für Radikalisierungsursachen betrachtet (Pryt/Kwakkel 2014, S. 26ff.).

---

[1] So hatte beispielsweise Ulrike Meinhof, die ein führendes Mitglied der Roten Armee Fraktion war, mehrere Traumata durchlebt, die ihr Selbstwertgefühl erheblich beeinträchtigten.

Daneben wurde im Gerichtsverfahren deutlich, dass T. ein schlechtes Verhältnis zu seinem Vater hatte. Mir gegenüber nannte der Vater seinen Sohn einen „Schwächling", der von anderen verführt worden sei. Er wies jegliche Verantwortung für die problematische Sozialisation seines Sohnes von sich. Schuld an dem „Unglück", der Radikalisierung des Sohnes hatte in seinen Augen sein Freund Fatih K. Er habe seinen Sohn „verrückt" gemacht. Durch den Kontakt zu K. sei sein Sohn ins radikale Milieu hineingeraten. Richtig ist, dass Alican T. ihn schon seit seiner Kindheit gekannt haben muss, da die Familie K. im Nachbarhaus der Ts. lebte. Vor Gericht gab es vereinzelte Hinweise darauf, dass sie ab 2005 in engerem Kontakt standen, da sich K. regelmäßig mit T. sowie mit Yusuf O. und Fatih T. traf (Gerichtsverfahren gegen Fatih K. am Kammergericht, Verhandlungen im März 2011). Konkrete Hinweise darauf, dass K. entscheidend auf Ts. Radikalisierung eingewirkt hätte, gab es hingegen nicht. Der von mir interviewte ehemalige Jihadist Irfan Peci hält es sogar für undenkbar, dass T. durch die Freundschaft mit Fatih K. ins Berliner jihadistische Milieu hineingeraten sein könnte. Seiner Einschätzung nach sei es wahrscheinlicher, dass T. seinen Freund K. beeinflusst habe, weil T. schon zu Schulzeiten einen radikalen palästinensischen Prediger aus einer Neuköllner Moschee kannte und die beiden einander vorgestellt habe (Gespräch mit Irfan Peci vom 9. Januar 2016).

Gemäß den Angaben, die Ts. Vater mir gegenüber machte, ist davon auszugehen, dass sich Alican Ts. Radikalisierungsprozess 2007/08 vollzogen hat (Gespräch mit dem Vater). Für den islamischen Glauben interessierte sich T. hingegen schon bedeutend früher. 2005 soll er erstmalig Interesse für den Islam gezeigt haben, weil er einen seiner Brüder in der Türkei besuchte, der zum damaligen Zeitpunkt sehr religiös gewesen sein soll. T. scheint die Frömmigkeit seines Bruders beeindruckt zu haben. Möglich ist, dass der Bruder ihn dazu animierte, sich mehr mit dem islamischen Glauben auseinanderzusetzen (Gerichtsverfahren am Kammergericht, Verhandlung vom 10. Februar 2011). In der Radikalisierungsforschung werden immer wieder Fälle beschrieben, in denen sich westlich sozialisierte und säkular aufgewachsene Jugendliche für den islamischen Glauben zu interessieren begannen, nachdem sie mit Verwandten oder auch alleine in ein islamisches Land reisten, wo die dort erfahrene Gastfreundlichkeit und Herzlichkeit starken Eindruck auf sie machte. So reiste z.B. auch der amerikanische Jihadist Omar Hammami (Mastors/Siers 2014; Anzalone 2012) als Jugendlicher in das Heimatland seines Vaters. In Syrien verspürte er das starke Bedürfnis, sich näher mit dem islamischen Glauben zu beschäftigen. Nach wenigen Monaten entschloss sich Hammami, zum Islam zu konvertieren (Elliot 2010; Baehr 2011, S. 31). Ein ähnliches Erweckungserlebnis kann auch Alican T. in der Türkei gehabt haben. Dadurch, dass es jedoch kaum Informationen über Ts. Türkeireise gibt, kann letztendlich nicht geklärt werden, wieso er sich tiefer mit dem Islam beschäftige. Entscheidend ist, dass er nach der Reise regelmäßig Moscheen in Kreuzberg und Neukölln besuchte, wie es ein Sachverständiger der Ermittlungsgruppe ‚Engel' im Gerichtsverfahren hervorhob (Gerichtsverfahren am Kammergericht, Verhandlung vom 10. Februar 2011).

Auf der Suche nach weiteren Radikalisierungsfaktoren ist auch der Kontakt zu einem Mitschüler zu nennen, der T. anbot, ihn in die Al-Nur-Moschee mitzunehmen, und ihn später aufforderte, am deutschsprachigen Islamunterricht in der Moschee teilzunehmen. Demgemäß hatte T. schon als 15- oder 16-Jähriger erste Kontakte zum Berliner salafistischen Milieu. Denn die Al-Nur-Moschee galt damals als eine der radikalsten salafistisch geprägten Moscheen der Stadt (Gerichtsverfahren am Kammergericht in Berlin, Verhandlung vom 22. Juni 2011).

Parallel besuchte T. aber auch die schon oben erwähnte Neuköllner Moschee, die von salafistischen Missionaren der Tablighi Jamaat geleitet wurde. Laut Irfan Peci war T. schon als Schüler Anhänger dieser puristisch-salafistischen Bewegung (Gespräch mit Peci vom 9. Januar 2016). Gemäß den Angaben im Prozess fügte sich T. schnell in die salafistische Missionsgruppe ein. Sie vermittelte ihm ein Gefühl der Zusammengehörigkeit und half ihm somit Halt und Orientierung zu finden. Äußerlich passte er sich den Salafisten an, indem er sich einen Bart wachsen ließ und auch die bei Anhängern der Bewegung übliche Kleidung trug (Gerichtsverfahren am Kammergericht, Verhandlung vom 22. Juni 2011). In der Moschee lernte er einen palästinensischen Prediger kennen, der zum damaligen Zeitpunkt ein ranghoher Aktivist der Tablighi Jamaat in Deutschland war. Während des Irak-Krieges radikalisierte sich die Missionsgruppe und unter den Mitgliedern reisten von

Mai 2009 bis August 2010 bis zu 20 Männer und Frauen nach Pakistan. Die ersten Jihadisten gründeten dort mit Ahmed Manavbasi und Eric Breininger im September 2009 die jihadistische Gruppe Deutsche Taliban Mudschahideen (Peci 2015, S. 117).

Angesichts der empirischen Daten, die ich im Verfahren gegen Alican T. gesammelt habe, muss er sich schon 2005 oder 2006 im salafistischen Milieu aufgehalten haben. Irfan Peci verwies darauf, dass T. schon als 16-Jähriger persönliche Kontakte zu Salafisten hatte und immer tiefer in das radikale Milieu geriet. Als Erstes traf er sich regelmäßig mit Freunden in der Al-Nur-Moschee. Durch die Treffen in der salafistisch geprägten Moschee lernte er dann auch andere Personen kennen, die ursprünglich regelmäßig salafistische Moscheen im Wedding besuchten. Die Treffen in den Moscheen wurden als Missions- und Rekrutierungsorte genutzt, um neue Anhänger für ihre kleine Missionsgruppe zu mobilisieren. Dabei sprachen sie junge Besucher an und verwickelten sie in Gespräche, um sie von salafistischen Inhalten zu überzeugen. Durch ihre Rekrutierungsarbeit wurde die Missionsgruppe immer größer. Ab 2009/2010 gehörten fast 50 Personen der so genannten ‚Berliner Gruppe' an.

Durch diese Gruppendynamik radikalisierte sich nicht nur Alican T., sondern die ganze Gruppe nahm immer radikalere Positionen ein. In einem Gespräch mit Irfan Peci verwies der ehemalige Jihadist darauf, dass T. schon 2007 jihadistisch gesinnt war. Im Sommer 2008 hatten zahlreiche Mitglieder der Missionsgruppe konkrete Pläne, nach Pakistan auszureisen, um sich dort einer jihadistischen Bewegung anzuschließen (Gespräch mit Peci vom 9. Januar 2016). Alican T. versuchte im Frühjahr 2010, nach Pakistan zu reisen. Die Bundespolizei kontrollierte ihn jedoch kurz vor der österreichischen Grenze im Zug nach Salzburg und nahm ihn fest, weil er gegen eine Ausreiseuntersagung verstieß, die die Berliner Polizei schon im Herbst 2009 gegen ihn ausgestellt hatte. Im Oktober 2010 erhob die Bundesanwaltschaft Anklage gegen T. wegen der Unterstützung einer terroristischen Vereinigung und der Anwerbung von Mitgliedern und Unterstützern für die terroristischen Vereinigungen Al-Qaida, IJU und DTM. Im Verfahren verurteilten die Richter T. zu einer Jugendstrafe von zwei Jahren und sechs Monaten, weil er in vier Fällen um Mitglieder bzw. Unterstützer zweier terroristischer Vereinigungen im Ausland geworben und Geld für die terroristischen Vereinigung DTM gesammelt hatte (Baehr 2019, S. 304f.).

Da Alican T. fast ein Jahr in Untersuchungshaft saß, wurde er nur wenige Monate nach der Urteilsverkündung im Juni 2011 bereits auf Bewährung entlassen. Nach der Haft gehörte er weiterhin der jihadistischen Szene in Berlin an, reiste nur kurze Zeit später mit einigen ‚Brüdern' nach Syrien und schloss sich dem Islamischen Staat an. In Syrien soll Alican T. bei einem Luftangriff getötet worden sein.

4   Fazit

Anhand der Einzelfallanalyse des Radikalisierungsprozesses von Alican T. lässt sich ausführlich darstellen, dass konflikthafte Familienverhältnisse zu Radikalisierungsprozessen in den Extremismus beitragen können. Die ununterbrochenen Gewalthandlungen des Bruders führten bei T. zu latenten Ängsten, tiefgreifenden Verunsicherungen und Wutanfällen. In Konfliktsituationen mit Gleichaltrigen wurde er aggressiv und gewalttätig. Er war nicht in der Lage, bei Schwierigkeiten konstruktiv mit der Situation umzugehen und neigte dadurch dazu, oft gewalttätig gegenüber Mitschülern zu werden. Durch sein mangelndes Selbstwertgefühl hatte er eine manifeste Oppositionshaltung, die ebenfalls zu einem antisozialen Verhalten beitrug. In der Pubertät versuchte er sein Selbstwertgefühl dadurch zu heben, dass er regelmäßig mit einem Klassenkameraden verschiedene salafistische Moscheen besuchte. In einer dieser Moscheen schloss er sich einer salafistischen Missionsgruppe an und passte sich dort schnell dem äußerlichen Erscheinungsbild der anderen Mitglieder an, indem er sich einen Bart wachsen ließ und die übliche Kleidung der Salafisten trug. Die Gruppe gab ihm den Halt und die Orientierung, die er in seiner Familie nicht erhalten hatte.

Aus Ts. Verhalten in der Pubertät ist ersichtlich, dass Menschen, die in ihrer früh- und spätkindlichen Sozialisation erheblichen innerfamiliären Konflikten ausgesetzt waren, in späteren Lebensphasen einen Ausweg darin sehen können, ihr als bedrückend erlebtes soziales Umfeld zu verlassen. Alican T. suchte in der salafistischen Gruppe feste Kontakte, die ihm einen Ausweg aus seiner persönlichen Problemlage geben sollten. Radikale Gruppen können aufgrund ihrer nach außen gelenkten Zielsetzung der Feindbekämpfung eine hohe Bindekraft erzeugen, was Jugendlichen wie Alican T. hilft, ihr mangelndes Selbstwertgefühl und ihren aversiven Zustand der Unsicherheit abzubauen. So war die salafistische Missionsgruppe für Alican T. dahingehend attraktiv, dass er durch den palästinensischen Prediger ein dualistisches Weltbild vermittelt bekam, welches sein Unsicherheitsgefühl stark reduzierte. Die anderen Gruppenmitglieder gaben ihm die nötige Anerkennung, die ihm in seiner Familie und an der Schule verwehrt blieb. Die Mitgliedschaft in der extremistischen Gruppe war für T. ein persönliches Aufwertungserlebnis, das ihm half, sein soziales Bedürfnis nach Zugehörigkeit zu befriedigen. Gleichzeitig begann jedoch mit dem Eintritt in diese Gruppe sein Radikalisierungsprozess, der ihn zu einem Anhänger der jihadistischen Szene und ihn später zu einem Unterstützer einer terroristischen Vereinigung werden ließ.

Anhand der Einzelfallanalyse lassen sich folgende Thesen aufstellen:

- Konflikthafte Entwicklungen in der Kindheit oder Jugend führen zu psychischen Dispositionen, die wiederum abweichende Denk- und Verhaltensweisen begünstigen, wodurch sich bei den psychisch labilen Personen die Bereitschaft erhöht, sich von ihrem sozialen Umfeld und der Gesellschaft abzuwenden oder gesellschaftlich abweichendes, extremistisches Gedankengut attraktiv zu finden.

- Traumatische Gewalterfahrungen in der Kindheit oder Jugend verursachen bei den davon betroffenen Personen latente Ängste und tiefgreifende Verunsicherungen, die die weitere Persönlichkeits- und Selbstwertentwicklung erheblich beeinträchtigen können. Die dadurch verursachten Minderwertigkeitskomplexe führen in der Jugend zu einem übersteigerten Bedürfnis nach Anerkennung und Zugehörigkeit sowie zu einer intensiven Suche nach Identität, was die Hinwendung zu extremistischen Gruppen begünstigt und dadurch die Anfälligkeit für Radikalisierungen drastisch erhöht.

Um Radikalisierungen bei Jugendlichen, die eine konflikthafte Mangelsozialisation in der Familie durchlaufen haben, zu verhindern, lassen sich Handlungsempfehlungen durch bestimmte Ansätze der Präventionsarbeit aufstellen. In der Radikalisierungsprävention gibt es zielgerichtete Ansätze, die sich mit den verschiedenen Phasen der Sozialisation und Persönlichkeitsentwicklung bei Kindern und Jugendlichen beschäftigen. Bei einer defizitären Entwicklung wie dissozialen Verhaltensproblemen, einer krisenhaften Identitätsbildung oder stark ausgeprägten Minderwertigkeitskomplexen bieten Präventionseinrichtungen Schulungen an, um bei den betroffenen Personen den dadurch entstandenen psychischen Dispositionen entgegenzuwirken. Soziales Lernen gilt als ein wichtiger Bestandteil der Präventionsarbeit bei Kindern oder Jugendlichen. Denn es hat sich „die aktive Vermittlung von sozialen Regeln des Zusammenlebens sowie eine konsistente […] Reaktion seitens unterschiedlicher Sozialisationsagenten (Eltern, Kita, Schule ggf. auch Jugendamt und Gerichte) bei aggressivem Verhalten des Kindes" (Beelmann/Lutterbach/Rickert/Sterba 2021, S. 108) als zentrales Mittel erwiesen. Zugleich ist bei Kindern und Jugendlichen, bei denen die Gefahr einer defizitären Persönlichkeitsentwicklung besteht, die Zusammenarbeit mit den Eltern von zentraler Bedeutung. Auch hier bieten Präventionseinrichtungen Schulungen an, in denen Eltern angemessene Formen der Erziehung erlernen. Dabei erhalten sie in den Schulungen konkrete Kompetenzen, wie sie bei aggressiven Verhaltensweisen ihres Kindes reagieren sollen. Eltern erlernen Erziehungsmethoden, um konstruktiv auf ihr Kind einzuwirken und dabei eine weitere Eskalation des innerfamiliären Konfliktes oder der Gewalttätigkeit zu verhindern (Beelmann/Lutterbach/Rickert/Sterba 2021, S. 98ff.). Solche präventiven Maßnahmen können einen wichtigen Beitrag leisten, Radikalisierungen hin zum Extremismus abzuwenden.

Literatur

Anzalone, C. (2012). The evolution of an American jihadi: The case of Omar Hammami. *CTC Sentinel, 5*(6), 10-13.

Baehr, D. (2011). Die somalischen Shabaab-Milizen und ihre jihadistischen Netzwerke im Westen. *Auslandinformationen*, (8), 22-39.

Baehr, D. (2019). *Der Weg in der Jihad. Radikalisierungsursachen von Jihadisten in Deutschland*. Wiesbaden: Springer Verlag.

Baehr, D. (2020). Die Rolle des Internets im Radikalisierungsprozess einer jihadistischen Straftäterin – eine Einzelfallstudie. *Zeitschrift für Außen- und Sicherheitspolitik, 13*(2), 151-175.

Baehr, D. (2020). Ursachenanalyse der Radikalisierungsprozesse von neun dschihadistischen Straftätern in Deutschland. In U. Backes, A. Gallus, E. Jesse & T. Thieme (Hrsg.), *Jahrbuch Extremismus und Demokratie*. (Bd. 33, S. 185-196). Baden-Baden: Nomos-Verlag.

Beelmann, A., Lutterbach, S., Rickert, M., & Sterba, L. (2021). *Entwicklungsorientierte Radikalisierungsprävention: Was man tun kann und sollte*. Wissenschaftliches Gutachten für den Landespräventionsrat Niedersachsen. Zentrum für Rechtsextremismusforschung, Demokratiebildung und gesellschaftliche Integration. Jena: Friedrich-Schiller-Universität.

Böllinger, L. (1982). Die Entwicklung zu terroristischem Handeln als psychosozialer Prozess. In H. Jäger, G. Schmidtchen & L. Süllwold (Hrsg.), *Lebenslaufanalysen. Analysen zum Terrorismus* (Bd. 2) (S. 175-231). Opladen: Westdeutscher Verlag.

Böllinger, L. (2006). Die Entwicklung zu terroristischem Handeln als psychosozialer Prozess. In U. Kemmesies (Hrsg.), *Terrorismus und Extremismus – der Zukunft auf der Spur. Beiträge zur Entwicklungsdynamik von Terrorismus und Extremismus – Möglichkeiten und Grenzen einer prognostischen Empirie* (S. 59-70). München: Luchterhand Verlag.

Crenshaw, M. (1981). The causes of terrorism. *Comparative Studies, 13*(4), 379-399.

Crenshaw, M. (2000). The psychology of terrorism: An agenda for the 21st century. *Political Psychology, 21*(2), 495-420.

Deckwert, S. (2010, 6. Nov.). Propaganda und Geld für den Terror. *Berliner Zeitung*.

Doosje, B., & Loseman, A. (2013). Determinants of radicalization of Islamic youth in the Netherlands: Personal uncertainty, perceived injustice, and perceived group threat. *Journal of Social Psychology, 69*(3), 586-604.

Elliott, A. (2010, 31. Jan.). The jihadist next door. *New York Times*.

Erikson, E. (1966). *Identität und Lebenszyklus. Drei Aufsätze*. Frankfurt am Main: Suhrkamp Verlag.

Erikson, E. (1988). *Jugend und Krise. Die Psychodynamik im sozialen Wandel*. München: Klett-Cotta.

Hartevelt Kobrin, N. (2016). Nobody born a terrorist, but early childhood matters: Explaining the jihadis' lack of empathy. *Perspectives on Terrorism, 10*(5), 108-111.

Heitmeyer, W., Müller, J., & Schröder, H. (1997). *Verlockender Fundamentalismus. Türkische Jugendliche in Deutschland.* Frankfurt am Main: Suhrkamp Verlag.

Horgan, J. (2003). The search for the terrorist personality. In A. Silke (Hrsg.), *Terrorists, victims and society: Psychological perspectives on terrorism and its consequences* (S. 1-27). London: John Wiley & Sons.

Jäger, H. (1981). Studien zur Sozialisation von Terroristen. Die individuelle Dimension terroristischen Handelns. Annäherungen an Einzelfälle. In H. Jäger, G. Schmidtchen & L. Süllwold, unter Mitarbeit von L. Böllinger (Hrsg.). *Lebenslaufanalysen. Analysen zum Terrorismus.* (Bd. 2, S. 117-174), Opladen: Westdeutscher Verlag.

Kruglanski, A., & Fishman, S. (2009). Psychological factors in terrorism and counterterrorism: Individual, group, and organizational levels of analysis. *Social Issues and Policy Review, 3*(1), 1-44.

Lyall, G. (2017). Who are the British jihadists? Identifying salient biographical factors in the radicalisation process. *Perspectives on Terrorism, 11*(3), 62-70.

Mastors, E., & Siers, R. (2014). Omar Hammami: A case study in radicalization. *Behavioural sciences & the law, 32*(3), 377-388.

McBride, M. (2011). The logic of terrorism: Existential anxiety, the search of meaning, and terrorist ideologies. *Terrorism and Political Violence, 23*(4), 560-581.

Meves, C. (1978). Psychologische Voraussetzungen des Terrorismus. In H. Schwind (Hrsg.), *Ursachen des Terrorismus in der Bundesrepublik Deutschland* (S. 69-78). Berlin: De Gruyter Verlag.

Pearlstein, R. (1991). *The mind of the political terrorist.* Wilmington: Scholarly Ressources.

Peci, I. (2015) *Der Dschihadist. Terror made in Germany – Bericht aus einer dunklen Welt.* München: Heyne Verlag.

Pryt, E. & Kwakkel, J. (2014). Radicalization under deep uncertainty: A multi-model exploration of activism, extremism and terrorism. *System Dynamics Review, 30*(1), 1-28.

Schmidtchen, G. (1982). Terroristische Karrieren. Soziologische Analyse anhand von Fahndungsunterlagen und Prozessakten. In H. Jäger, G. Schmidtchen & L. Süllwold, unter Mitarbeit von L. Böllinger (Hrsg.). *Lebenslaufanalysen. Analysen zum Terrorismus* (Bd. 2, S. 14-77). Opladen: Westdeutscher Verlag.

Siebert, J., von Winterfeld, D., & Johns, H. (2015). Identifying and structuring the objectives of the Islamic State of Iraq and the levant (ISIL) and its followers. *Decision Analysis, 13*(1), 26-50.

Tillmann, K.-J. (2011). *Sozialisationstheorien. Eine Einführung in den Zusammenhang von Gesellschaft, Institution und Subjektwerdung.* Hamburg: Rowohlt Verlag.

Uslucan, H.-H. (2012). Familiale Einflussfaktoren auf delinquentes Verhalten Jugendlicher. *Aus Politik und Zeitgeschichte, 62*(49/50), 22-27.

Uslucan, H.-H. (2012). Kriminogene Entwicklungsrisiken von Jugendlichen mit Zuwanderungsgeschichte. *Forensische Psychiatrie, Psychologie, Kriminologie, 6*(2), 102-110.

Willems, H. (1993). *Fremdenfeindliche Gewalt. Einstellungen. Täter. Konflikteskalation.* Opladen: Leske + Buderich.

Politischer Islam: Recht als Waffe und Schutzraum

Matthias Rohe

1 Einleitung

„Keine Freiheit den Feinden der Freiheit" – diese zugespitzte Formulierung zeigt das Dilemma auf, dem ein freiheitsorientierter Rechtsstaat im Umgang mit seinen Gegnern ausgesetzt ist. Solche Gegnerschaft beginnt nicht erst mit gewaltbereiter Ablehnung, sondern schon dort, wo ein konkurrierender, wie auch immer begründeter Herrschaftsanspruch Gegenmodelle zu installieren versucht. Das gilt gleichermaßen für rechts- oder linksradikale wie auch für religiös begründete Gegenmodelle. Insofern ist der sogenannte „Politische Islam" nur eine Facette rechtsstaatlicher Herausforderungen. Ebenso wichtig für einen notwendig wehrhaften Rechtsstaat ist dabei die Wahrung der Rechtsstaatlichkeit auch bei der Abwehr von Gegnern. Dies unterscheidet ihn von menschenrechtsfeindlichen Regimes, welche den Machtansprüchen des Politischen Islam wie in Algerien in den 1990er Jahren oder in Ägypten nach dem Sturz der Regierung Mursi im Jahre 2013 mit brutaler Repression entgegentraten.

Eine spezifische Problemlage ergibt sich, wenn Gegner des Rechtsstaats sich bei ihren Aktivitäten im äußeren Rahmen des geltenden Rechts halten (legalistischer Ansatz), zugleich aber eine Gegenordnung zu etablieren versuchen. Wo endet hier der Gebrauch des Rechts, wo beginnt sein Missbrauch? Wie kann effizient, aber unter Wahrung rechtsstaatlicher Maßstäbe Missbrauch verhindert werden?

Missbrauch kann einmal dort vorliegen, wo das Recht als Waffe benutzt wird, um die eigene rechtsstaatswidrige Herrschaftsideologie durchzusetzen. Dieses Phänomen zeigt sich vor allem in – oft ohnehin wenig rechtsstaatlich strukturierten – Staaten mit muslimischer Mehrheitsbevölkerung. In demokratischen Rechtsstaaten wie Deutschland kann die Rechtsordnung eher als Schutzraum wirken, falls sie nicht die Entfaltung rechtsstaatswidriger Herrschaftssysteme auf politischer oder sozialer Ebene verhindert.

Mit alledem ist der hier angelegte spezifische Blickwinkel auf politische Aspekte des Islam beschrieben. Es geht nicht um eine – gewiss lohnenswerte – theologische, religionswissenschaftliche oder soziologische Einordnung von Strömungen des Islam, sondern um aus rechtlicher Sicht problematische Positionen und Aktivitäten im Namen des Islam. Nicht zu vergessen ist, dass man gerade in Deutschland, aber auch in anderen nicht-muslimischen Staaten über lange Zeit den Islam in politisierter Form geradezu instrumentalisiert hat. So hat das Deutsche Reich zu Beginn des Ersten Weltkriegs den verbündeten osmanischen Herrscher zum Ausruf des Dschihad gegen die feindlichen Ententemächte aufgerufen. Im Nationalsozialismus wurden ebenfalls muslimische Gruppierungen, die teilweise einen Politischen Islam vertraten, gegen die Alliierten mobilisiert. Nach dem Zweiten Weltkrieg wurden andere als Verbündete gegen den Kommunismus gefördert.[1] Dasselbe gilt etwa für die Unterstützung der Taliban durch die USA und andere Staaten in den 1980er Jahren, aber auch für die noch wie vor enge Verbindung mit islamistischen und den Islamismus weltweit fördernden[2] Regimes wie Saudi-Arabien. Umso wichtiger ist die Erkenntnis, dass sich der Rechtsstaat nicht um außenpolitischer, ökonomischer oder anderer Ziele willen durch die Unterstützung des Politischen Islam kompromittieren und gefährden darf.

2   Zum Begriff des „Politischen Islam"

Die Debatte um die politische Dimension des Islam ist neuzeitlich (Rohe 2011, S. 244ff.).[3] Sie setzt vor allem nach dem Sturz des osmanischen Kalifats nach dem Ende des Ersten Weltkrieg ein und dauert

---

[1] Zu alledem ausführlicher Rohe 2018a, S. 39ff., 59ff. mit zahlreichen Nachweisen.

[2] Dem Verfasser ist seit Jahrzehnten aus vielen verlässlichen Quellen bekannt, dass z.B. begabte junge Leute gezielt für Stipendien in Saudi-Arabien angeworben werden, um dort die herrschende Ideologie aufzunehmen. Wissenschaftler und wissenschaftliche Einrichtungen, welche die ideologische Linie teilen, werden weltweit finanziell unterstützt. Unverständlich bleibt, dass renommierte Universitäten in Europa und den USA von Saudi-Arabien finanzierte Lehrstühle akzeptiert haben und damit dem Regime internationales Ansehen verleihen.

[3] Eine konzise Darstellung der Politisierung des Islam von der Verbindung zwischen Staat und Islam bis hin zum Islam „als Staat" bietet Voll 2013, S. 56-67.

bis heute an. Bei aller Unterschiedlichkeit und Vielschichtigkeit der Bewegungen des Politischen Islam[4] lassen sich gemeinsame prägende Merkmale feststellen. Der Politische Islam geht inhaltlich im vereinfachten Grundansatz von einer Bipolarität der Welt aus – Gläubige bzw. die (wahrhaft) „islamischen Staaten" und der Rest der Welt stehen gegen- oder allenfalls nebeneinander, wobei auch andersdenkende Musliminnen und Muslime bestenfalls als zu missionierende Verirrte gelten. Die islamische Identität wird als allumfassend und exklusiv gegenüber individuellen, kulturellen oder politischen Prägungen und Einstellungen verstanden und erhebt deshalb auch einen entsprechend umfassenden sozialen Geltungsanspruch – Andersdenkende verlieren ihren rechtsstaatlich-säkular begründeten Anspruch auf Gleichheit.

Wesentliche Charakteristika der Ideologie des Politischen Islam sind die Ablehnung einer säkularen Rechtsordnung auf menschenrechtlicher Grundlage mit Gleichberechtigung der Geschlechter und Religionen/Weltanschauungen, Meinungsfreiheit, Freiheit von Medien, Wissenschaft und Kunst, freier Entfaltung der Persönlichkeit und parlamentarischer Demokratie (vgl. schon Rohe 2005, S. 132ff; Farschid 2014, S. 437ff.). Hier finden sich manche Überschneidungen mit schlicht traditionalistischen Ansichten, wobei diese alleine noch nicht zum Politischen Islam zählen (zur wichtigen Abgrenzung vgl. unten III.2.). In nicht-muslimischen Mehrheitsgesellschaften wird die möglichste Verhinderung einer Anpassung an die Gesamtgesellschaft propagiert.

Die Wirkungsmacht solcher Einstellungen ist nicht zu unterschätzen: Es sind keineswegs nur sozio-ökonomisch Marginalisierte oder Menschen in persönlichen Lebenskrisen, die sich dieser Ideologie verschrieben und weitergehend dann dschihadistischen Aktivitäten zugewandt haben (Micheron 2020), wenngleich manche Dschihadisten allenfalls über rudimentäre Kenntnisse des Islam verfügen (vgl. Kiefer 2017 mit weiteren Nachweisen). Aber auch unterhalb der Schwelle der Gewalttätigkeit ist der Politische Islam nicht hinzunehmen. Er gefährdet wie

---

[4] Vgl. z.B. die sehr differenzierten und kundigen Ausführungen bei Krämer 1999, insbes. S. 43ff., 73ff.

andere Extremismen langfristig das System demokratischer Rechtsstaatlichkeit und schon kurzfristig besonders betroffene Bevölkerungsgruppen, die sich seinem Einfluss nicht entziehen können.

Spätestens seit den 1980er Jahren haben sich Politik, Medien und Wissenschaft mit diesen Entwicklungen befasst, zumeist unter den Begriffen des Fundamentalismus, des (legalistischen) Islamismus, des politischen Salafismus oder eben des Politischen Islam.[5] Nach den Terroranschlägen vom 11. September 2001 und angesichts weiterer solcher Anschläge weltweit wurde das Phänomen des Islamismus in all seinen Facetten auch im Hinblick auf die Lebenssituation in Europa umfangreich erörtert. Das Thema ist also alles andere als neu.

3 Recht als Waffe (aktive Nutzung)

3.1 Staaten mit muslimischer Mehrheitsbevölkerung

In vielen Staaten mit muslimischer Mehrheitsbevölkerung, vor allem in arabischen Staaten und im Iran, sind Bewegungen erstarkt, die in all ihrer Vielfalt dem Politischen Islam zuzuordnen sind. Paradigmatisch hierfür stehen prominente Vertreter der Muslimbruderschaft (zum Gründer Ḥasan al-Bannā Mousalli 2013, S. 129-143) und der indo-pakistanische islamistische Vordenker ʿAlā al-Dīn Mawdūdī (zu ihm Hartung 2013). In Saudi-Arabien ist der Politische Islam in Gestalt eines auch innerislamisch sehr intoleranten und repressiven Wahhabismus Staatsdoktrin. Gewisse Aufweichungen in jüngster Zeit haben noch keine fundamentale Änderung bewirkt. Im Iran wurde mit der Islamischen Revolution 1979 ein ebenso brutales System des Politischen Islam etabliert (welayat-e faqih, „Herrschaft des Gelehrten"; vgl. Rohe 2011, S. 247ff. mwN), das sich weiterhin an der Macht hält. Mit dem wirtschaftlichen Aufstieg der ölproduzierenden Golfstaaten seit den 1970er Jahren etablierten einige von ihnen finanzstarke Propagandainstrumente in anderen Teilen islamisch geprägter Staaten, z.B. durch Begabtenstipendien, Bau von Schulen etwa in Pakistan im großen Stil oder finanzielle Unterstützung ideologischer verwandter Parteien und

---

[5] Aus der Fülle von Literatur vgl. aus jüngerer Zeit etwa Rubin 2007; Addi 2017, insbes. S. 121ff.; Siddiqui 2017; Cesari 2018; Akbarzadeh (Hg.) 2020; al-Sarhan 2020.

Organisationen oder maroder Regimes wie desjenigen Numayris im Sudan der 1980er Jahre. Dies hatte auch Auswirkungen auf die Rechtsordnungen, die im Sinne des Politischen Islam geändert wurden.[6]

Die strategischen Ansätze des (nicht-dschihadistischen) Politischen Islam variieren. Religiöse Inhalte und Symboliken werden politisch aufgeladen oder politische Prozesse werden „religionisiert" (Hasche 2015, S. 332). In Ägypten wurden „die Prinzipien der Scharia" 1971 in Art. 2 der Verfassung zu einer Hauptquelle der Gesetzgebung erhoben, mit zunehmendem Druck des Politischen Islam nach einem Referendum im Jahre 1980 zu „der Hauptquelle".[7] Die Anwendung der Scharia in ihrer vermeintlich „authentischen" Form wurde zum zentralen Politikum (ʿAbd al-Fattah 1999, insbes. S. 168ff.). Die prominente Frauenrechtlerin Nawāl al-Saʿdāwī zog Todesforderungen auf sich, als sie die Streichung dieses Verfassungsartikels forderte (Hermann 2005, S. 7). Art. 2 wurde wiederholt und teils erfolgreich als Waffe eingesetzt, um angeblich dem islamischen Recht widersprechende Gesetze als verfassungswidrig zu erklären.[8] Dem fielen Teile der Reformgesetze zugunsten von Ehefrauen zum Opfer, die auf Initiative der Präsidentengattin Ǧihān al-Sādāt durchgesetzt wurden (zu Einzelheiten Rohe 2011, S. 220ff.) und damit nicht zu befolgen seien.[9]

Massiv wirkte auf solcher Grundlage die Zwangsscheidung des Wissenschaftlers Nasr Hamīd Abū Zaid von seiner Ehefrau (Bälz 1996, S. 353; grundlegend Thielmann 2003). Wegen seiner liberalen Schriften war er der Apostasie beschuldigt und in der Folge von seiner Ehefrau gegen deren Willen zwangsgeschieden worden. Diese Entscheidung wurde im Instanzenzug bestätigt. Der Vorsitzende Richter des Kassationsgerichts, das die Zwangsscheidung bestätigt hat, ist angeblich nach einem Aufenthalt in den Golfstaaten zu seiner extremen Haltung

---

[6] Vgl. die konzisen Staatenübersichten in Esposito & Shahin 2013 (William O. Beeman zu Iran, aaO, S. 399-410; Natana J. Delong-Bas zu Saudi-Arabien, S. 411-422; Ibrahim Kalin zur Türkei, S. 423-439; Abdelwahab El-Efendi zu Sudan, S. 440-452; Tarek Masoud zu Ägypten, S. 474-502.

[7] Hierzu Brown 1999, S. 493ff. Zur Verfassungsgeschichte der Republik vgl. Baumann & Weber (Hg.) 1995, S. 46ff. (Textabdruck S. 57ff.).

[8] Vgl. zur einschlägigen Rechtsprechung des Verfassungsgerichtshofs Vogel 1995, S. 525ff.; Bälz 1999, S. 229ff.

[9] Vgl. El Alami & Hinchcliffe 1996, S. 51; der Aufhebungsgrund lag in der mangelnden Beteiligung des Parlaments.

(tašaddud) gekommen (Thielmann 2003, S. 219f.). Allerdings bemühte sich der ägyptische Gesetzgeber, eine Wiederholung derartiger Fälle zu verhindern, indem er das im Fall Abū Zaid angewandte Institut der ḥisba-Klage ohne persönliche Betroffenheit zur Herstellung der islamischen Ordnung 1996 (Gesetz 3/1996) beseitigte. In seiner Wirkung noch nicht abzuschätzen ist der Umstand, dass die neue Juristengeneration in Ägypten (und nicht nur dort) ihre Ausbildung offenbar in einem zu erheblichen Teilen von Islamisten beherrschten Meinungsklima erhalten hat ('Abd al-Fattah 1999, S. 170).[10]

Auch in vielen anderen Staaten wurde die Rechtsordnung als Waffe für den Politischen Islam genutzt, von den nördlichen Bundesstaaten Nigerias seit dem Jahr 2000 (vgl. Rohe 2011, S. 264 mwN) bis hin zur indonesischen Provinz Aceh, wo den Islamisten nach langwährenden gewalttätigen Auseinandersetzungen im Jahre 2001 (Simperler 2012, S. 27ff.) die rechtliche Deutungsmacht über die dort eingeführte „Scharia" zugeteilt wurde.

Jüngstes Beispiel der Entwicklungen ist die Türkei – mit Auswirkungen auf die türkischstämmige Bevölkerung in Europa[11] –, in der in den letzten Jahrzehnten zunehmend eine Synthese von türkischem Nationalismus und Islam mit einem neo-osmanischen Anstrich vorangetrieben wurde, wenn auch gegen den Widerstand erheblicher Teile der Zivilgesellschaft (vgl. Çevik 2019; Yavuz, 2020). Nachdem die seit 2002 regierende AKP zunächst ein wirtschaftlich recht erfolgreiches Reformprogramm durchgesetzt und weitreichende Liberalisierungen z.B. im Sprach- und Kulturbereich vorgenommen hatte, wurde seit einigen Jahren zunehmend intensiv eine sozialrepressive Islamisierung im Sinne traditionalistischer bis extremistischer Interpretationen vorangetrieben. Das geltende Recht wurde hierfür instrumentalisiert. Im Strafrecht werden politische Gegner durch extensive Auslegung der ohnehin rechtsstaatlich bedenklich unpräzisen Staatsschutzvorschriften verfolgt. Scheinbar neutrale Vorschriften der Bildungsorganisation, des Gesundheits- oder Jugendschutzes werden missbraucht, um eine „fromme Generation" (Lüküslü 2016, 237ff.; Dreßler 2017) im Sinne

---

[10] Vgl. auch Sherif 1996, S. 13, 35f. zur Lage in der Anwaltsvereinigung (Bar Council).
[11] Vgl etwa zur türkisch-islamistischen Synthese bei der Ülkücü-Bewegung („Graue Wölfe") Çiçek 2021.

der eigenen Ideologie mit obsessiver Geschlechtertrennung, patriarchalischer Grundierung heranzuziehen und einen freizügigen Lebensstil (z.B. Zusammentreffen von Studierenden beiderlei Geschlechts in Studentenwohnheimen; Alkoholkonsum in der Gastronomie) zu verhindern. Zudem ist eine gezielte Personalpolitik in Justiz und Administration zu beobachten, die als institutionelle Unterminierung eingestuft werden kann.[12] Der öffentliche Raum wird von politisch-religiösen Machtsymbolen durchdrungen. Das zeigt sich in überdimensionierten Moscheen an exponierter Stelle in Istanbul ebenso wie in Prunkmoscheebauten in überwiegend alevitisch besiedelten ländlicheren Regionen. Jahrhundertealte christliche Kirchen von hoher kunsthistorischer Bedeutung, die in den Anfangsjahren der Republik zu Museen erklärt wurden, werden nun in Moscheen umgewandelt, wie die Hagia Sophia in Trabzon und die Chora-Kirche und die Hagia Sophia in Istanbul.[13] Letzteres war ein hochbedeutender politisch symbolischer Akt, indem der Vorsitzende der staatlichen Religionsbehörde DIYANET Erbaş auf der Predigtkanzel (Minbar) mit erhobenem Säbel das Kriegsrecht beschwor, welches Grundlage für die Inbesitznahme der einst größten Kirche der Christenheit sei (Avenarius 2020). Hier wird das Recht sogar bildlich zur Waffe. Jüngster Schritt ist der Austritt der Türkei aus der vom Europarat im Jahre 2011 verabschiedeten Istanbul-Konvention, einer bedeutsamen rechtlichen Grundlage für den Schutz von Frauenrechten. Angeblich fördere die Konvention, welche die Türkei als erster Staat gezeichnet hatte, Homosexualität und verletze türkische Familienwerte (Karakaş 2021).

---

[12] So wurden nach dem misslungenen Putschversuch im Juli 2016 zehntausende Richter und Verwaltungsangestellte entlassen, meist begründet mit (angeblicher) Zugehörigkeit zur Gülen-Bewegung. Offenbar wurde diese Gelegenheit aber auch genutzt, um evident säkular gesonnene politische Gegner auszuschalten. Nach verlässlichen Informationen des Verfassers wurden die frei gewordenen Stellen in erheblichem Umfang mit schlecht qualifizierten Sympathisanten der Regierung besetzt. Einige qualifizierte Juristen quittierten angesichts des Niveauverlusts und Anstieg politischen Drucks resigniert ihren Dienst.

[13] Vgl. den Bericht „Re-Islamisierung des Weltkulturerbes Hagia Sophia" vom 07.02.2021, abrufbar unter https://www.br.de/nachrichten/deutschland-welt/re-islamisierung-des-weltkulturerbes-hagia-sophia,SOELcCg (Zugegriffen: 20.08.2021).

Eine zusätzliche Problematik ergibt sich daraus, dass in Staaten wie Ägypten nun tatsächliche, aber auch nur scheinbare Vertreter des Politischen Islam ihrerseits von angeblich säkularen Diktatoren unter brutalen Menschenrechtsverletzungen bekämpft werden, unterstützt von den Regimes in Saudi-Arabien und den Vereinigten Arabischen Emiraten. Die dazu weitgehend schweigenden europäischen Rechtsstaaten erhöhen die Glaubwürdigkeit ihrer Prinzipien dadurch nicht.

3.2   Staaten mit muslimischer Mehrheitsbevölkerung

In Staaten mit muslimischen Minderheiten gab es nur kleinere Versuche, eine islamische Rechtsordnung nach traditionellem Muster zu etablieren. Entsprechende Forderungen kleiner Gruppierungen im Vereinigten Königreich in den 1980er Jahren (Rohe 2018b, S. 735ff.) blieben ohne Resonanz. Immer wieder wird zudem berichtet, dass Organisationen oder Personen aus den Spektrum des Politischen Islam versuchten, kritische Stimmen durch eine Vielzahl von Klagen einzuschüchtern. Allerdings sind solche Berichte wenig konkret. Nicht selten ist dann auch zu erfahren, dass die Kläger sich tatsächlich durchsetzen konnten, also zu Unrecht angegriffen wurden. Insofern machen sie dann schlicht von den Mitteln des Rechtsstaats Gebrauch. In den letzten zwei Jahrzehnten haben zudem Kritiker einen außerordentlich breiten Zugang zu Medien und prägen die öffentliche Debatte wesentlich mit. Nach alledem kommt dem Recht als Waffe hier nur ein sehr untergeordnetes Potential zu.

Sehr viel bedeutsamer ist faktische Rechtlosigkeit als Waffe: Das Internet ist ein vielgenutztes Forum für Propaganda des Politischen und des dschihadistischen Islam. Hier zeigen sich massive Regulierungsdefizite, z.B. im Hinblick auf die USA, die einen extrem weiten Begriff der Meinungsfreiheit pflegen, der von dort aus gesteuerte Aktivitäten kaum abwehren kann.

4   Recht als Schutzraum

Das entscheidende Spielfeld für den Politischen Islam in Rechtsstaaten mit muslimischen Minderheiten ist das Recht als Schutzraum. Gemeint ist damit, dass die Handlungsmöglichkeiten des Rechtsstaats missbraucht werden, um eine rechtsstaatsfeindliche Ideologie durchzusetzen. Auf solche Aktivitäten muss der Rechtsstaat mit allen ihm gebotenen Mitteln reagieren, allerdings auch seine eigenen Maßstäbe einhalten.

Politische Betätigung unter (auch) religiösen Vorzeichen kann per se kein Verdachtsmoment sein: In Staaten mit religionsoffenen Verfassungen wie Deutschland sind auch das religiöse Argument im politischen Raum und politisches Engagement mit religiöser Motivation selbstverständlich zulässig. Gerade auch deshalb sind präzise Abgrenzungen nötig: Es wäre rechtsstaatswidrig und kontraproduktiv, politisches Engagement der muslimischen Bevölkerung pauschal unter Verdacht zu stellen. „Der Islam" steht keineswegs im strukturellen Gegensatz zum demokratischen Rechtsstaat und Menschenrechten (vgl. etwa Baderin u.a. 2006; Elliesie 2010; Bassiouni 2014; Ademi, 2019; Rohe 2020, S. 233ff.). Auch auf der Basis islamisch-religiöser Argumentation werden politische Konzepte entwickelt, die sich ohne weiteres mit den unverhandelbaren Grundlagen demokratischer Rechtsstaaten vereinbaren lassen. Nur Richtungen, die sich gegen diese Grundlagen richten, sind als problematisch anzusehen und für die hier verfolgten Zwecke unter dem Begriff des Politischen Islam einzuordnen.

Am schwierigsten, aber umso notwendiger sind passgenaue Grenzziehungen: Was unterscheidet den Politischen Islam von nur traditionellen/traditionalistischen religiös orientierten Lebensformen und Ansichten? Gewiss gibt es zwischen beiden inhaltliche Überschneidungen, beispielsweise bei patriarchalisch grundierten Überzeugungen, beim Rückzug auf Angehörige des eigenen Glaubens und beim Wahrheitsanspruch monotheistischer Religionen. Solche Lebensformen und Ansichten sind selbstverständlich Gegenstand individueller, gruppeninterner und gesamtgesellschaftlicher kritischer Debatten. Jedoch sind auch traditionelle Haltungen, die religiös oder weltanschaulich begründet sind, nicht ohne weiteres rechtsstaatsrelevant. Man darf konservativ sein und das ebenso öffentlich vertreten. Das gilt für Christen, Juden und Muslime gleichermaßen. Deshalb sind das Festhalten an traditionellen Bekleidungs- oder Speisevorschriften und an traditionellen Geschlechterrollenbildern, die Ablehnung interreligiöser Feierlichkeiten[14] und die inhaltliche Bevorzugung der eigenen Religion ohne weiteres noch keine Anzeichen für Politischen Islam. Von zentraler Bedeutung ist in diesen Zusammenhängen die offene interne und gesamtgesellschaftliche *problemorientierte* Debatte (hierzu Schmidinger 2020), z.B. über nach wie vor bestehende patriarchalische Strukturen in vielen Bereichen.

Der entscheidende Unterschied zwischen traditionalistischen Lebenshaltungen und dem Politischen Islam liegt zum einen im *rechtsstaatswidrigen Herrschaftsanspruch*, der über Entscheidungen zur persönlichen Lebensführung hinausgeht, zum anderen in der *Durchsetzungsmethode* – formale Einhaltung des geltenden Rechts, aber dessen Unterminierung durch Ausübung massiven sozialen Drucks innerhalb bestimmter Communities oder politische Strategien, die auf einen Systemwechsel abzielen. Immer wieder wird von Vertretern des Politischen Islam sachorientierte Kritik als Muslimfeindlichkeit diskreditiert und eine instrumentalisierte Opferrolle eingenommen.

Allerdings kleiden sich immer wieder auch muslimfeindliche Haltungen in das Gewand bloßer „Islamkritik".[15] Wer über Politischen Islam redet, darf von Muslimfeindlichkeit[16] nicht schweigen. Im Gegensatz zur faktenorientierten konkreten Kritik ist Muslimfeindlichkeit gekennzeichnet durch tatsachenwidrige pauschalisierende Aussagen über „den Islam", „die Muslime" oder auch über einzelne Personen oder Organisationen. Davon abzugrenzen ist eine sachliche Kritik an manchen Lebenshaltungen und Entwicklungen in Teilen der muslimischen Bevölkerung. Solche Kritik wird auch innermuslimisch geübt, nicht zuletzt

---

[14] So aber Scholz & Heinisch 2019, S. 134. Dann aber müsste auch die Ablehnung der Abendmahlsgemeinschaft von Christen durch die Römisch-katholische Kirche eine „Parallelgesellschaft" konstituieren.

[15] Vgl. Heine et al. 2012, S. 33f.: „Versuche, jede Kritik am Islam als Islamophobie zu brandmarken, stehen also Versuchen gegenüber, islamophobe Positionen als wissenschaftliche Islamkritik zu verkaufen. Im Gewirr dieser Argumentationen ist es oft nicht einfach, auch nur den Mindestansprüchen des intellektuellen Anstands zu genügen."

[16] Zur terminologischen Vielfalt (Islamfeindlichkeit, Muslimfeindlichkeit, antimuslimischer Rassismus, Islamophobie etc.) vgl. z.B. Rohe 2018a, S. 277ff.; Keskinkilic 2019.

von gläubigen Menschen, die – wie in anderen Religionen – an erstarrten, teils sogar rechtsstaatswidrigen Phänomenen innerhalb ihrer Glaubensgemeinschaft leiden. Andererseits bedienen auch einzelne Personen muslimischen Familienhintergrunds einen Markt scheinbar authentischer „Kronzeugen" für Pauschalurteile und werden zu gern gesehenen Gästen und Referenzen in islamfeindlichen rechtspopulistischen und rechtsradikalen Zirkeln, aber auch bei feministischen Ideologinnen.[17] Exemplarisch ist die langwährende, teils extrem emotionalisierte und faktenarme Debatte um das von Musliminnen (nicht um das von Jüdinnen oder Christinnen) freiwillig getragene Kopftuch (hierzu ausführlich Rohe 2018a, S. 207ff.).

Kernpunkt des Umgangs mit dem Politischen Islam ist nach alledem die Gewinnung von verlässlichen Tatsachen für die Beurteilung, ob Personen oder Organisationen dem Politischen Islam zuzurechnen sind. Für die Informationsgewinnung für rechtsstaatliche Zwecke empfiehlt sich eine Anlehnung an die Methodik polizei- und strafrechtlichen Vorgehens: Grundsätzlich gilt für alle Menschen die Vermutung der Rechtstreue. Einzelinformationen auf eher anekdotischer Ebene, auch im journalistischen Bereich, können hilfreiche Informationen für einen Anfangsverdacht liefern, der weitere Nachforschungen nahelegt, aber meist noch nicht als Grundlage für belastbare Aussagen genügt. Danach sind weitere Untersuchungen nach wissenschaftlichen Seriositätskriterien erforderlich. Hierbei sind die Binnenpluralität vor alle in größeren Organisationen sowie Dynamiken durch Generationenwechsel etc. zu beachten. Nicht jede Aussage, man habe sich von früheren Ideologien des Politischen Islam abgewandt, ist glaubhaft. Andererseits sind echte Wandlungen im Sinne einer Abkehr von diesen Ideologien möglich und begrüßenswert.

Zentrale Anhaltspunkte für rechtsstaatlich problematischen Politischen Islam sind in den Inhalten/Zielrichtungen von Worten und Taten der Akteure zu suchen. Inhaltliche Äußerungen können innerer Überzeugung entsprechen, aber bei Vorliegen hinreichender gegenläufiger Erkenntnisse auch nur vorgespiegelt sein. Hierbei ist zu prüfen,

---

[17] En nicht hinzunehmender Skandal sind gleichwohl Bedrohungen und Verfolgungen solcher Personen. Man mag ihre Aussagen kritisieren, das rechtfertigt aber keine Straftaten oder andere Übergriffe.

ob unterschiedliche Wordings z. B. bei internen und öffentlichen Äußerungen doppelte Standards belegen, oder ob die Unterschiede nur dem jeweiligen Kommunikationskontext geschuldet sind.

In der Regel weit weniger aussagekräftig sind bloße Kontakte zu Vertretern des Politischen Islam. Längere Dauer und stärkere Intensität solcher Kontakte werden oft deutliche Indizien darstellen, die Rückschlüsse auf inhaltliche Überzeugungen zulassen. Dabei ist aber auch auf den Kontext von Begegnungen (z.B. Höflichkeitseinladungen oder Tagungen mit breitem inhaltlichem Erkenntnisinteresse) zu achten: Pauschalverdächtigungen auf der Basis einer „Kontaktschuldhypothese" sind im Rahmen rechtsstaatlicher Maßnahmen abzulehnen. Nach alledem kommt beweisbaren Inhalten weit größere Bedeutung zu als Kontakten und Strukturen.

Eine weitere Herausforderung besteht darin, konkrete Akteure des Politischen Islam zu identifizieren. Unschwer ist dies bei Personen oder Gruppierungen möglich, welche die traditionelle Ideologie der Muslimbruderschaft, des saudi-arabischen Wahhabismus[18] oder des türkischen nationalistisch-islamistischen Islams vertreten. Allerdings hat sich über die Jahrzehnte bei manchen Organisationen ein erkennbarer innerer Wandel vollzogen (vgl. z.B. Elsässer 2021; Biagini 2021), auch wenn nicht jede öffentliche Äußerung einen echten Wandel belegen kann. Immer wieder wird von Vertretern des Politischen Islam sachorientierte Kritik als Muslimfeindlichkeit diskreditiert und eine instrumentalisierte Opferrolle eingenommen.

Bei der Bekämpfung des Politischen Islam kann und muss der Rechtsstaat alle ihm zu Gebote stehenden Mittel einsetzen, wobei stets der Verhältnismäßigkeitsgrundsatz zu wahren ist. Ein hinreichend mit Tatsachen belegter Anfangsverdacht kann zu sicherheitsrechtlichen Maßnahmen führen. Alle rechtlich nicht gebotenen oder aus Sachgründen opportunen Kooperationen sollten dann eingestellt werden. Am Ende der Skala stehen Vereinsverbote bzw. die Auflösung von Organisationen, Beschlagnahme von Vermögen und individuelle Strafsanktionen,

---

[18] Hierzu zählt meines Erachtens auch das bis 2021 in Wien angesiedelte KAICIID (King Abdullah Bin Abdulaziz International Centre for Intercultural and Interreligious Dialogue), auch wenn es sich als Einrichtung für interreligiöse Verständigung gibt.

möglicherweise auch aufenthaltsrechtliche Maßnahmen. All diese Maßnahmen müssen aber auch geeignet und erforderlich sein. Aus solcher Sicht bedenklich sind z.B. Forderungen, in Moscheen nur noch in der Landessprache zu predigen, die Unterbindung jeglicher Finanzierungshilfen aus dem Ausland oder die Einführung unkonturierter Straftatbestände, die gegen den menschenrechtlich verankerten Bestimmtheitsgrundsatz verstoßen. Bei aller Wachsamkeit muss der Rechtsstaat seinen Grundsätzen treu bleiben. Doppelte Standards werden sogleich für extremistische Propaganda genutzt.

5 Fazit

Die Debatte über den „Politischen Islam" ist im Grundsatz berechtigt: Der demokratische Rechtsstaat und seine Gesellschaft sind nicht erst bedroht, wenn Gewalt ausgeübt oder propagiert wird, sondern bereits dann, wenn unter Missbrauch grundsätzlich legaler Mittel ein Gegensystem etabliert werden soll. Der Rechtsstaat und seine Gesellschaft müssen sich gegen solche Aktivitäten mit allen rechtsstaatlichen Mitteln zur Wehr setzen. Der Begriff des Politischen Islam ist jedoch problematisch, weil er die Gefahr einer inhaltlichen Überdehnung birgt. Der schon etablierte Begriff des (legalistischen) Islamismus beschreibt bereits seit längerem die Probleme, die mit dem "Politischen Islam" erfasst werden sollen. So hat denn auch dem vom deutschen Bundesministerium des Innern und für Heimat 2021 für ein Jahr eingesetzten Expertenkreis die Arbeitsbezeichnung „Politischer Islamismus" gegeben, im Grunde eine Tautologie, die allerdings zu Recht deutlich machen soll, dass politische Betätigung von Muslimen generell gerade nicht erfasst wird.

Im Rechtsstaat gibt es unvermeidliche Restrisiken, will man nicht die Sicherheit des Gefängnisses anstreben. Andererseits benötigt man einen wehrhaften Rechtsstaat, der solche Risiken unter Nutzung aller rechtsstaatlichen Instrumente minimiert. Es bedarf also gleichermaßen einer klaren Benennung von Problemen und involvierten Organisationen oder Personen, aber auch einer rechtsstaatlich einwandfreien Grenzziehung.

Mittelfristig wird Prävention entscheidend sein – zwar gilt der Satz „there is no glory in prevention", aber gerade im politischen Vorfeld des Extremismus bedarf es besonderer Anstrengungen. Hier ist nicht der Raum, die vorhandenen Konzepte und Maßnahmen zu würdigen. Insgesamt entscheidend erscheint die Identifikation eines overlapping consensus zwischen den unverhandelbaren Grundlagen des Rechtsstaats und islamischer Normativität. Das ist möglich: Je nach Auslegung lassen sich mit Aussagen der islamischen Scharia die Menschenrechte und der demokratische Rechtsstaat angreifen oder unterstützen. Deshalb ist die *konkrete* Betrachtung der Haltungen von Akteuren von zentraler Bedeutung. Dazu bedarf es mehr als nur oberflächlicher Kenntnisse von Inhalten und Organisationen. Insbesondere das Bildungswesen in allen Stufen kann Alternativangebote zur Ideologie des Politischen Islam unterbreiten und gewinnt über die Schulpflicht auch Breitenwirkung. Allerdings müssen in diesen Zusammenhängen auch traditionelle Positionen diskriminierungsfrei hingenommen werden, solange sie nicht die oben definierte Qualität des Politischen Islam erreichen.

Im Umgang mit dem Politischen Islam ist unter rechtsstaatlichen Vorzeichen wie mit allen Extremismen zu verfahren, die sich gegen den demokratischen Rechtsstaat und eine freiheitliche Gesellschaftsordnung richten:

1. Die Möglichkeiten des Rechtsstaats stehen grundsätzlich allen Menschen und Organisationen offen. Es gilt die Regelvermutung, dass die Mittel des Rechts *ge*braucht werden.

2. Wie oben beschrieben gibt es aber auch einen *Miss*brauch des Rechts für rechtsstaatswidrige Ziele. Ein entsprechender Anfangsverdacht muss weitere Nachforschungen auslösen. Es gilt das Verhältnismäßigkeitsprinzip.

3. Verdachtsmomente sind vor allem rechtsstaatswidrige Inhalte. Diese müssen hinreichend durch Fakten belegt sein. Die Binnenpluralität von Organisationen und Dynamiken müssen berücksichtigt werden. Persönliche Kontakte mit Vertretern des Politischen Islam alleine sind in aller Regel nicht tragfähig, weil sie aus den unterschiedlichsten Gründen zustande kommen können. Nur bei großer Verdichtung wird man inhaltliche Übereinstimmungen vermuten können.

4. Je nach Faktenlage reicht das rechtsstaatliche Instrumentarium im Umgang mit dem Politischen Islam von der Beobachtung durch zuständige Sicherheitsbehörden und Beendigung jeder rechtlich nicht gebotenen Kooperation bis hin zu Vereinsverboten, der Beschlagnahme des Vereinsvermögens und strafrechtlichen Sanktionen.

5. Staatliche Maßnahmen sind unverzichtbar, reichen aber nicht aus. Offene, aber auch faire Debatten in der Zivilgesellschaft und innerhalb der muslimischen Bevölkerung sind unverzichtbar. Überzeugungsbildung ist der Schlüssel zur Bekämpfung des Politischen Islam. Der Staat kann dafür geeignete neutrale Plattformen bereithalten, nicht zuletzt im Rahmen der schulischen und politischen Bildung.

6. Eine glaubwürdige Bekämpfung des Politischen Islam muss problemorientiert erfolgen: Es geht nicht um die gezielte Brandmarkung einer einzelnen Ideologie, sondern um eine glaubwürdige Bekämpfung *aller* rechtsstaatswidrigen Extremismen. Dazu zählt auch die Politische Islamfeindlichkeit. Nur so behält der Rechtsstaat die Glaubwürdigkeit, auf der sein Fortbestehen beruht.

7. Die teilweise überdehnte Ausfüllung des Begriffs „Politischer Islam" ist ihrerseits eine Bedrohung für den Rechtsstaat. Politisches Engagement von Musliminnen und Muslimen darf nicht unter Generalverdacht gestellt werden. Es ist im Gegenteil begrüßenswert. Die entscheidende Grenzziehung – auch zu traditionalistischen, religiös begründeten Lebenshaltungen – liegt im rechtsstaatswidrigen *Herrschaftsanspruch* des Politischen Islam, der durch manipulative politische Strategien oder massiven sozialen Druck in bestimmten Milieus durchgesetzt werden soll.

8. Außenpolitisch sollte mit Regimes, die sich auf Formen des Politischen Islam stützen, mit Distanz begegnet werden. Iran und Saudi-Arabien unterscheiden sich in dieser Hinsicht nicht grundlegend. Aber auch eine Kooperation mit Folterregimes wie dem gegenwärtigen ägyptischen diskreditiert Rechtsstaatlichkeit und bietet dem Politischen Islam Argumente (Vorwurf der Anlegung doppelter Standards).

9. Die Entwicklung in Afghanistan hat gezeigt, dass Versuche einer „Demokratisierung von außen" – noch dazu eher halbherzige – zum Scheitern verurteilt sind. Das gegenwärtige Desaster war absehbar.

Künftig sollten Entwicklungen von innen, vor allem zivilgesell-schaftliche Akteure, unterstützt werden, die das jeweilige Land hin-reichend gut kennen. Korrupte Regierungen, die sich aus finanziel-len Gründen als Verbündete gegen den Politischen Islam anbieten, sollten nicht über das unerlässliche Maß hinaus unterstützt werden.

Literatur

ʿAbd al Fattah, N. (1999). The anarchy in Egyptian legal system. In B. Dupret, M. Berger & L. al-Zwaini (Hrsg.), *Legal pluralism in the Arab world* (S. 159-172). Den Haag: Kluwer Law International.

Ademi, Ç. (2019). Grundgesetz, Religionsfreiheit und Islam. Akademie für Islam in Wissenschaft und Gesellschaft. https://aiwg.de/wp-content/uploads/2019/05/AIWG-in-puncto_-Grundgesetz-Religionsfreiheit-und-Islam_Ademi.pdf. Zugegriffen: 25. August 2021.

Addi, L. (2017). *Radical Arab nationalism and political Islam*. Washington: Georgetown University Press.

Akbarzadeh, S. (Hrsg.) (2020). *Routledge Handbook of Political Islam, 2. Aufl.* London: Routledge.

El-Alami, D., Hinchcliffe, D. (1996). *Islamic Marriage and Divorce Laws of the Arab World*. London: Kluwer International Publishers.

Avenarius, T. (2020, 27. Juli). Im Geist des Eroberers. Süddeutsche Zeitung. https://www.sueddeutsche.de/kultur/politische-signale-aus-der-tuerkei-im-geist-des-eroberers-1.498012. Zugegriffen: 20. August 2020.

Baderin, M., Monshipouri, M., Welchman, L., & Mokhtari, S. (Hrsg.) (2006). *Islam and human rights: Advocacy for social change in local contexts*. New Delhi: Global Mefia Puclications.

Bälz, K. (1996). Eheauflösung aufgrund Apostasie durch Popularklage. Praxis des Internationalen Privat- und Verfahrensrechts, 353-356.

Bälz, K. (1999). The secular reconstruction of Islamic law. In B. Dupret, M. Berger & L. al-Zwaini (Hrsg.), *Legal pluralism in the Arab world* (S. 229-243). Den Haag: Kluwer Law International,

Bassiouni, M. (2014). *Menschenrechte zwischen Universalität und islamischer Legitimität*. Berlin: Suhrkamp.

Baumann, H., & Weber, M. (Hrsg.) (1995). *Die Verfassungen der Mitglieds-länder der Liga der Arabischen Staaten.* Berlin: Berliner Wissenschafts-Verlag.

Biagini, E. (2021). Women and the Muslim brotherhood post-2013: Calls for gender reforms and pluralism. *Middle East Law and Governance, 13*(2), 171-195.

Brown, N. J. (1999). Islamic constitutionalism in theory and practice. In E. Cotran & A. O. Sherif (Hrsg.), *Democracy, the rule of law, and Islam* (S. 491-505). London: Kluwer Law International.

Cesari, J. (2018). *What is political Islam?* Boulder: Lynne Rienner Publishers.

Çevik, S. (2019). Erdoğan's comprehensive religious policy. SWP.Comment. https://www.swp-berlin.org/en/publication/erdogans-comprehensive-religious-policy. Zugegriffen: 20. August 2021.

Çiçek, H. (2021, März) Ülkücü. Türkisch-islamistischer Rechtsextremismus. EICPT Expert Paper. https://www.eictp.eu/eictp-expert-paper-uelkuecue-tuerkisch-islamistischer-rechtsextemismus/. Zugegriffen: 20. August 2021.

Dreßler, M. (2017, 24. Febr.). Erdoğan und die „Fromme Generation". Religion und Politik in der Türkei. APuZ. https://www.bpb.de/apuz/243029/erdoan-und-die-fromme-generation-religion-und-politik-in-der-tuerkei?p=all. Zugegriffen: 20. August 2021.

Elliesie, H. (Hrsg.) (2010). *Beiträge zum Islamischen Recht VII: Islam und Menschenrechte.* Frankfurt a.M.: Internationaler Verlag der Wissenschaften.

Elsässer, S. (2021). *Die „Schule" Ḥasan al-Bannās.* Baden-Baden: Nomos.

Esposito, J. L., & Shahin, E. E.-D. (Hrsg.) (2013): The Oxford handbook of Islam and politics. Oxford: Oxford University Press.

Hartung, J.-P. (2013). *A system of life: Mawdūdī and the ideologisation of Islam,* London: Hurst.

Hasche, T. (2015). *Quo Vadis, Politischer Islam? AKP, al-Qaida und Muslimbruderschaft in systemtheoretischer Perspektive.* Bielefeld: trancript.

Heine, S., Lohlker, R., Potz, R. (2012). *Muslime in Österreich. Geschichte – Lebenswelt – Religion. Grundlagen für den Dialog.* Innsbruck: Tyrolia.

Hermann, R. (2005, 1. März). "Bewegung in Ägypten". *Frankfurter Allgemeine Zeitung*, S. 7.

Karakaş, B. (2021, 1. Juli). „Türkei besiegelt Austritt aus Istanbul-Konvention". https://www.dw.com/de/t%C3%BCrkei-besiegelt-austritt-aus-istanbul-konvention/a-58098104. Zugegriffen: 20. August 2021.

Keskinkilic, O. Z. (2019, 17. Dez.). Was ist antimuslimischer Rassismus? bpb. https://www.bpb.de/politik/extremismus/radikalisierungspraevention/302514/was-ist-antimuslimischer-rassismus. Zugegriffen: 20. August 2021.

Kiefer, M. (2017, 13. Nov.). Junge Dschihadisten im WhatsApp-Chat: Welche Rolle spielt Religion. bpb. https://www.bpb.de/politik/extremismus/radikalisierungspraevention/259448/junge-dschihadisten-im-whatsapp-chat-welche-rolle-spielt-religion. Zugegriffen: 20. August 2021.

Krämer, G. (1999). *Gottes Staat als Republik*. Baden-Baden: Nomos.

Lüküslü, D. (2016). Creating a pious generation: youth and education policies of the AKP in Turkey. *Southeast European and Black Sea Studies, 16*(4), 637-647.

Micheron, H. (2000). *Le Jihadisme français. Quartiers, Syrie, prisons*. Paris: Gallimard.

Mousalli, A. (2013). Hassan al-Banna. In J. L. Esposito & E. E.-D. Shahin (Hrsg.), *The Oxford handbook on Islam and politics* (S. 129-143). Oxford: University Press.

Rohe, M. (2006). Islamismus und Schari'a. In Bundesamt für Migration und Flüchtlinge (Hrsg.), *Integration und Islam* (S. 120-156). München: C.H.Beck.

Rohe, M. (2011). *Das islamische Recht in Geschichte und Gegenwart, 3. Aufl.* München: C.H.Beck.

Rohe, M. (2018a). *Der Islam in Deutschland: Eine Bestandsaufnahme, 2. Aufl.* München: C.H.Beck.

Rohe, M. (2018b). Islamic law in Western Europe. In A. M. Emon & R. Ahmed (Hrsg.), The Oxford Handbook of Islamic Law (S. 725-751), Oxford: University Press.

Rohe, M. (2020). Das Verhältnis von Staat und Religion im islamischen Verständnis. In D. Pirson, W. Rüfner, M. Germann & S. Muckel (Hrsg.), *Handbuch des Staatskirchenrechts der Bundesrepublik Deutschland* (Band 1, 3. Aufl.) (S. 233-259). Berlin: Duncker & Humboldt.

Rubin, B. (Hrsg.) (2007). *Political Islam, 3 Bände*. Abingdon: Routledge.

al-Sarhan, S. (Hrsg.) (2020). *Political quietism in Islam*. London: Bloomsbury.

Schmidinger, T. (2020, 17. Dez.). „Legalistischer Islamismus" als Herausforderung für die Prävention. bpb. https://www.bpb.de/politik/extremismus/radikalisierungspraevention/322922/legalistischer-islamismus-als-herausforderung-fuer-die-praevention. Zugegeriffen: 08. August 2021.

Scholz, N., & Heinisch, H. (2019). Alles für Allah. Wien: Molden Verlag.

Sherif, A. O. (1996). The Origins and Development of the Egyptian Judicial System, In K. Boyle & A. O. Sherif (Hrsg.), *Human Rights and Democracy* (S. 13–36), London.

Siddiqui, F. R. (2017). *Political Islam and the Arab uprising*. Los Angeles: SAGE Publishing.

Simperler, M. (2012). Einfalt in der Vielfalt? Die Einführung der Sharia in Aceh und ihre Folgen. *Austrian Studies in Anthropology*, 1, 27–42

Thielmann, J. (2003). *Nasr Hāmid Abū Zaid und die wiedergefundene ḥisba*. Würzburg: Ergon-Verlag.

Vogel, F. E. (1999). Conformity with Islamic Shariʿa and constitutionality under Article 2. In E. Cotran & A. O. Sherif (Hrsg.), *Democracy, the rule of law, and Islam* (S. 525-544). London: Kluwer Law International.

Voll, J. O. (2013). Political Islam and the state. In J. L. Esposito & E. E.-D. Shahin (Hrsg.), *The Oxford handbook on Islam and politics* (S. 56-67). Oxford: University Press.

Yavuz, H. (2020). *Nostalgia for the Empire. The politics of neo-ottomanism*. Oxford: University Press.

Agitation und Polarisierung im digitalen Raum

Reem Ahmed

1   Einleitung

Während in den letzten Jahren viel Aufmerksamkeit auf gewalttätige jihadistische Gruppen wie den sogenannten Islamischen Staat (IS) gerichtet wurde, ist deren Online-Präsenz in letzter Zeit aufgrund erfolgreicher Takedown-Kampagnen deutlich zurückgegangen. Radikale Online-Aktivistengruppen mit engen Verbindungen zur Hizb ut-Tahrir, wie Generation Islam, Realität Islam und Muslim Interaktiv, sind jedoch weiterhin aktiv und in sozialen Medien sehr präsent. Dies stellt eine Herausforderung aus Sicht der Content-Moderation dar, da die von diesen Gruppen geposteten Inhalte nicht unbedingt illegal sind, aber dennoch zu einer weiteren Polarisierung innerhalb der Gesellschaft führen können. Die erwähnten Gruppen richten sich mit ihren Inhalten speziell an Jugendliche; ihre Hauptaussage ist, dass die muslimische Gemeinschaft (Umma) durch den westlichen Imperialismus bedroht sei. Dieses Narrativ greift gezielt die Erfahrungen einiger junger, in Deutschland lebender MuslimInnen mit Diskriminierung und Ungerechtigkeit auf.

Dieser Beitrag hat zum Ziel zu beleuchten, wie diese Gruppen online agieren und welche Auswirkungen dies auf Polarisierung und Extremismus hat. Es wird untersucht, wie Generation Islam, Realität Islam und Muslim Interaktiv soziale Medien nutzen, um ihre Botschaften zu verbreiten und Unterstützung für ihre Anliegen zu mobilisieren („supply-side") und dabei gezielt Personen mit bestimmten Erfahrungen und Hintergründen ansprechen („demand-side"). Der Beitrag hebt die verschiedenen Herausforderungen im Umgang mit diesen Gruppen hervor und schließt mit einigen Handlungsempfehlungen ab.

2   Hizb ut-Tahir

Hizb ut-Tahrir (HuT – Partei der Befreiung) ist eine panislamistische Bewegung, die alle MuslimInnen vereinen und ein globales Kalifat errichten will. Das Ziel der HuT ist die „Befreiung" der MuslimInnen von der „Unterdrückung" und der „kolonialen Herrschaft" des „kapitalistischen Westens". Der Jurist Taqi al-Din al-Nabhani gründete die HuT 1953 in Ost-Jerusalem, seitdem hat sich die Gruppe in über 45 Ländern verbreitet (Bundesamt für Verfassungsschutz 2021, S. 244; Möller et al. 2021, S. 67-68; Orofino 2021, S. 76). Im Gegensatz zu gewalttätigen Dschihadistengruppen, wie dem IS, befürwortet die HuT offiziell keine Gewalt. Die Gruppe versucht, ihr Ziel durch vernetzte Mobilisierung und lautstarke Kampagnen zu erreichen, die ihre breitere Ideologie unter die Menschen bringen sollen (Orofino 2021, S. 75-76). Ehemalige Mitglieder der HuT haben sich jedoch gewalttätigen dschihadistischen Gruppen angeschlossen, was die Frage aufwirft, ob die HuT als „Gateway-Organisation" zu gewalttätigeren extremistischen Gruppen dient (Möller et al. 2021, S. 69; Orofino 2020).

Die HuT ist in mehreren Ländern, darunter auch in Deutschland, verboten. Im Januar 2003 verbot das Bundesministerium des Innern die Aktivitäten von HuT aufgrund ihrer offenen Feindseligkeit gegenüber Israel und ihrer antisemitischen Propaganda. Nach den neuesten Zahlen des Bundesamts für Verfassungsschutz (BfV) hat HuT in Deutschland derzeit 600 Follower, 170 mehr als im Vorjahr (Bundesamt für Verfassungsschutz 2021, S. 244). Möller et al. (2021, S. 67) argumentieren, dass diese Zahl im Vergleich zu anderen radikalen islamistischen und salafistischen Bewegungen, die in Deutschland aktiv sind, zwar weniger bedeutend zu sein scheint, der Einfluss der Ideologie der HuT insbesondere auf junge Menschen jedoch nicht unterschätzt werden sollte. Das BfV bestätigt, dass die HuT aufgrund des Betätigungsverbots keine öffentlichen Aktivitäten in Deutschland entfalten kann. Allerdings setzt die Gruppe ihre Rekrutierung und Propaganda in sozialen Netzwerken fort, insbesondere durch lose, informelle Netzwerke, die der HuT ideologisch nahestehen (Bundesamt für Verfassungsschutz 2021, S. 244). In Deutschland sind dies die Netzwerke Generation Islam, Realität Islam und neuerdings Muslim Interaktiv (Behörde für Inneres und Sport 2020a).

3   Neue Netzwerke, gleicher Diskurs

Alle diese Initiativen verwenden einen ähnlichen Diskurs wie die HuT und richten sich insbesondere an junge deutsche MuslimInnen. Ihr

Hauptnarrativ ist, dass MuslimInnen in westlichen Gesellschaften „unterdrückt" werden und sich vereinigen müssen, um die Identität der Umma zu „bewahren". Es ist wichtig anzumerken, dass sich Generation Islam, Realität Islam und Muslim Interaktiv nicht öffentlich zur HuT bekennen. Dennoch haben die Sicherheitsbehörden in Deutschland und FachexpertInnen beobachtet, dass die drei Gruppen mehrere ideologische und personelle Überschneidungen mit der HuT haben (Möller et al. 2021, S. 72).

Generation Islam wurde 2013 gegründet, während Realität Islam zwei Jahre später seine Aktivitäten aufnahm. In jüngerer Zeit identifizierte das Landesamt für Verfassungsschutz in Hamburg Muslim Interaktiv als eine aufstrebende Gruppe mit Nähe zur HuT (Behörde für Inneres und Sport 2020a). Alle drei Gruppen sind auf YouTube, Instagram und Facebook aktiv; Muslim Interaktiv und Generation Islam haben auch jeweils einen TikTok-Kanal. Generation Islam und Realität Islam haben eine größere Online-Followerschaft als Muslim Interaktiv, was vermutlich daran liegt, dass es die beiden erstgenannten Gruppen bereits länger gibt. Während sich Generation Islam vor allem online engagiert, setzen Realität Islam und Muslim Interaktiv neben ihren Online-Kampagnen auch auf die Mobilisierung auf der Straße; hierzu organisieren sie Flyerkampagnen (Fielitz und Kahl 2021) und Proteste (Potter 2021).

Seit 2017 wurden gezielte regulatorische Maßnahmen getroffen, um große Mengen an Online-Inhalten des IS zu löschen. Infolgedessen sind diese Inhalte kaum noch sichtbar, insbesondere auf den Mainstream-Plattformen (Conway et al. 2018). Generell werden verstärkt Bemühungen unternommen, gewalttätige dschihadistische und terroristische Inhalte zu entfernen. Infolgedessen weisen Fielitz und Kahl (2021) darauf hin, dass Gruppen wie Generation Islam und Realität Islam die Lücke im virtuellen Raum genutzt haben, die der IS und Führungsfiguren des politischen und dschihadistischen Salafismus hinterlassen haben. Die Herausforderung hierbei ist, dass die von diesen Gruppen veröffentlichten Inhalte nicht illegal sind, zumal sich diese Gruppen, wie die HuT, explizit von Gewalt distanzieren. Ihr Diskurs birgt jedoch die Gefahr, die gesellschaftliche Polarisierung weiter voranzutreiben. Die intoleranten Haltungen und polarisierenden Narrative, die diese Gruppen verbreiten, könnten auch radikalere und extremistische Ansichten fördern, die schließlich zu Gewalt führen könnten.

4 Polarisierung und das Internet

Angesichts der starken Online-Followerschaft dieser Gruppen stellen sich zwei wichtige Fragen: Wie fördert das Internet die Kommunikation und Interaktion zwischen jeder Gruppe und ihrem Zielpublikum? Was macht diese Gruppen attraktiv? Ein Blick auf die Literatur zu sozialen Bewegungen, Polarisierung und (Online-) Extremismus bietet uns gewisse Einblicke in diese Fragen. Da die sozialen Medien und das Internet schlicht nicht über die „Gatekeeping-Funktion" der traditionellen Medien verfügen, konnten extremistische und radikale Gruppen ungefilterte Informationen veröffentlichen und verbreiten. Das Internet hat die physischen Grenzen der Interaktion aufgehoben, und die sozialen Medien ermöglichen insbesondere die Interaktion sowohl unter den FollowerInnen als auch zwischen den Gruppen und ihren FollowerInnen (McNeil-Willson et al. 2019, S. 18). Solche Interaktionen und die Verbreitung und Sichtbarkeit radikaler und extremistischer Inhalte werfen die Frage der zunehmenden Polarisierung und Agitation im Netz auf.

Polarisierung ist ein Prozess, durch den sich verschiedene soziale Gruppen immer weiter voneinander entfernen. Verschiedene gesellschaftliche Gruppen vereinfachen komplexe soziale Beziehungen zu einer „Wir-gegen-die"-Dynamik. Die Polarisierung vertieft nicht nur den Konflikt zwischen den beiden sozialen Gruppen, sondern stärkt auch die Bindung zwischen denjenigen, die als Angehörige der „In-Group" gelten. Infolgedessen kann die Polarisierung einen förderlichen Kontext für sowohl gewalttätigen als auch nicht-gewalttätigen Extremismus schaffen (McNeil-Willson et al. 2019, S. 6). Nicht allein die Sichtbarkeit radikaler und extremistischer Inhalte im Internet könnte Polarisierungen und Extremismus fördern, sondern auch die Strukturen und technischen Möglichkeiten der sozialen Medien. So gibt es Studien, die die Vorstellung stützen, dass das Internet die Bildung von „Echokammern" begünstigt, in denen Einzelpersonen Gleichgesinnte finden, Ideen in einem „sicheren Raum" austauschen und so bereits bestehende Ansichten, die sie in ihrer Offline-Umgebung nicht teilen möchten, verschärfen und vertiefen können (Von Behr et al. 2013; Wojcieszak 2010). In diesem Zusammenhang verwenden Social-Media-Unternehmen und Video-Sharing-Plattformen wie YouTube Algorithmen, um ihre NutzerInnen zu ähnlichen Inhalten zu leiten, was wiederum zu einem „Filterblase"-Effekt führt. Ziel dieser Algorithmen ist es, den NutzerInnen auf der Grundlage ihres Surfverhaltens relevante Inhalte zu empfehlen. Bei extremistischen Inhalten kann dies die UserInnen in ein sogenanntes „Kaninchenloch" ziehen. In ihrer Studie über Algorithmen und die Amplifizierung extremistischer Inhalte stellten Whittaker et al. (2021) fest, dass YouTube extremistische Inhalte quantitativ verstärkt, nachdem UserInnen begonnen hatten, mit rechtsextremen Inhalten zu interagieren. Die ForscherInnen untersuchten dabei speziell rechtsextreme Inhalte; es ist jedoch wahrscheinlich, dass ähnliche Ergebnisse auch auf andere Inhalte zutreffen würden. Dies ist relevant, da es zeigt, wie das anfängliche Engagement mit radikalen Gruppen mit einfachen Interaktionen wie „Likes" und „Shares" von Videos und Bildern die Türen für eine intensivere Auseinandersetzung mit radikaleren und extremistischen Ideologien öffnen kann (Ufuq 2018).

Das Internet und die sozialen Medien tragen jedoch lediglich dazu bei, diese Interaktionen zu erleichtern. Relevant ist überdies, wie die Botschaften übermittelt und empfangen werden. Wie McNeil-Willson et al. (2019, S. 10) betonen, müssen bei der Entstehung von Polarisierung „supply-side"-Faktoren mit „demand-side"-Faktoren zusammenkommen. Es ist daher zu untersuchen, wie verschiedene radikale und extremistische Gruppen ihren FollowerInnen Lösungen für identifizierte Probleme anbieten („supply-side"), und warum die FollowerInnen diese Botschaften attraktiv finden („demand-side").

Um diese „supply- and demand-side" Wechselwirkungen zu verstehen, ist ein Blick auf die Literatur über Framing in sozialen Bewegungen vorteilhaft (vgl. Benford und Snow 2000). Konkret geht es darum, wie Botschaften konstruiert werden, um AnhängerInnen zu gewinnen und sie zu Aktionen zu motivieren. In diesem Zusammenhang folgen Frames (Botschaften) einer bestimmten Struktur mit zwei großen Komponenten: der Frame und einer Reihe von Resonanzkriterien, die sicherstellen, dass diese Botschaften von der Zielgruppe positiv aufgenommen werden. Die Botschaft dreht sich um die Identifizierung eines Problems und das Vorschlagen einfacher Lösungen, um FollowerInnen zu motivieren, zur Lösung des Problems beizutragen. Damit die Frames bei der Zielgruppe Anklang finden, sollte die vermittelnde Person in den Augen des Publikums ein gewisses Maß an Glaubwürdigkeit besitzen. Diese Legitimation wird in der Regel dadurch erreicht, dass bestimmte Behauptungen mit sorgfältig ausgewählten „Beweisen" untermauert werden und dass die vermittelnde Person in der Lage ist, bestimmte Themen, Werte und Emotionen anzusprechen, die von der Zielgruppe als wichtig empfunden werden (Benford und Snow 2000, S. 615-622).

5 „Supply-side"-Faktoren

Mit Blick auf die der HuT nahestenden Netzwerke und Bewegungen, Generation Islam, Realität Islam und MuslimInnen Interaktiv, können wir diese „supply-side"-Faktoren online in Aktion beobachten. Die Botschaften in den Social-Media-Kanälen der einzelnen Gruppen sind sehr sorgfältig formuliert und richten sich speziell an ein jüngeres, gebildeteres Publikum (Möller et al. 2021, S. 72-73). Die Botschaften beziehen sich weder auf explizite Gewalttaten, noch legitimieren sie Gewalt. Ihre Botschaften bestehen hauptsächlich aus gesellschaftspolitischen Fragen und Themen, die sich um das Opfernarrativ und die Erfahrungen von MuslimInnen in westlichen Gesellschaften drehen (Fielitz und Kahl 2021). Dieses Narrativ greift gezielt die Erfahrungen einiger junger, in Deutschland lebender MuslimInnen mit Diskriminierung und Ungerechtigkeit auf. Diese Gruppen stellen nicht nur Diskriminierung als zentrales Problem für MuslimInnen dar, sondern auch, dass die muslimische Identität insgesamt in den westlichen Gesellschaften durch den sogenannten „Integrationszwang" und eine „Wertediktatur" bedroht sei. Ganz im Sinne der Ideologie der HuT lehnen diese Gruppen Assimilation ab und betrachten sie als Bedrohung ihrer islamischen Identität (Fielitz und Kahl 2021; Möller et al. 2021, S. 88). Die Twitter-Kampagne #NichtOhneMeinKopftuch ist ein wichtiges Beispiel dafür, wie solche Gruppen mit Fragen der Diskriminierung und Identitätspolitik spielen. Diese Social-Media-Kampagne wurde vor allem von Generation Islam orchestriert und durch die Diskussionen innerhalb der österreichischen Regierung über die Einführung eines Kopftuchverbots in Grundschulen ausgelöst. Einige RepräsentantInnen des nordrhein-westfälischen Integrationsministeriums stimmten der Idee zu und äußerten den Vorschlag, dass es in Deutschland ein Kopftuchverbot für Mädchen unter 14 Jahren geben sollte (WDR

2018). Diese Kommentare und Debatten veranlassten Generation Islam im April 2018 dazu, ein „Wochenende der Empörung" und einen Twitterstorm aufzurufen (Online Civil Courage Initiative 2018). Generation Islam folgte mit einem zweiten Twitterstorm unter demselben Hashtag im Mai/Juni 2019, nachdem die österreichische Regierung im Mai 2019 für ein Kopftuchverbot für Mädchen in Grundschulen gestimmt hatte (Fielitz und Kahl 2021). In ihrer Analyse stellte Jugendschutz.net (2018, S. 2) fest, dass das Hashtag während der Kampagne 2018 in über 70.000 Posts verwendet wurde. Das Hashtag breitete sich über islamistische Kreise hinaus aus, und nach der ersten Kampagne im April 2018 wurde eine Online-Petition gestartet, die über 100.000 Unterschriften sammelte (Ufuq 2018). Unter dem Hashtag #KopftuchistunserePflicht hat sich auch Realität Islam gegen den Vorschlag eines Kopftuchverbots stark gemacht. Sie inszenierten zwar keine koordinierte Hashtag-Kampagne, gleichwohl eine Online-Petition, die über 50.000-mal unterzeichnet wurde (Ufuq 2018). Solche Kampagnen verdeutlichen, wie taktisches Framing genutzt wird, um MuslimInnen in Deutschland für ein bestimmtes Anliegen zu mobilisieren – in diesem Fall gegen die Einführung eines Kopftuchverbots. Das so genannte *Problem*, das von diesen Gruppen artikuliert wird, ist die Behauptung, dass MuslimInnen von westlichen Staaten bedroht würden, da sie „gezwungen" würden, sich zu assimilieren, etwa weil der Staat vorschreibe, was Frauen tragen dürfen und was nicht. Diese Gruppen schlagen als *Lösung* vor, dass sich MuslimInnen vereinigen sollten, um sich vor dieser „Bedrohung" zu schützen. Das gleiche Muster sehen wir auch bei rechtsextremen Gruppen. Am Beispiel der sogenannten Flüchtlingskrise von 2016 haben rechtsextreme Gruppen in ganz Europa behauptet, dass die „Heimatbevölkerung" durch Massenmigration bedroht sei und die Gefahr bestehe, dass sie „ausgetauscht" werde. Die *Lösung* bestehe nach Ansicht dieser Gruppen darin, die Einwanderung von Menschen aus Ländern mit muslimischer Bevölkerungsmehrheit nach Europa zu verhindern (vgl. Ahmed und Pisoiu 2021). Ähnlich wie radikale islamistische Gruppen instrumentalisieren die rechtsextremen Gruppen also gesellschaftliche Debatten und Themen und formulieren sie im Sinne ihrer eigenen Narrative und Ziele. Die Darstellung von Problemen als existenzielle Bedrohung für die AnhängerInnen der „In-

Group" trägt dazu bei, die Bindungen zwischen den Gruppen gegenüber der „Out-Group" zu verstärken, was zu weiterer Polarisierung und potenziellem Extremismus führt (Berger 2018; McNeil-Willson et al. 2019, S. 6, 10).

Der Auftakt des Gerichtsverfahrens gegen die mutmaßlichen Komplizen der Charlie Hebdo-Attentäter sowie die Ermordung des Lehrers Samuel Paty in Paris im Herbst 2020 führten zu neuen Spannungen in Bezug auf Mohammed-Karikaturen in muslimischen Gemeinschaften auf der ganzen Welt. Im Oktober 2020 wurde Samuel Paty vor seiner Schule in Paris enthauptet, nachdem er seinen SchülerInnen eine Karikatur des Propheten Mohammed gezeigt hatte. Bei der Beerdigung von Paty versprach Präsident Emmanuel Macron, Frankreich werde „nicht aufhören, Karikaturen zu zeichnen" (Willsher 2020). Dies löste bei einigen muslimischen Communities in Europa und der islamischen Welt Empörung aus, und Generation Islam rief erneut zu einem Twitterstorm, dieses Mal mit dem Hashtag #StopMacron auf. Obwohl das Twitter-Konto von Generation Islam zu diesem Zeitpunkt gesperrt war, stellte das Hashtag am 30. Oktober 2020 das zweithäufigste Hashtag auf Twitter dar (Behörde für Inneres und Sport 2020b). Muslim Interaktiv protestierte ebenfalls am 30. Oktober 2020 vor der französischen Botschaft in Berlin. Die Gruppe stellte später ein Video des Protests unter „#LaGrandeTyrannie Frankreich" online. In dem Video halten schwarz gekleidete Aktivisten Plakate mit den Schlagworten „Wertediktatur" und „Assimilationszwang" hoch (Potter 2021).

Vor der Hashtag-Kampagne und den Protesten hatte Präsident Macron einen „Fünf-Punkte-Plan" zur Bekämpfung islamistischer Tendenzen in Frankreich vorgestellt (Junk und Süß 2020). Als Reaktion darauf erstellte Realität Islam ein Video auf YouTube mit dem Titel „Frankreich: In 5 Schritten gegen den Islam" und der folgenden Beschreibung: „Macron will mit seinen neuen islamfeindlichen Maßnahmen die französische Geschichte von Tyrannei und Unterdrückung weiterführen und bekommt dazu Beifall aus Deutschland!" Dies ruft emotionale koloniale Bezüge hervor und stellt sie in den Kontext von Deutschland. Auch hier sehen wir das Thema des „Assimilationszwangs" und die als solche wahrgenommene Unterdrückung von MuslimInnen. Ähnliche Reaktionen gab es auf Äußerungen des österreichischen Bundeskanzlers Sebastian Kurz nach dem islamistischen Terroranschlag in Wien am 2. November 2020. Bundeskanzler Kurz twitterte am 11. November: „Im Kampf gegen den politischen Islam werden wir einen Straftatbestand ‚Politischer Islam' schaffen, um gegen diejenigen vorgehen zu können, die selbst keine Terroristen sind, aber den Nährboden für solche schaffen" (Leitlein 2020). Zwei Wochen später reagierte Realität Islam mit einem Video mit dem Titel „Österreich im ‚Assimilationsrausch' – Bald auch in Deutschland?" Wie die Reaktion auf die Maßnahmen von Präsident Macron stellt Realität Islam diese Themen in den Kontext von Deutschland und suggeriert, dass diese vorgeschlagenen Maßnahmen eine Bedrohung für MuslimInnen in Deutschland darstellen.

Nach dem gleichen Muster der Reaktion auf die Äußerungen von Präsident Macron organisierte Muslim Interaktiv im November 2020 einen weiteren Protest vor der österreichischen Botschaft in Berlin. Die Organisatoren trugen Transparente, auf denen Bundeskanzler Kurz mit Adolf Hitler verglichen wurde und auf denen stand: „Er ist wieder da". Muslim Interaktiv behauptete während des Protests, sie seien die „neuen Juden", die eine ähnliche Verfolgung wie im Nationalsozialismus erleben würden. Wie schon nach dem letzten Protest lud die Gruppe ein Video auf ihren Social-Media-Kanälen mit dem Titel „#AnschluSS Österreich" und der Beschreibung hoch: „Im Jahr 2020 geht es nicht um die Marginalisierung von Juden, sondern der islamischen Glaubensgemeinschaft Österreichs" (Potter 2021). Die hier behandelten Gruppen nutzen regelmäßig den Vergleich mit dem Nationalsozialismus und stellen MuslimInnen als die „neuen Juden" dar. In einem Animationsvideo von Generation Islam aus dem Jahr 2015 mit dem Titel „Der neue Jude: Der ewige Moslem", behauptet die Gruppe, dass die Art und Weise, wie Muslime heutzutage in Deutschland von den Medien behandelt werden, an die Zeit des Nationalsozialismus erinnere. Es handelt sich hierbei um eine Agitationstaktik, die darauf abzielt, die Opfererzählung zu verstärken, indem sie sie in den Kontext der deutschen Vergangenheit stellt. Ähnliche Muster und Diskurse tauchten während der #NichtOhneMeinKopftuch-Kampagne auf; durch wiederkehrende Verweise auf die Vernichtung von Jüdinnen und Juden wurde in vielen Tweets das Argument vorgebracht, dass MuslimInnen der gleichen existenziellen Bedrohung ausgesetzt seien, da das

Kopftuchverbot die Tür für weitere Verbote von Aspekten muslimischen Lebens und muslimischer Identität öffnen würde (Fielitz und Kahl 2021).

In diesem Kontext ist es auch wichtig, die Rolle der extremen Rechten zu erwähnen und darauf hinzuweisen, wie antimuslimische Narrative von rechtsgerichteten Gruppen genutzt werden, um die AnhängerInnen radikaler islamistischer Gruppen weiter zu mobilisieren. Dies funktioniert in beide Richtungen, wobei der radikal-islamistische Diskurs auch den rechtsextremen Gruppen in die Hände spielt. Solche gruppenübergreifenden Konflikte werden als „kumulativer Extremismus" bezeichnet (Eatwell 2006). In ihrem Bericht über die Interaktionsdynamik zwischen organisierter Muslimfeindlichkeit und radikalem Islamismus stellten Fielitz et al. (2018) fest, dass beide Seiten bei der Mobilisierung von AnhängerInnen voneinander abhängig sind. Die Präsenz des radikalen Islamismus stärkt das Opfernarrativ der extremen Rechten, während die organisierte Muslimfeindlichkeit das Opfernarrativ der radikalen islamistischen Gruppen stärkt. Ein relevantes Beispiel hierfür ist die Reaktion der rechten Identitären Bewegung auf die Kampagne #NichtOhneMeinKopftuch. Die Identitäre Bewegung versuchte, das Hashtag zu „kapern", indem sie es zusammen mit antimuslimischen Inhalten postete. Dies stärkte jedoch nur das Narrativ von Generation Islam, da es die antimuslimische Stimmung der extremen Rechten offenlegte (Schmitt 2019).

Von besonderer Bedeutung ist stets, dass die Botschaften auf überzeugende Weise vermittelt werden, damit sie das jeweilige Publikum ansprechen. Wie bei jeder Marketingkampagne sind Ästhetik und die Glaubwürdigkeit der BotschafterIn wichtig. In der Literatur zur IS-Propaganda wird der Erfolg der ausgeklügelten Online-Kampagnen der Terrorgruppe hervorgehoben, die aus einem umfangreichen Medienrepertoire von Online-Magazinen bis hin zu stark bearbeiteten Videos bestehen (vgl. Gartenstein-Ross et al. 2016). Generation Islam, Realität Islam und Muslim Interaktiv verfügen ebenfalls über ein umfangreiches Angebot an Online-Medien mit professionell produzierten Videos und auffälligen Bildern. Wie bereits erwähnt, beinhaltet der YouTube-Kanal von Muslim Interaktiv hauptsächlich Videos von Protestaktionen der Gruppe. Das Video „#AnschluSS Österreich" beispielsweise beginnt mit Auszügen aus den Reden von Bundeskanzler

Kurz und Ausschnitten betreffend die als muslimfeindlich wahrgenommene Politik in Österreich. Muslim Interaktiv hat im Vergleich zu Generation Islam und Realität Islam einen speziellen Darstellungsstil entwickelt. Ihre Posts, Videos und Proteste stellen einen speziellen Aktivistentypus dar: maskulin, kämpferisch und sportlich. Alle AktivistInnen sind mit schwarzen Kapuzenpullovern und Masken bekleidet (Potter 2021). Realität Islam und Generation Islam nutzen ihre Social-Media-Kanäle, um auf politische und soziale Themen zu reagieren, die für junge MuslimInnen in Deutschland relevant sind. Die Gruppen verbreiten emotionale Bilder, die oft mit Zitaten sowie Auszügen aus dem Koran und den Hadithen überlagert sind. Wie schon bei der Kopftuchdebatte greifen diese Gruppen politische und soziale Themen und Debatten oder islamfeindliche Ereignisse und Äußerungen auf und betten sie in die Narrative von Opferrolle und Unterdrückung ein (Möller et al. 2021, S. 72-73). Was ihre eigene Rolle als BotschafterInnen angeht, so präsentieren sich die öffentlichen Personen dieser Gruppen als glaubwürdig, charismatisch und authentisch. Die Prediger selbst sind jung und schick gekleidet und dienen als Vorbilder für ihr Zielpublikum (Fielitz und Kahl 2021; Möller et al. 2021, S. 89). Frühere Forschungen haben die Bedeutung von charismatischem Engagement und Authentizität im Zusammenhang mit der Rekrutierung und Radikalisierung von gewaltbereiten Dschihadisten hervorgehoben. Gendron (2017) untersuchte beispielsweise die Rolle charismatischer dschihadistischer Online-Prediger im Radikalisierungs- und Rekrutierungsprozess und argumentierte, dass Online-Prediger in der Lage sind, religiöse Texte für ein jüngeres Publikum, das möglicherweise nur über begrenzte Kenntnisse des Islam verfügt, zugänglich und attraktiv zu machen. Gendron (2017, S. 5) stellte fest, dass die Prediger die Unkenntnis der Menschen über den Islam und bereits vorhandene Gefühle der Ausgrenzung, des Misstrauens oder persönlicher Beschwerden ausnutzen, um überzeugender zu wirken und so mehr RekrutInnen „für die Sache" zu gewinnen. Die gleichen Muster sind insbesondere auch bei Generation Islam und Realität Islam zu beobachten. Neben Inhalten zu sozialen und politischen Themen verfügen diese Gruppen auch über eine Reihe von Lehrvideos über den Islam. Diese Videos bieten Unterstützung und Orientierung über den Islam in Bezug auf das richtige Fasten, das Leben nach den islamischen Regeln und andere Fragen. Diese Ratschläge werden in einer zugänglichen Art und Weise erteilt, aber sie sind mit einer intoleranten Haltung gegenüber anderen Religionen und Lebensstilen verbunden, wobei der Islam als die einzig angemessene Art zu leben dargestellt wird. So erscheinen die Videos auf den ersten Blick lehrreich, aber sie fordern eine strenge Einhaltung des Islam und fördern eine intolerante Weltanschauung (Amadeu Antonio Stiftung 2019, S. 10-11).

6 „Demand-side"-Faktoren

Die oben beschriebene „supply-side"-Dynamik ist zwar wichtig, doch sind die damit verbundenen Narrative und Frames nur insofern wirksam, als sie bei der Zielgruppe Anklang finden. Im Fall von Generation Islam, Realität Islam und Muslim Interaktiv sind die Zielgruppen speziell junge deutsche MuslimInnen. Wie bereits erläutert, drehen sich die von den HuT-nahen Gruppen verwendeten Schlüsselnarrative um Opferrolle und islamische Identität. Viele junge MuslimInnen erleben in ihrem Alltag Diskriminierung und Rassismus, und Gruppen wie Generation Islam, Realität Islam und Muslim Interaktiv weisen auf diese Probleme hin. Die Themen, auf die sich diese Gruppen konzentrieren, werden anderswo häufig nur unzureichend behandelt, und so wenden sich junge Menschen, die sich ausgegrenzt fühlen und nicht die Hilfe bekommen, die sie brauchen, letztlich an diejenigen, die Lösungen, Hilfe und Unterstützung anbieten (Ufuq 2018). Junge MuslimInnen, die die entsprechenden Inhalte ansehen und sich mit ihnen beschäftigen, tun dies nicht unbedingt aus ideologischen Gründen. Es ist wahrscheinlicher, dass die dort angesprochenen Probleme und Fragen auf Resonanz bei ihnen stoßen. Dadurch, dass sich junge MuslimInnen mehr Videos ansehen, mehr Bilder teilen und an Online-Kampagnen teilnehmen, werden sie nach und nach in die radikalere Ideologie und die angebotenen „Lösungen" eingeführt (Schmitt 2019).

Der Aufbau von Identitäten und Gruppenzugehörigkeiten ist ein weiteres wichtiges Merkmal auf der „demand-side". Das Gefühl von Ausgrenzung und Diskriminierung sowie die gemeinsame muslimische Identität (Maher 2016, S. 114) können dazu führen, dass eine Person nach gleichgesinnten Netzwerken und Personen sucht. Der Austausch über diese Probleme fördert ein Gefühl der kollektiven Identität und

Zugehörigkeit (vgl. Sageman 2004). Bei „traditionellen" terroristischen oder extremistischen Gruppen denken wir oft an die aktive Mitgliedschaft in einer formellen Gruppe, aber das ist nicht unbedingt das Ziel radikaler Islamistischer Gruppen wie Generation Islam, Realität Islam und Muslim Interaktiv. Diese Gruppen sind eher daran interessiert, ihre Ideologien und Botschaften unter ihren FollowerInnen zu „reproduzieren" (Fielitz und Kahl 2021). Für die Personen, die sich mit dem relevanten Material beschäftigen, entfällt die Hürde einer formalen Mitgliedschaft, und sie können sich mit den Inhalten durch „Likes" und „Shares" und die Verbreitung von Informationen über bestimmte Kampagnen beschäftigen (Ufuq 2018). Anders als in der Vergangenheit müssen die Menschen nicht mehr zu Versammlungen gehen oder ins Ausland reisen, um Gleichgesinnte zu treffen. Sie können sich von zu Hause aus hinter ihrem Computerbildschirm engagieren und gleichzeitig das Gefühl haben, Teil einer größeren Gemeinschaft zu sein, was wiederum das Gefühl der Zugehörigkeit zu einer Gruppe und einer gemeinsamen Identität stärkt (Fielitz und Kahl 2021; vgl. Ingram 2017). Je mehr Personen sich mit der ausgrenzenden HuT-Ideologie identifizieren, die von Generation Islam, Realität Islam und Muslim Interaktiv vertreten wird, desto stärker entfaltet diese ihre polarisierende Wirkung. Wie Möller et al. (2021, S. 69) argumentieren, könnte die als solche wahrgenommene soziale Ausgrenzung in Verbindung mit der Loyalität gegenüber der eigenen Gruppe zu einer kognitiven Öffnung führen, durch die Gewalt schließlich zu einer Option wird. So betonen die Autoren, dass diese Gruppen als „Gateway-Organisationen" zu extremistischeren gewalttätigen Dschihadistengruppen fungieren könnten (Möller et al. 2021, S. 69).

7 Schlussfolgerung

Die Präsenz von Gruppen wie Generation Islam, Realität Islam und Muslim Interaktiv, die der HuT ideologisch nahestehen, stellt eine Herausforderung für die politischen EntscheidungsträgerInnen in Deutschland dar. Diese Gruppen sind erfolgreich darin, an Probleme junger MuslimInnen in Deutschland anzuknüpfen und ein Vakuum zu füllen, das einerseits von gewalttätigen dschihadistischen Gruppen wie dem IS und andererseits von der Gesellschaft selbst hinterlassen wurde.

Die Strategie dieser Gruppen ist klar. Sie nutzen Narrative von Opferrolle, Unterdrückung und Diskriminierung, um auf ein gesellschaftliches Problem hinzuweisen, und bieten ihren AnhängerInnen Lösungen, die in der Ablehnung westlicher Werte, der Annahme der islamischen Identität und der Vereinigung zur Errichtung eines Kalifats als Endziel bestehen. Der Erfolg dieser Gruppen hängt von der „demand-side" der NutzerInnen ab. Darüber hinaus erleichtern die technischen Möglichkeiten des Internets nicht nur die Interaktionen zwischen den Gruppen und ihren FollowerInnen, sondern fördern auch die Weiterverbreitung von Inhalten, die die NutzerInnen fortwährend beschäftigen.

Was die Formulierung von Handlungsempfehlungen betrifft, so sei erneut darauf hingewiesen, dass die von Generation Islam, Realität Islam und Muslim Interaktiv geposteten Inhalte nicht unbedingt illegal sind und die Gruppen zudem bestrebt sind, nicht gegen die „Haushaltsregeln" von Social-Media-Unternehmen zu verstoßen. Daher dürften sich regulative Maßnahmen, die gegen die Inhalte selbst gerichtet sind, als schwierig darstellen. Darüber hinaus könnte die Entfernung solcher Inhalte das Narrativ verstärken, diese Gruppen würden unterdrückt (Ufuq 2018). Gleichwohl lassen sich drei Empfehlungen formulieren, die in eine andere Richtung zielen. Zunächst ist es wichtig, ein umfassendes, ständig aktualisiertes Lagebild aufrechtzuerhalten, nicht nur um die betreffenden Botschaften zu verstehen und zu erkennen, wie sie sich im Laufe der Zeit verändern, sondern auch um zur Entwicklung von Gegennarrativen beitragen zu können, die zum Ziel haben, polarisierende und intolerante Narrative zu entlarven und zu widerlegen. Dies erfordert strategische Partnerschaften mit zivilgesellschaftlichen Organisationen, die sich speziell mit dem Schutz von Jugendlichen im Internet befassen, wie beispielsweise jugendschutz.net und streetwork@online. Zweitens ist es wichtig zu verstehen, weshalb sich junge MuslimInnen überhaupt zu den betreffenden Inhalten hingezogen fühlen, und zu versuchen, die zugrundeliegenden gesellschaftlichen Probleme zu lösen. Hierzu bedarf es der Zusammenarbeit mit Organisationen und Akteuren, die im Bereich der Islamismusprävention tätig sind, um zu versuchen, jungen Menschen, die sich diskriminiert fühlen, Hilfe anzubieten.[1] Schließlich ist es besonders relevant, junge Menschen in Medien- und Online-Kompetenz zu schulen, damit sie polarisierende oder intolerante Narrative leichter erkennen und die allgemeinen Ziele und Lösungen von Gruppen, die der HuT-Ideologie nahestehen, kritisch hinterfragen können.

Literatur

Ahmed, R., & Pisoiu, D. (2021). Uniting the far right: How the far-right extremist, New Right, and populist frames overlap on Twitter – a German case study. *European Societies, 23*(2), 232-254.

Amadeu Antonio Stiftung (2019). Online-Lebenswelten als Orte der Radikalisierung: Hate Speech in islamistisch, türkisch- und russisch-nationalistisch geprägten Online-Szenen. https://www.amadeu-antonio-stiftung.de/wp-content/uploads/2020/01/Online-Lebenswelten-Web.pdf. Zugegriffen: 11. Juli 2021.

Behörde für Inneres und Sport (2020a, 4. Dez.). „Muslim Interaktiv": Neue Hamburger Gruppierung mit Nähe zur Hizb ut-Tahrir (HuT). https://www.hamburg.de/innenbehoerde/schlagzeilen/14709388/islamismus-muslim-interaktiv-hut/. Zugegriffen: 9. Juli 2021.

Behörde für Inneres und Sport (2020b, 17. Nov.). Der Verfassungsschutz informiert. Veröffentlichung von Muhammad-Karikaturen emotionalisieren auch Hamburger Islamisten. https://www.hamburg.de/innenbehoerde/schlagzeilen/14632856/islamisten-demonstrieren-in-hamburg-muhammad-karikaturen/. Zugegriffen: 9. Juli 2021.

Behr, I. von, Reding, A., Edwards, C., & Gribbon, L. (2013). Radicalisation in the digital era: The use of the internet in 15 cases of terrorism and extremism. *RAND Europe.*

Benford, R. D., & Snow, D. A. (2000). Framing processes and social movements: An overview and assessment. *Annual Review of Sociology, 26*(1), 611-639.

---

[1] Die Bundeszentrale für politische Bildung bietet einen umfassenden Überblick über alle diese Akteure in Deutschland: https://www.bpb.de/shop/buecher/einzelpublikationen/313119/islamismuspraevention-in-deutschland.

Berger, J. M. (2018). *Extremism*. Cambridge (MA): The MIT Press.

Bundesamt für Verfassungsschutz (2021). Verfassungsschutzbericht 2020. https://www.verfassungsschutz.de/SharedDocs/publikationen/DE/2021/verfassungsschutzbericht-2020.pdf?__blob=publicationFile&v=6. Zugegriffen: 2. Juli 2021.

Conway, M., Khawaja, M., Lakhani, S., Reffin, J., Robertson, A., & Weir, D. (2018). Disrupting Daesh: Measuring takedown of online terrorist material and its impacts. *Studies in Conflict & Terrorism, 42*(1-2), 141-160.

Eatwell, R. (2006). Community cohesion and cumulative extremism in contemporary Britain. *The Political Quarterly, 77*(2), 204-216.

Fielitz, M., Ebner, J., Guhl, J., & Quent, M. (2018). Hassliebe: Muslimfeindlichkeit, Islamismus und die Spirale gesellschaftlicher Polarisierung. Jena, London, Berlin: IDZ; ISD.

Fielitz, M., & Kahl, M. (2021). Zwischen Tastatur und Straße: Postdigitale Strategien und Praktiken des identitären Rechtsextremismus und Islamismus im Vergleich. In U. Birsl, J. Junk, M. Kahl & R. Pelzer (Hrsg.), *Inszenieren und Mobilisieren: Rechte und islamistische Akteure digital und analog*. Leverkusen-Opladen: Verlag Barbara Budrich.

Gartenstein-Ross, D., Barr, N., & Moreng, B. (2016, März). The Islamic State's global propaganda strategy. International centre for Counter-Terrorism. *ICCT Research Paper.*

Gendron, A. (2017). The call to Jihad: Charismatic preachers and the internet. *Studies in Conflict & Terrorism, 40*(1), 44-61.

Ingram, H. J. (2017). An analysis of Inspire and Dabiq: Lessons from AQAP and Islamic State's propaganda war. *Studies in Conflict & Terrorism, 40*(5), 357-375.

Jugendschutz.net (2018). Praxisinfo #NichtOhneMeinKopftuch. https://www.jugendschutz.net/fileadmin/download/pdf/PraxisInfo__NichtOhneMeinKopftuch.pdf. Zugegriffen: 29. Juni 2021.

Junk, J., & Süß, C.-A. (2020, 12. Okt). Macron's plan for fighting Islamist radicalization – and what Germany and other European countries should and shouldn't learn from it. PRIF Blog. https://blog.prif.org/2020/10/12/macrons-plan-for-fighting-islamist-radicalization-and-what-germany-and-other-european-countries-should-and-shouldnt-learn-from-it/. Zugegriffen: 9. Juli 2021.

Leitlein, H. (2020, 16. Nov.). Politischer Islam: Muslime in Mithaftung. Zeit Online. https://www.zeit.de/gesellschaft/2020-11/politischer-islam-straftatbestand-sebastian-kurz-diskriminierung-demokratie-gedankenfreiheit-oesterreich. Zugegriffen: 12. Juli 2021.

Maher, S. (2016). *Salafi-Jihadism: The history of an idea*. Oxford: Oxford University Press.

McNeil-Willson, R., Gerrand, V., Scrinzi, F., & Triandafyllidou, A. (2019). Polarisation, violent extremism and resilience in Europe today: An analytical framework. *BRaVE Concept Paper, Dezember*.

Möller, P., Baron, H., & Von Berg, A. (2021). Netzwerke der Hizb ut-Tahrir in Deutschland – Ein Einblick. In: C. Emser, A. Kreienbrink, N. Miguel Müller, T. Rupp & A. Wielopolski-Kasaku (Hrsg.), *SCHNITT:STELLEN – Erkenntnisse aus Forschung und Beratungspraxis im Phänomenbereich islamistischer Extremismus* (S. 67-81). Nürnberg: Bundesamt für Migration und Flüchtlinge.

Online Civil Courage Initative (2018, Juni). Plattformwanderung als Folge der Entfernung rechtsextremer Profile, neonazistische Propaganda und die islamistische Gruppe „Generation Islam". Institute for Strategic Dialogue. https://www.isdglobal.org/wp-content/uploads/2018/06/IR-Juni-OCCI_DE.pdf. Zugegriffen: 7. Juli 2021.

Orofino, E. (2020, 14. Jul.). Extreme and non-violent? Exploring the threat posed by non-violent extremists. European eye on radicalization. https://eeradicalization.com/extreme-and-non-violent-exploring-the-threat-posed-by-non-violent-extremists/. Zugegriffen: 9. Juli 2021.

Orofino, E. (2021). Framing, new social identity and long-term loyalty. Hizb ut-Tahrir's impact on its members. *Social Movement Studies, 20*(1), 75-92.

Potter, N. (2021, 8. Juni). „Muslim Interaktiv" – Mit antisemitischen Viralvideos für das Kalifat. Belltower.News. https://www.belltower.news/muslim-interaktiv-mit-antisemitischen-viralvideos-fuer-das-kalifat-116977/. Zugegriffen: 29. Juni 2021.

Sageman, M. (2004). *Understanding terror networks.* Philadephia: University of Pennsylvania Press.

Schmitt, J. B. (2019, 9. Sep.). Antimuslimischer Rassismus als islamistisches Mobilisierungsthema. Bundeszentrale für politische Bildung. https://www.bpb.de/politik/extremismus/radikalisierungspraevention/295951/antimuslimischer-rassismus-als-islamistisches-mobilisierungsthema. Zugegriffen: 14. Juli 2021.

Ufuq. (2018, 9. Juli). „Generation Islam" und Online-Islamismus: Interview mit Pierre Asisi. Ufuq. https://www.ufuq.de/generation-islam-und-online-islamismus-interview-mit-pierre-asisi/. Zugegriffen: 29. Juni 2021.

WDR (2018, 7. Apr.). Debatte um Kopftuchverbot für Mädchen in NRW. WDR. https://www1.wdr.de/nachrichten/landespolitik/kopftuchverbot-gueler-100.html. Zugegriffen: 9. Juli 2021.

Whittaker, J., Looney, S., Reed, A., & Votta, F. (2021). Recommender systems and the amplification of extremist content. *Internet Policy Review, 10*(2).

Willsher, K. (2020, 26. Okt). Anger spreads in Islamic world after Macron's backing for Muhammad cartoons. The Guardian. https://www.theguardian.com/world/2020/oct/26/france-islamic-end-boycott-french-goods-macron-muhammad-cartoons. Zugegriffen: 13. Juli 2021.

Wojcieszak, M. (2010). "Don't Talk to Me": Effects of ideologically homogeneous online groups and politically dissimilar offline ties on extremism. *New Media & Society, 12*(4), 637-655.

Politischer Islam und Terrorismus. Zur Konfliktprävention nach Innen. Herausforderungen und Handlungsbedarf

Rudolf G. Adam

1 Wurzeln eines islamistischen Terrorismus

Niemand wird als Terrorist geboren, es gibt kein „Terroristen-Gen", das einen zum Terroristen prädestiniert. Zum Terroristen wird man, und zwar meist in den ersten zweieinhalb Lebensjahrzehnten, ganz überwiegend als männlicher Muslim. Es ist äußerst selten, dass jemand, der dreißig Jahre alt geworden ist ohne auffällig zu werden, sich dann noch plötzlich radikalisiert und für terroristische Aktionen zur Verfügung stellt.

Der Terrorist will verunsichern und einschüchtern. Er will den Denkrahmen und das Wertegerüst umstrukturieren, an dem die Mehrheit sich orientiert. Terror will einschüchtern, radikalisieren und polarisieren. Er will jede differenzierte Betrachtung, jede sorgsame Abwägung unterdrücken und fordert reines Freund-Feind-Denken. Ein Terrorist sucht vor allem aber Selbstbestätigung, indem er glaubt, sich selbstlos in den Dienst einer höheren, ewigen Macht zu stellen und so einem als sinnlos empfundenen Leben doch noch einen Sinn geben zu können: Die eigene Existenz erfüllt sich darin, sie achtlos fortzuwerfen, um einem göttlichen Auftrag zu gehorchen. Der Selbstmord wird zur Heldentat umgedeutet, die Vernichtung und das Blutvergießen wird ihm Ruhm und Ehre sichern und einem unbedeutenden Niemand einen Namen verschaffen, der um die ganze Welt geht: Osama bin Laden war neben Spitzenpolitikern und einigen Celebrities aus Film, Pop und Fußball vermutlich einer der bekanntesten Männer zwischen 1994 und 2011. Dieser Drang nach Selbstbestätigung und Anerkennung ist in sich nicht schlecht. Prävention muss hier schon ansetzen und diesem Drang positive Betätigungsfelder anbieten. Die aufnahmebereiten Synapsen müssen möglichst früh mit konstruktiven Vorstellungen verknüpft werden, sodass radikale Ideen dort später nicht mehr andocken können.

Der Terrorist hat selten ein konkretes Ziel. Er will seiner Botschaft Resonanz verschaffen, so krude und verworren sie auch sein mag. Dabei ist sorgfältig zu unterscheiden zwischen einem Terror, der ein konkretes Ziel benennen kann[1] und einem Terror, der eigentlich darauf aus ist, die gesamte Welt zu verändern und somit kein realistisches Ziel benennen kann; für ihn ist sozusagen schon der Weg das Ziel.[2] Das Programm derartiger Gruppierungen weist in der Regel eindeutige Feindbilder auf, bleibt aber höchst nebulös in der Beschreibung dessen, was an die Stelle der zu zerstörenden Strukturen treten soll.

Terrorismus franst nach allen Seiten aus. Er ist auf der einen Seite nicht klar abzugrenzen von einem (legitimen?) Widerstandsrecht bzw. einem Anspruch auf Unabhängigkeit und Selbstbestimmung. Deshalb wird der Begriff eines „Kriegs gegen den Terrorismus" von denjenigen begierig aufgegriffen, die damit politische Repressionsmaßnahmen rechtfertigen wollen. Der jüngste Gewaltausbruch zwischen Hamas und Israel hat dieses Dilemma erneut schlaglichtartig erhellt: Für Israel stellt die Hamas eine Terrororganisation dar. Die Hamas selbst bezeichnet sich als Vorkämpferin des Selbstbestimmungsrechts des seit Jahrzehnten unterdrückten und entrechteten palästinensischen Volkes, ohne freilich über die diffuse Forderung nach Selbstbestimmung belastbare Ideen vorzulegen, wie ein künftiger Staat Palästina aussehen soll und wie der Weg dorthin gefunden werden kann. Islamistischem Terrorismus wohnt eine stark voluntaristische Komponente inne; darin ist er der kommunistischen Ideologie nicht unähnlich, die ebenfalls zunächst die notfalls gewaltsame Überwindung bestehender Verhältnisse forderte, ohne überzeugend angeben zu können, was an deren Stelle treten sollte.

Der klassische Terrorismus bietet fließende Übergänge zur ordinären organisierten Kriminalität. Wer Schutzgelder erpresst und dazu Menschen, die sich dagegen wehren, bestialisch foltert und tötet, praktiziert

---

[1] z.B. Anschluss Südtirols an Österreich, Unabhängigkeit des Baskenlandes oder Korsikas, Eigenstaatlichkeit Palästinas, Unabhängigkeit Tschetscheniens oder Wiedervereinigung Irlands.

[2] Al Qaida; Aum Shinrikyo; eschatologisch-millenarische Bewegungen wie letztlich die RAF oder der IS spätestens, seit Abu Bakr al-Baghdadi sich zum Kalifen und damit zum rechtmäßigen Herrscher aller Gläubigen hatte ausrufen lassen; Boko Haram hat ebenfalls 2014 ein Kalifat proklamiert, sich allerdings ein halbes Jahr später dem „Kalifen" Abu Bakr unterworfen.

eine Form von Terrorismus. Drogenkartelle bekämpfen sich gegenseitig mit terroristischen Methoden und versuchen, Behörden und Polizei so einzuschüchtern, dass sie darauf verzichten, ihnen nachhaltig das Handwerk zu legen.

Der islamistische Terrorismus zeigt alle diese unscharfen Ränder auf: Er will einerseits eine strikte und restlose Islamisierung nationaler Gesellschaften (Taliban, Islamistischer Staat, Muslim Bruderschaften), wobei die Gewaltneigung vom puren Terror und radikal prämodernen Vorstellungen (IS) über eine eher repressiv-sozial-konservative Linie (Taliban) bis hin zu dem Versuch reicht, gesellschaftliche und mentale Konformität durch Einschüchterung und Schikanen zu erzwingen (Muslim Bruderschaften). Im Islam fällt die Abgrenzung zwischen religiösem Radikalismus und Terrorismus besonders schwer. Wenn der IS Christen versklavt und Ungläubige exekutiert, gilt dies als Terrorismus. Wenn in arabischen Ländern Fremdarbeiter und vor allem weibliche Fremdarbeiter mit Duldung staatlicher Stellen wie Sklaven gehalten werden, wenn inhumane Strafen wie Steinigung oder Amputationen öffentlich vollzogen werden bzw. Menschen an öffentlichen Plätzen gehenkt werden, wenn es verboten ist, Glaubensvorschriften zu hinterfragen oder gar zu ignorieren, gilt dies als legitime Ordnungspolitik eines souveränen Staates. Dabei liegt es auf der Hand, dass die staatlichen Praktiken den mentalen Boden vorbereiten, auf dem noch radikalere und brutalere politische Vorstellungen gedeihen können. Deshalb sollten westliche, liberale Gesellschaften nicht wegschauen, selbst wenn die Staaten, deren Regierungen derartige Praktiken für legitim halten, Verbündete oder wichtige Handelspartner sein sollten.

Der islamistische Terrorismus hat zwei Wurzeln: Ein archaisches, nostalgisches Gesellschaftsbild, das sich aus einer pervertierten „Renaissance" der ursprünglichen Ideen des Religionsgründers und des von ihm hinterlassenen Buches speist. Darin berührt sich der islamistische Fundamentalismus mit Fundamentalismen in anderen Religionen. Es gibt derartige Strömungen auch im Christentum. „Religiöser Fundamentalismus" entstand als Begriff überhaupt in den USA um 1900. So bezeichneten sich Gruppierungen von Evangelikalen, die von der Unfehlbarkeit der Bibel als wortwörtlich von Gott inspiriert überzeugt waren und in buchstäblicher Befolgung der Biblischen Schriften leben wollten. Radikale Armutsbewegungen „in der Nachfolge Christi" mit rigiden, puritanisch-asketischen Elementen hat es im Christentum immer gegeben.

Religiöser Fundamentalismus ist nichts Islam-Spezifisches. Seine explosive Brisanz und seine terroristische Qualität gewinnt der islamistische Fundamentalismus durch seine ausgeprägte Aggressivität. Während andere fundamentalistische Gemeinden ihr Heil eher in Abgeschiedenheit von der modernen Welt und in abgeschlossenen Gemeinden finden, wohnt dem islamistischen Fundamentalismus ein messianisch-revolutionärer Impuls inne. Islamismus beansprucht universale Geltung; er ist im Zuge der Globalisierung und der damit einhergehenden, sprunghaft ausgeweiteten Mobilität zum Problem in nicht-islamischen Gesellschaften geworden. Terrorismus entspringt in manchen Fällen den unbewältigten Spannungen eines persönlichen Schicksals, das junge Menschen in den wenigen Jahren ihres Heranwachsens aus der geordneten und klar strukturierten Welt von vor 250 Jahren in die Moderne mit ihren bunten Verlockungen, gelockerten Vorschriften und ihrem Mangel an Verbindlichkeit hineinkatapultiert. Manche dieser Heranwachsenden empfinden Freiheit als bedrohlich, weil sie die festen äußeren Leitplanken traditioneller Werte und Verhaltensmuster in Frage stellt. Ein Terrorist will nicht durch Wort und Beispiel überzeugen, sondern Konformität mit den eigenen Vorstellungen erzwingen. Zumindest will er das zerstören, was in seinen Augen ein Sakrileg, eine Beleidigung Allahs, ein Verstoß gegen göttliches Gebot ist. Deshalb sind Aktionen islamistischer Fundamentalisten so destruktiv: Man denke nur an die Zerstörung des Buddhas von Bamian in Afghanistan durch die Taliban, an die sinnlose Zerstörung christlicher oder antik-heidnischer Zeugnisse in Syrien durch den IS. Eine besondere, doppelte Zerstörungskraft hat der islamistische Terrorismus durch den Rückgriff auf Selbstmordattentäter gewonnen. Er kann damit nicht nur Ziele mit Methoden zerstören, die früher unvorstellbar waren (zivile Flugzeuge als „cruise missiles"), er unterläuft damit praktisch sämtliche abschreckende Vorkehrungen einer präventiven Sicherheit. Wie will man jemanden abschrecken, der entschlossen ist, den eigenen Tod zu suchen?

Der Frage, wie die für derartige Anschläge notwendigen religiösen Vorstellungen in den Köpfen Heranwachsender entstehen und wie die für derartige Anschläge erforderliche Willensstärke, um nicht von blindem

Fanatismus zu reden, gefördert und gefestigt werden kann, kommt deshalb zentrale Bedeutung zu, wenn man der Gefahr des islamistischen Terrorismus vorbeugend und nachhaltig entgegenwirken will.

2 Familien

Männliche Kinder wachsen in streng muslimischen Familien primär unter der Aufsicht ihrer Mütter auf. Väter interessieren sich für ihre Söhne in der Regel erst, wenn diese die Pubertät durchlaufen haben, beschnitten und damit „richtige" Männer geworden sind. Initiationsrituale spielen in fundamentalistischen Religionsgemeinschaften eine wichtige Rolle. In den ersten 14 Lebensjahren entstehen elementare Begriffe und Vorstellungen über die Welt und über transzendente, metaphysische Religionsvorstellungen, es prägen sich die grundlegenden Moralbegriffe von Richtig und Falsch, Gut und Böse ein. In der sozialen Interaktion innerhalb der Kernfamilie, mehr noch aber in den patriarchalisch strukturierten Clanverbänden erhalten die Heranwachsenden die Orientierung und lernen die Verhaltensweisen kennen, die sie später im Leben leiten werden. Deshalb wäre es am aussichtsreichsten, bereits hier anzusetzen. Zugleich ist die Familie jedoch ein gerade in unseren Kulturen besonders geschützter Kreis der Privatsphäre, in die der Staat bzw. die Gesellschaft nur unter ganz besonderen Gründen eingreifen darf und soll.

Dennoch bleibt die Erkenntnis, dass der erste Schritt zur Bekämpfung radikaler religiöser Vorstellungen möglichst früh einsetzen sollte. Je isolierter eine muslimische Familie in einer von ihr als fremd und unverständlich, wenn nicht sogar als feindlich empfundenen Umgebung lebt, umso wahrscheinlicher dürfte es sein, dass auch die Kinder in traditionelle Rollenmuster hineinwachsen: Die Mädchen in die unterwürfige, gehorsame Ehefrau und spätere Mutter, die Jungen in die Beschützer ihrer Familien und in die Wahrer der religiösen Traditionen (auch im Islam ist Religion, d.h. Predigt, Durchführung der Rituale, Pflege der Moscheen reine Männersache). Vor allem aber wird sich in ihnen ein Selbstbehauptungswille und ein Ehrgeiz zu sozialem Aufstieg ausprägen. Sie sehen sich konfrontiert einerseits mit einem in der Familie vermittelten Anspruch auf Exzeptionalismus, weil der Islam behauptet, als die einzig wahre Religion edler und allen anderen Lebensformen überlegen zu sein, und andererseits der täglichen Erfahrung, sozial, kulturell, finanziell zurückzufallen, wenn nicht sogar schikaniert und diskriminiert zu werden.

Wie also ließe sich die Vermittlung islamistischen Bewusstseins durch Familientraditionen behutsam von außen beeinflussen?

Ein indirekter Weg führt über die Mütter. Hier ließe sich daran denken, Frauen aus muslimischen Familien stärker und gezielter mit einem „Mütterwerk" anzusprechen. Frauen in muslimischen Milieus sind oft in Schwesternschaften organisiert. Wie in prämodernen Gesellschaften Europas leben Frauen und Männer gerade in traditionellen Gesellschaften weitgehend parallele Leben. Frauen haben oft mehr Kontakt untereinander als zu Männern, selbst wenn sie verheiratet sind. In polygamen Ehen sind die Kontakte zwischen den Ehefrauen ohnehin zwangsläufig intensiver als die zum gemeinsamen Ehemann. Die Erziehung von Kindern liegt weitestgehend in den Händen dieser Frauen. Da sie in traditionellen Familien oft wenig Außenkontakte haben, tendieren sie zu traditionellen und dogmatischen Ansichten. Das Problem mit Außenkontakten und die Hinwendung zu aus der Heimat überlieferten Traditionen wird umso stärker, je weniger diese Frauen am Leben ihrer Umgebung aufgrund sprachlicher Barrieren oder inkompatibler kultureller und sozialer Interaktionsmuster teilhaben können. Manche Mütter projizieren die eigenen metaphysischen Bindungen und ihre frustrierten emanzipatorischen Bedürfnisse durch eine Hingabe an Gebete oder liturgische Rituale und kompensatorische Verhätschelung an ihre Söhne weiter, die so lernen, feste Jenseitserwartungen mit Impulsen eines Befreiungskampfes zu verbinden.

Man könnte den Familiennachzug erschweren und damit den Druck erhöhen, sich in der neuen gesellschaftlichen Umgebung nachhaltig zu integrieren. In vielen Fällen dürfte die Suche einer Braut in der alten Heimat und die damit bedingte Erziehung der Kinder in diesen heimatlichen Traditionen wesentlichen Anteil daran haben, dass die Anfälligkeit für radikal-islamistische Vorstellungen vor allem in der zweiten und dritten Einwanderungsgeneration so stark ist. Alle Erfahrung bestätigt, dass Traditionen in der Fremde bzw. in der Diaspora sich hartnäckiger halten und dogmatischer, puristischer und atavistischer werden, weil sie von den normalen Entwicklungen und Modifikationen der

Heimatgesellschaft abgeschnitten sind. Sie werden zum Mittel, die eigene fremde Identität in einem Meer von Andersartigkeit zu behaupten. Die unbeschränkte Freiheit, seine Ehefrau aus der ehemaligen Heimat nachkommen zu lassen, verstärkt nicht nur das Patriarchat, es stärkt die Herausbildung von Parallelgesellschaften und die Erziehung von Kindern in Schablonen, Moralvorstellungen und sozialen Verhaltensweisen, die mit der umgebenden Gesellschaftsordnung nur schwer in Einklang zu bringen sind. Das *connubium*, d.h. die Fähigkeit, über kulturelle, soziale und sprachliche Grenzen hinweg zu heiraten, ist seit Römerzeiten das bekannteste und probateste Mittel erfolgreicher Integration. Der Familiennachzug und vor allem die Tradition, die Braut nicht im neuen Gastland zu suchen, sondern aus der alten Heimat kommen zu lassen, ist eine der wirkungsvollsten Barrieren rascher und problemloser Integration. Denn dadurch wächst die nostalgische Verklärung einer Lebensform, die auf immer versunken ist, und es wächst die Entfremdung von der neuen Umgebung, in der man immer weniger ankommt.

Ein weiteres Handlungsfeld besteht darin, Müttern in muslimischen Familien alternative Rollen vorzuführen. Hier sind in vielen europäischen Gesellschaften bemerkenswerte Erfolge erzielt worden: Frauen mit Migrationshintergrund aus islamischen Gesellschaften finden sich zunehmend in Führungspositionen. Sie sind im Fernsehen zu sehen, sie finden sich unter Lehrerinnen, sie sind erfolgreich als Unternehmerinnen, Managerinnen, im Handwerk, in der Verwaltung. Vielleicht ließen sich hier noch neue Wege finden, nicht nur die Vorbildlichkeit solcher Lebenswege hervorzuheben, sondern auch genauer zu beschreiben, wie der Werdegang solcher Frauen aussieht.

3 Schulen und Universitäten

Kommen Kinder aus der Geborgenheit ihrer Familien in den Bereich staatlicher Bildungseinrichtungen, ergeben sich wesentlich breitere Ansatzpunkte. Im säkular geprägten Europa, in dem es spätestens seit der Reformation keine einheitsstiftende, verbindliche Religion mehr gibt, fällt es schwer, den Totalitätsanspruch des Islam ernst zu nehmen. Der Islam ist Religion, indem er Hypothesen über ein Jenseits, ein Fortleben nach dem Tod, einen Gott und dessen Offenbarung enthält. Er ist aber wesentlich mehr. Er enthält eine genaue Gesellschafts- und Moralordnung (Scharia). Die Gebote der Scharia gehen weit über den Kern der Zehn Gebote hinaus. Der Staat ist in dieser Sicht nicht etwa ein Gegengewicht gegen die Religion, sondern nichts weiter als ein ihr untergeordneter Erfüllungsgehilfe. Islamistische Fundamentalisten wollen einen religiös fundierten absolutistischen, totalitären Anspruch im 21. Jahrhundert durchsetzen. Ein säkularer Staat, dessen Rechtsordnung und Institutionen sich nicht aus dem Koran herleiten bzw. mit den Aussagen des Koran sogar in Widerspruch geraten könnten, ist für Salafisten unvorstellbar. Für sie ist die von der Religion gebotene Lebensordnung umfassend, erschöpfend und alternativlos. Dieser universelle Absolutheitsanspruch lässt keinen Raum für Toleranz, denn Toleranz impliziert notwendigerweise immer ein Element des Zweifelns an der Unbedingtheit und Universalität der eigenen Überzeugungen. Wer ein ähnliches Weltbild in Europa sucht, muss ins Hochmittelalter zurückgehen, als der Papst sämtliche weltliche Gewalt einschließlich der Gesetzgebung für sich und die von ihm geführte Kirche beanspruchte.[3] Dieser Anspruch ist an den Kräften eines säkularen Verständnisses der Staatsaufgaben und an dem weltlichen Machtanspruch der führenden Adelsgeschlechter gescheitert. Soziologisch ist deshalb bedeutsam, dass es in islamischen Gesellschaften kein Äquivalent zu der Rolle gibt, die der Ritteradel und das sich herausbildende städtische Patriziat in westlichen Gesellschaften gespielt hat als Gegengewicht gegen religiöse und staatlich-absolutistische Machtansprüche. Voraussetzung dafür waren eine von der Zentralmacht unabhängige Machtbasis und das ausgeweitete Bildungsangebot von Schulen und Universitäten. Versucht man, diese westlichen Erfahrungen auf den Islam zu übertragen, so wird klar, dass absolutistische Staatsformen religiöse Uniformität begünstigen („Gottesstaat", Verbund von Königtum und Priester-

---

[3] Für die Geschichte Europas ist jedoch bezeichnend, dass auf das päpstliche Manifest mit diesen weitreichenden Machtansprüchen („Unam sanctam") wenige Jahre später erst die Festnahme des Papstes durch einen weltlichen Herrscher und dann die erzwungene Übersiedlung des Bischofs von Rom nach Avignon folgte, also der tiefste denkbare Absturz.

tum, der Staat als Statthalter Gottes), wohingegen dezentrale Staatsformen Dissidententum und kritisches Denken fördern.[4] Ein ausgeweitetes Bildungsangebot und ein kritischer Wettstreit der Meinungen an Universitäten dürfte deshalb die Forderung nach striktem Konformismus auch in islamisch geprägten Gesellschaften schwächen. Einige arabische Emirate, selbst Saudi-Arabien, wollen weltweit attraktive Universitäten aufbauen. Das wird ihnen nur gelingen, wenn sie in großem Umfang westlich ausgebildete Wissenschaftler anziehen und ihnen akzeptable Forschungsbedingungen bieten. Dies gilt vor allem für die für jede Modernisierung unverzichtbaren Schlüsselfächer wie Mathematik, Informatik, Physik, Chemie, Maschinenbau, Architektur bzw. Bauingenieurswesen, Volks- und Betriebswirtschaft sowie Management. Vielleicht könnten auch Logik und Ethik (einschl. Umweltethik) zu diesem Fächerkanon gehören. Dies sind die klassischen Bildungsgänge einer aufgeklärten, empirischen und religionsfreien Wissenschaft. Europa und Nordamerika sollten die Entsendung derartiger Fachleute in islamische Staaten fördern, ihnen vor ihrer Ausreise jedoch auch ein Training in interkultureller Kommunikation anbieten. Ohne Aufklärung keine Toleranz in Europa. Insofern werden auch einige islamisch geprägte Gesellschaften eine Phase der Aufklärung zu durchlaufen haben, bevor sie fähig werden zu echter Toleranz, wobei es Länder und Universitäten gibt, die bereits einen hohen Grad von Toleranz erreicht haben. In manchen Fällen hat jedoch auch dort vor 40 Jahren ein allmählicher Rückgang eingesetzt.[5]

Die Pflicht, eine staatliche, öffentliche Schule in dem Land zu besuchen, in dem Muslime ihren Lebensmittelpunkt haben, muss ausnahmslos durchgesetzt werden. Wichtig wäre dabei, dass gerade in Problemgegenden mit überwiegend muslimischer Bevölkerung keine Klassen entstehen, die rein oder ganz überwiegend von muslimischen Schülern besucht werden. Schüler sollten systematisch und nachhaltig auf ein friedliches Zusammenleben mit Schülern anderer Konfessionen

---

[4] Es waren die Fürsten und die Reichsstädte mit ihrem wohlhabenden Bürgertum, die der Reformation in Deutschland gegen den Willen des zentralistisch-uniformistisch denkenden Kaisertums zum Durchbruch verholfen haben.

[5] Ein markanter Fall ist Ägypten, das vor 50 Jahren nicht nur kosmopolitisch, weltoffen und tolerant war und dem man bessere Entwicklungschancen als Südkorea zubilligte, in dem aber seit dem Sieben-Tage-Krieg ein allmähliches Anwachsen fundamentalistischer Strömungen zu beobachten ist.

vorbereitet werden. Insofern sollte auch die Praxis, reine Bekenntnisschulen der christlichen Kirchen staatlich zu fördern bzw. überhaupt zu dulden, gründlich überprüft werden. Toleranz ist keine Charaktereigenschaft, sondern eine zu lernende und einzuübende soziale Kompetenz. Wenn sie schon nicht innerhalb der Familie zuhause vermittelt wird, kommt einer Vermittlung und praktischen Einübung in solchen Schulen entscheidende Bedeutung zu, die unter staatlicher Aufsicht stehen, in denen staatlich ausgebildete Lehrer unterrichten und die dem Wertekanon des Grundgesetzes verpflichtet sind. Wenn die Stabilität und die Kohärenz unserer Gesellschaft auf einem Konsens über Grundwerte und für ein konfliktfreies Zusammenleben unverzichtbaren Verhaltensnormen beruht, dann muss sichergestellt werden, dass alle, die in dieser Gesellschaft leben und an ihr teilhaben wollen, hinreichend in diesen Grundwerten und Verhaltensnormen unterwiesen werden.

Deshalb sollte kein Dispens gewährt werden in den für ein friedliches Zusammenleben in gegenseitiger Achtung konstitutiven gesellschaftlichen Bereichen. Wenn Schüler einer Lehrerin den Handschlag verweigern, muss dies thematisiert und hinterfragt werden. Dass es dabei zu Spannungen zwischen dem privaten Erziehungsanspruch der Familie und dem der staatlich-öffentlichen Schule kommt, ist unvermeidlich. Dieser Konflikt darf nicht unter den Teppich gekehrt werden. Der Staat als Repräsentant der Gesellschaft des Gastlandes und ihrer Werteordnung muss zumindest darauf bestehen, dass im öffentlichen Bereich diese Werteordnung verstanden und respektiert wird.

Ähnliche Grundsätze sind im Geschichts-, Literatur- und Religionsunterricht zu beachten. Einerseits müssen Religionsgemeinschaften die Option behalten, konfessionsgebundenen Religionsunterricht zu erteilen. Daneben wäre aber ebenso wichtig ein Fach, das sich als „Ökumene" oder „Weltreligionen im Vergleich" oder „Götterglaube in Geschichte und Gegenwart" bezeichnen ließe. Wir brauchen eine christlich-islamische gemeinsame Historikerkommission, in vielem ähnlich den Kommissionen, die wir in den letzten Jahrzehnten höchst erfolgreich mit unseren Nachbarn in Europa aufgebaut haben. Wir müssen die stark mit Vorurteilen und Ressentiments besetzten Kapitel der Begegnungen zwischen Abend- und Morgenland wissenschaftlich differenziert aufarbeiten. Das gilt für die „Arabereinfälle", für die Kreuzzüge, für die Türkenkriege, für die Sarazenen, die nordafrikanischen Piraten, die kolonialen Imperien der italienischen Handelsstädte Venedig, Genua und Pisa, für die dunklen Kapitel von Sklaverei, Unterdrückung, Ausbeutung, Zwangskonversion und Vertreibung. Hierbei sollte betont werden, wie stark sich beide Kulturkreise blutigen Kriegen zum Trotz gegenseitig befruchtet haben. Auch und gerade in Konfliktzeiten waren die gegenseitigen Beeinflussungen am stärksten. Eine solche Kommission könnte den Blick darauf lenken, welche Krisen, welche intellektuellen und soziologischen Voraussetzungen den Aufbruch Europas in die Moderne überhaupt erst ermöglicht haben - und vielleicht auch, welche Faktoren eventuell die Erfolge dieses Aufbruchs gefährden könnten. Das säkulare Europa darf nicht auf den Überlegenheitsanspruch islamistischer Fundamentalisten mit einem demonstrativen Überlegenheitsgefühl der eigenen Zivilisation antworten.

Lehrer an Schulen und Universitäten müssen systematisch und in praktischen Übungen auf interkulturelle Konfliktsituationen vorbereitet werden. Jeder Religionslehrer sollte vor der Lehramtsprüfung nachweisen, dass er befähigt ist, im Unterricht auch andere Religionen objektiv darstellen zu können. Religion wird viel zu oft als letztlich belangloses Nebenfach abgetan. Es sollte aufgewertet werden und weit über das traditionelle, unkritische Nachbeten von Glaubensinhalten, Ritualen und Liturgie hinausgehen. Neben die Vermittlung von religiösen Inhalten sollte gleichberechtigt die Kritik an ihnen treten. Lehrer müssen vorbereitet werden, um Konflikte über deviantes Verhalten im Schulbereich erfolgreich bestehen zu können.

Es war ein naives Versäumnis, mit den ersten muslimischen Gastarbeitern nicht für eine den christlichen Konfessionen äquivalente Organisation für islamischen Glaubensunterricht zu sorgen. Man hat das Problem damals outgesourced und gestattet, dass islamische Organisationen außerhalb Deutschlands Lehrer und Imame ausbilden und nach Deutschland entsenden. Dieses Versäumnis muss schleunigst korrigiert werden: Es sollten an deutschen Universitäten Institute für Islamstudien eingerichtet werden, deren Professoren nach den gleichen Kriterien ernannt werden wie die in bestehenden theologischen Fakultäten, d.h. eine Ernennung kann nur erfolgen in gegenseitigem Einverständnis zwischen staatlicher Aufsichtsbehörde und einer Instanz für religiöse Inhalte. In manchen Moscheen und Madrasen wird der Koran in der Diaspora oft genug noch restriktiver und dogmatischer ausgelegt als in der arabischen Welt. Die aufgeklärte Welt muss das Monopol einer strikt innerreligiösen Koranauslegung aufbrechen und dafür sorgen, dass rationale Kritik an Überlieferung und Inhalten des Koran und der Kampf um die rechte Auslegung nicht nur zulässig, sondern unumgänglich sind. Voraussetzung dafür ist ein Forschungszentrum, in dem der Koran und die islamische Religionstradition Gegenstand ebenso wissenschaftlich orientierter text- und überlieferungskritischer Forschung werden wie dies die staatlich anerkannten christlichen Konfessionen geleistet haben. Auch für Koranstudien muss gelten, dass es zu unterschiedlicher Textexegese kommt und dass kritisch abwägende Überlieferungsgeschichte und philologische Textkritik keine Blasphemie darstellen. Lebendiger Glaube darf nicht kritische Wissenschaft verbieten. Eine nüchterne, sachliche Herangehensweise an Glaubensinhalte wird freilich dadurch erschwert, dass immer wieder Kritik mit Häme, Analyse mit Beleidigung und Relativierung mit Blasphemie verwechselt wird. Obwohl auch Satire von der Meinungsfreiheit gedeckt bleiben muss, stellt sich gerade hier die Frage nicht nur nach dem guten Geschmack, sondern vor allem nach den Folgen derartiger Provokationen. Zur Toleranz gehört eben auch, religiöse Empfindlichkeiten anderer nicht ohne zwingende Not zu verletzen. Wer zweifelt, dass Christus Gottes Sohn war, hat Anspruch auf Gehör; wer ihn als gekreuzigten Frosch darstellt, verrät nur einen elementaren Mangel an Geschmack und Respekt. Und so, wie wir selbst in weitgehend post-christlichen Zeiten christlichen Symbolen und Glaubensinhalten mit gebotenem Respekt begegnen sollten, auch wenn sie uns selbst nichts mehr zu sagen haben, so sollten wir die Dinge, die für Muslime mit den höchsten religiösen Gefühlen besetzt sind, respektvoll und vorsichtig behandeln. Was den einen als witzige Karikatur erscheinen mag, stellt für den anderen verletzende Blasphemie dar. Viel von der Empörung, die die Mohammed-Karikaturen ausgelöst haben, war wohl weniger spontan, sondern wohl organisierte und bewusst angefachte Hysterie. Der billige Spruch, dass Satire alles darf, verdeckt jedoch nur, dass es auch hier eine moralische Verantwortung in der Folgeabschätzung gibt: Wie rechtfertigt man, für einige hämische Schmunzeleien und eine kurzfristige Auflagensteigerung eine tiefe, meist lang nachwirkende Verbitterung und Entfremdung gegenüber jenen in Kauf zu nehmen, für die hiermit an einer Verankerung (das ist der Wortsinn von „religio") ihres eigenen Lebens gerüttelt wird? Auch Satire sollte nicht zur abgefeimten, primitiven Beleidigung verkommen.

Ein spezifisches Problem sind Madrasen, religiös getragene und geleitete Privatschulen bzw. Moscheen angegliederte geistliche Zentren, deren Lehrpläne und finanzielle Trägerschaft oft genug im Dunkeln bleiben. Über die Qualifikationen der dort tätigen Lehrer und ihre religiöspolitischen Ansichten dringt in der Regel wenig nach außen. Oft genug erfolgt der Koranunterricht auf Arabisch. Das erschwert eine wirksame staatliche Aufsicht. Ebenso wie an öffentlichen Schulen muss eine staatliche Aufsicht jedoch auch dort dafür sorgen, dass wer immer in derartigen Zentren Unterricht erteilt, zumindest minimale Qualifikationen nach den in Deutschland geltenden Vorstellungen mitbringt. Zu überlegen wäre eine generelle staatliche Prüfung, die Lehrer an derartigen privaten Religionsschulen ablegen müssen, bevor sie legal wirken können. Sie sollten auch einen detaillierten Lebenslauf mit Nachweis ihrer zuvor durchlaufenen Ausbildung vorlegen. Das immer noch gültige Konkordat Deutschlands mit dem Vatikan sieht vor, dass jeder Bischof, bevor er sein Amt in seiner Diözese in Deutschland antritt, gegenüber der jeweiligen Landesregierung einen Treueeid ablegt. Wenn dies der katholischen Kirche zuzumuten ist, weshalb ist das einem islamischen Geistlichen nicht gleichfalls zuzumuten? Wenn der Islam zu Deutschland gehört, dann gehört Deutschland mit seiner Werte- und Rechtsordnung auch zum Islam. Wenn der Islam in Europa Wurzeln schlagen will, wird er sich an Traditionen und Rechtsnormen dieses Europas anzupassen haben. Es wird sich dann langsam ein „Euro-Islam" herausbilden. Insofern ist die Forderung nach Integration zu unscharf: Sie setzt einerseits die Bereitschaft zu Offenheit bei den aufnehmenden Gesellschaften voraus; sie fordert aber mindestens im gleichen Umfang die Bereitschaft der zu Integrierenden, sich integrieren zu lassen, und das kann im Bereich der Grundrechte und Grundwerte nur Anpassung und Übernahme bedeuten. Insofern ist im Bereich der ersten zwanzig Artikel des Grundgesetzes letztlich nicht Integration, sondern Assimilation gefordert.

4   Ditib und Diyanet

Der dominierende Einfluss ausländischer Religionslehrer und Religionsdiener mit Vorstellungen, die teilweise unseren gesellschaftlichen und moralischen Grundvorstellungen zuwiderlaufen, muss zurückgedrängt werden. Das bedeutet u.a., dass die starke Stellung von Ditib und Diyanet bzw. der türkischen Botschaft zurückgeschnitten werden muss. Eine solche Kooperation mit staatlichen Stellen der Türkei mochte ihre Berechtigung gehabt haben, als die Türkei noch auf dem Weg nach Europa war und ihr sogar eine Mitgliedschaft in der EU winkte. Ditib entwickelt sich mehr und mehr zu einem verlängerten Arm einer Türkei, die sich von dem Säkularismus Atatürks ab- und einem religiös verklärten Nationalismus zuwendet und sich als Protektor und alleiniger Vermittler islamischer Glaubensinhalte geriert. Ditib steht inzwischen faktisch unter direkter Kontrolle der Regierung in Ankara. Über diesen Hebel gelingt es, radikal-islamisches Gedankengut direkt in unsere Gesellschaft einzuschleusen.

Immer wieder lässt sich die Radikalisierung von Jugendlichen auf eine extremistische Indoktrinierung in religiösen Studienzentren zurückführen. Islamistischer Terrorismus hat deshalb zwei Komponenten: Einerseits die Ideenlieferanten, die Produzenten der ideologischen Begriffswelt und der dazugehörigen Wertvorstellungen eines fundamentalistisch-radikalen Weltbilds. Und andererseits die Erfüllungsgehilfen, die sich bereitfinden, das, was sie in Predigten und im Unterricht gehört haben, zur Leitlinie und zur Inspiration eigenen Handelns zu machen. Die einen sind die Ideologen und die Generäle, die anderen die Soldaten und die fanatisierten Täter, die einen die Agitatoren, die anderen die Attentäter. Die einen sind die Auftraggeber, die anderen die Auftragnehmer. Eine präventiv wirksame Bekämpfung islamistisch-terroristischer Gefahren muss deshalb synchron einen dreifachen Ansatz verfolgen:

- Sie muss die Ideologen isolieren, ihnen die Plattform öffentlicher Wirksamkeit entziehen, sie überwachen und bei nachweislichen Aufrufen zu Straftaten, zu Volksverhetzung oder bei diffamierenden Äußerungen zur strafrechtlichen Verantwortung ziehen.
- Sie muss die Jugendlichen, an die sich diese Hassbotschaften wenden, frühzeitig und so weit wie möglich immunisieren, damit derartiges Gedankengut abperlt und keine Wurzeln schlagen kann.

- Sie muss die Transmissionsriemen, d.h. die Kommunikationsstränge und die Versammlungsorte, an denen derartige Doktrinen verbreitet werden, genau im Auge behalten und notfalls unterbinden bzw. schließen. Gerade auf sozialen Medien müssen Aufrufe zu oder Verherrlichung von terroristischen Attentaten sofort gelöscht und ihre Verfasser identifiziert werden.

5 Moderate Muslime als Verbündete gewinnen

Eine Isolierung extremistisch-radikaler Strömungen im Islam wird nur gelingen, wenn es gelingt, die überwiegend friedfertige Mehrheit muslimischer Mitbürger zu mobilisieren, für einen gewaltfreien, toleranten, weltoffenen Islam einzutreten. Dem Islam ist diese Tradition der Toleranz keineswegs fremd. Zur Zeit der Kreuzzüge galt die islamische Welt nicht nur als toleranter, liberaler und kulturell überlegen gegenüber einem christlichen Europa, das gerade den Kreuzzugsgedanken gegen Häretiker in den eigenen Reihen kehrte und die Inquisition ins Leben gerufen hatte.

Dazu ist auch eine strategische Zusammenarbeit mit Gruppierungen eines moderaten Islam außerhalb Europas entscheidend, vor allem in Ländern, in denen der Islam nicht offizielle Staatsreligion ist, wie Indien, Indonesien, Malaysia, Philippinen, Bosnien oder Albanien oder die ein Bekenntnis zum Islam mit einem Bekenntnis zu einem säkularen Verständnis von Staat und Gesellschaft verbinden, wie etwa Bangladesch. Besonders wichtig wären Erfolge im friedlichen Zusammenleben der unterschiedlichen Religionen auf dem Balkan. Das wäre umso wichtiger, als die dortigen Gegensätze primär auf religiös-kulturelle Unterschiede und nicht auf klare ethnisch-genetische Gegensätze zurückgehen. In Ländern, in denen der Islam Staatsreligion ist, sollten wir uns offensiv für religiöse Toleranz und vor allem für die gleichberechtigte Zulassung nicht-islamischer Religionsausübung einsetzen. Toleranz ist eine Tugend auf Gegenseitigkeit. Wenn islamische Glaubensgemeinschaften mehr Toleranz für die eigene Religionsausübung fordern, sollten sie auf den eklatanten Mangel an Toleranz unter ihren „Glaubensbrüdern" verwiesen werden. Es wäre zu überlegen, ob nicht die etablierten Kirchen einen stärkeren Anteil ihrer Ressourcen auf eine „Innere Mission" verwenden sollten, nicht in dem Ziel einer Konversion, aber mit dem Ziel einer offensiven Aufklärung auch darüber, wie die christlichen Kirchen in Europa erst nach blutigen Konflikten und nachdem sie zunächst die Herausbildung eines modernen, aufgeklärten und wissenschaftlich abgestützten Weltbilds zu verhindern versucht hatten, im Dialog miteinander zu Toleranz und Liberalität gefunden haben.

6 Dem politischen Islam den Nährboden entziehen!

Ebenso wie die Verbreitung und Verwurzelung des Christentums nicht nur auf metaphysischen Glaubensinhalten, sondern vor allem auf einer aktiven Sozial- und Bildungspolitik beruhte (Schulen, Universitäten, Krankenhäuser, Armenfürsorge lag bis in die frühe Neuzeit weitestgehend in den Händen der Kirchen), so wird man die Anziehungskraft des fundamentalistischen Islam schwerlich begreifen und somit auch nicht beeinflussen können, wenn man nicht die enormen gesellschaftlichen Auswirkungen beispielsweise der Muslimbruderschaften würdigt. Gerade dort, wo schwache und korrupte Staatlichkeit in essentiellen Sozialleistungen versagt, bieten diese Gemeinschaften vielen unerlässliche Lebenshilfen. Sie praktizieren oft eine materiell und finanziell großzügige Hilfsbereitschaft, um dann umso wirkungsvoller mentale und religiöse Konformität zu fordern. Sie verbinden soziales Engagement mit ideologischer Indoktrinierung. Hierin sind manche islamistischen Organisationen kommunistischen politischen Bewegungen gar nicht so unähnlich: Sie kümmern sich um die, die eine affluente Gesellschaft vernachlässigt, sie setzen dem Egoismus und dem Materialismus einer kleptokratischen Elite das kollektive Bewusstsein von altruistischer Selbstlosigkeit im Dienste eines immateriellen Ideals entgegen. Sie geben sich als Vorkämpfer für Gleichheit und Gerechtigkeit aus und mobilisieren damit idealistische Jugendliche. Manche Beobachter haben daher in den bärtigen, schwer bewaffneten, asketisch-totalitären Islamisten die geistigen Erben der marxistisch inspirierten Kämpfer aus kolonialen Befreiungskämpfen erblickt.

Viele dieser muslimischen Bruder- (und Schwestern-)schaften erinnern in ihrer Funktion und ihrem radikalen Gebaren an das Auftreten der Bettelorden, die auch in einer Zeit gewaltiger sozialer und kultureller

Umbrüche eine rigide Rückkehr zu den Werten des Urchristentums forderten.

7 Herausforderungen und Bewährung – außerschulische Aktivitäten

Wichtig sind ferner attraktive außerfamiliäre und außerschulische Angebote an Heranwachsende, in denen sie sich mit positiven Aufgaben bzw. Herausforderungen identifizieren und so ihrem jugendlichen Leben Struktur und Sinn geben können. Hier ließe sich einerseits an Gemeinschaftsdienste denken wie Feuerwehr, einfache Ordnungsfunktionen, die Instandhaltung von öffentlichen Bereichen, aber auch outdoor-Aktivitäten, die Jugendliche physisch und psychisch fordern, ihnen die Chance bieten, sich zu bewähren und ihre Leistungsfähigkeit auszutesten, wie Fußball, Leistungssport, Pfadfinderei, Felsklettern, Segeln, Wasserrettungsdienste usw.

8 Keine Integration ohne langfristige Berechenbarkeit und Gewissheit

Terrorprävention muss weit über Überwachung und Repression, Bestrafung oder Ausweisung hinausgehen. Sie muss dauerhafte Perspektiven eines neuen Lebens in neuen Umständen bieten. Die Bundesregierung hat 2015 etwa eine Million Migranten ins Land gelassen. Darunter waren überproportional viele männliche Jugendliche. Die illegalen Arbeiter, die aus Nordafrika nach Griechenland, Italien und Spanien drängen, sind ebenfalls ganz überwiegend männliche Jugendliche. Wenn sie ohne Klarheit über Bleiberecht, Ausbildungs- oder Berufsperspektiven unter prekären Bedingungen leben, dann ist es kein Wunder, wenn diese Jugendlichen anfällig werden für kriminelle und radikale Suggestionen. Sie waren Treibgut der Globalisierung. Jetzt werden sie zu ungewolltem, anstößigem Bodensatz in Europa. Wir bieten ihnen materielles Überleben am Rande unserer Gesellschaften, wir enthalten ihnen aber eine längerfristige Perspektive und vor allem die Gewährung dauerhafter Gewissheit über ihre Zukunft vor. Weshalb soll sich jemand von seinen Wurzeln trennen, wenn er damit rechnen muss, jederzeit kurzfristig wieder abgeschoben zu werden? Nicht nur die rechtlichen Grundlagen für Asylgewährung, Duldung und Abschiebung sind fragwürdig; noch viel fragwürdiger ist ihre Anwendung, die oft genug den Eindruck von Willkür hinterlässt, gepaart mit zaudernder Unentschlossenheit, dem Bestreben, vor Widerstand einzuknicken und dem Verzicht auf konsequente Durchsetzung der Rechtsnormen. Abschiebungen sollten unverzüglich und konsequent erfolgen.

Wie soll sich jemand integrieren, wenn er seine Umwelt nicht versteht? Wie soll er die Bindungen an seine Heimat kappen, wenn sich ihm keine verlässlichen Bindungen im neuen Umfeld bieten? Im Gegenteil: In einer solchen Situation wird es nur wahrscheinlicher, dass er sich umso verzweifelter an Traditionen und Normen seiner Herkunft klammert und das Gefühl der Entfremdung stärker wird. Jugendliche brauchen positive Identifikationsfiguren. Hier können z.B. bekannte Sportler, insbesondere Fußballspieler, eine Rolle spielen. Es könnte versucht werden, sie stärker dafür zu gewinnen, ihre Erfolgs- und Integrationsgeschichte zu vermarkten. Wenn sie für kommerzielle Produkte Werbung machen, weshalb sollten sie sich nicht überreden lassen, für den Staat, dessen Farben sie auf dem Trikot tragen, aktiv Werbung zu machen, die spezifisch auf Zielgruppen ähnlicher Herkunft zugeschnitten ist?

Die Gefahr einer Radikalisierung ist in der zweiten und dritten Generation unter Migranten deutlich höher als in der ersten. Sie steigt nochmals deutlich, wenn diese Generationen in ghettoähnlichen Umständen in Parallelgesellschaften aufwachsen, die sowohl sozial wie kulturell eine bewusste, wenn nicht sogar feindselige Distanz zum Gastland wahren.

9 Aussteigerprogramme sind keine Prävention

Inzwischen laufen einige Programme, die speziell darauf zugeschnitten sind, Straftäter mit islamistischen Motiven zu resozialisieren. Derartige Bemühungen sind notwendig und verdienen Anerkennung. Sie fallen allerdings im strengen Sinne nicht unter Prävention. Sie können verhindern, dass erkannte Islamisten zu Wiederholungs- oder Serientätern werden. Prävention erfordert aber mehr. Sie zielt darauf ab zu verhindern, dass ein Jugendlicher sich überhaupt radikalisiert und straffällig wird. In diesem Sinne können Aussteigerprogramme ein Präventionsprogramm ergänzen; sie können vielleicht, sofern sie eindrucksvolle

Erfolgsfälle vorweisen können, diese nutzen, um authentische Argumente gegen eine Radikalisierung zu gewinnen: Wenn ein ehemaliger Terrorist sich überzeugend von seinen Taten distanziert, ohne dass man ihn deshalb als Renegaten stigmatisieren kann, dann haben seine Worte Gewicht.

10 Internationaler Daten- und Informationsverbund, Kooperation

Terrorprävention ist eine Aufgabe, die weit über nationale Grenzen hinausreicht. Vor allem in Europa, ganz besonders aber im Schengenraum, erfordert sie ein dichtes Netz engster Zusammenarbeit zwischen Nachrichtendiensten, Polizei, Wissenschaft und Bildungsinstitutionen. Alle unsere Nachbarn haben mit ähnlichen Problemen zu kämpfen, einige weitaus ärger als wir selbst. In allen europäischen Ländern stellen sich die Probleme insofern jeweils unterschiedlich dar: Großbritannien hat vor allem ein Problem mit potentiell Anfälligen aus dem indischen Subkontinent und aus Schwarzafrika, Frankreich und die Niederlande mit Einflüssen aus dem Maghreb, Italien, Griechenland und Deutschland mit Migrantenströmen aus Nordafrika, Nahost, Ostafrika und Zentralasien. Selbst die skandinavischen Staaten beginnen Spannungen zu spüren, seien es die Mohammed Karikaturen in einer dänischen Zeitung oder der Anschlag in der Stockholmer Innenstadt von 2017. Wir brauchen einen europa-(nicht nur EU-) bzw. schengenweiten Informations- und Dokumentationsverbund, der dem Daten- und Erfahrungsaustausch dient und bei dem Diagnosen, Therapieerfahrung und Gefahrenpotentiale abgeglichen und so besser eingeschätzt werden können.

11 Operative Empfehlungen

* Förderprogramme für Mütter bzw. junge Ehefrauen in muslimischen Familien

* Ausbau des Ethikunterrichts an Schulen, obligatorischer religionsvergleichender Unterricht

- Pädagogentraining für konfrontative und provokative Situationen mit Schülern und Eltern

- Koran und Islam-Forschungszentrum; Förderung eines „Euro-Islam"

- Ausbildung und Kontrolle von Imamen; obligatorische Prüfung vor Antritt eines religiösen Amtes; Treueeid (in Analogie zum Konkordat)

- Positive Vorbilder und Rollen, in denen Jugendliche ihre islamische Identität bestätigt sehen und sich gleichzeitig integrieren

- Bessere Möglichkeiten, sich in Gemeinschaftsdiensten, Sport oder Abenteuerexpeditionen zu bewähren

- Bessere Integrationsmöglichkeiten, mehr Berechenbarkeit bei Aufenthaltsgenehmigung und Arbeitserlaubnis, klare und frühzeitige Trennung von Spreu und Weizen. Abschiebungen sollten schnell und energisch durchgeführt, die Duldungspraxis revidiert werden

- Gewinnung von aktiver Mitarbeit moderater, säkularer muslimischer Verbände bzw. gezielte Gründung solcher Vereine

- Ausbau und Vertiefung internationaler Kooperation, vor allem mit islamischen Ländern, die selbst Probleme mit islamistisch-terroristischen Bewegungen haben

- Europäische Informations- und Koordinationsstelle (in Brüssel, aber separat von EU und NATO)

Sozio-kulturelle Konflikte und internationale Mobilisierung des Politischen Islamismus

Thomas Jäger und Ralph Thiele

1 Einleitung

Der Politische Islamismus fordert die aufgeklärten demokratischen Staaten auf vielfältige Weise heraus. Die unterschiedlichen Bedrängungen der westlichen liberalen Lebensweise umfassend zu erfassen ist eine wichtige Aufgabe der Sicherheitsorgane. Allerdings stellt der Politische Islamismus nicht nur eine Herausforderung an den Staat dar, sondern auch an die Gesellschaft. Diese sozio-kulturelle Dimension verstehen zu können und ihren Kräften zu widerstehen, sind auch Politische Bildung, die wehrhafte Demokratie und damit die Selbstorganisation des demokratischen Lebens gefordert.

„Es gibt keinen Islamismus ohne Islam." (Manemann 2015, 20) Er kann von seiner religiösen Basis nicht abgehoben werden, auch wenn er darin nicht aufgeht. Auch wenn die Stoßrichtung des Politischen Islamismus insbesondere auf die Umgestaltung der politischen, sozialen und kulturellen Ordnungen abhebt – die freilich ohne eine Änderung der ökonomischen Verhältnisse nicht zu erreichen ist – ist der Politische Islamismus kein rein politisches Phänomen. Deshalb müssen bei einer Betrachtung der möglichen politischen Kraftentfaltung des Politischen Islamismus insbesondere auch Haltungen beachtet werden, die Empörungs- und Mobilisierungspotential entfalten können, wozu erstens die Organisation von Hass und Überlegenheitsgefühl und zweitens die Ausbeutung der Empfindung von Deprivation gehören.

Beide Empfindungen wurden im Kontext islamistischer Handlungsmotive immer wieder angeführt. Auf der einen Seite die Gewissheit, auf der richtigen Seite der Gesellschaft und der Geschichte zu stehen, also das Richtige zu tun, woraus die Stärke und Überlegenheit erwächst, die gerade bei einem prekären Selbstwertgefühl zum Ausgleich der mentalen Ungewissheiten häufig zum Tragen kommt. Und andererseits die parallele Sicht auf sich selbst als Opfer, als Unterdrückter, als derjenige, den das Leben in der bestehenden Form nicht sein lässt, was möglich und gerecht wäre, weshalb die Umstände dieses Lebens dringend und radikal geändert werden müssen. Beide Haltungen haben im historischen Verlauf immer wieder gesellschaftliche Gruppen erfasst und dann auch zu Umwälzungen der Verhältnisse geführt. Der Politische Islamismus strebt sie seit Jahrzehnten in unterschiedlichen Regionen und auf unterschiedliche Weisen an (Kepel 2019). Wie stark die Mobilisierung über diese Haltungen dann konkret ausfallen kann, ist von den jeweiligen Umständen, der Folgebereitschaft der Adressierten und dem Führungspotential der Avantgarde abhängig. Deshalb sind für die Beantwortung der Frage, welches Empörungs- und Mobilisierungspotential der Politische Islamismus hat, Entwicklungen der ökonomischen und politischen Deprivation, der sozialen Instabilität, der Modernisierungsprozesse in den jeweiligen Gesellschaften und der gegenhandelnden Prävention von Bedeutung. Aber auch, über welche Einstellungen die Mobilisierung entfacht werden kann. Einige davon wollen wir kursorisch ansprechen, bevor wir zu Empfehlungen kommen, wie dem begegnet werden kann.

2   Ablehnung der Religionsfreiheit

In Artikel 4 (1) des Grundgesetzes steht: „Die Freiheit des Glaubens, des Gewissens und die Freiheit des religiösen und weltanschaulichen Bekenntnisses sind unverletzlich." In Deutschland wird garantiert, dass die ungestörte Religionsausübung gewährleistet wird, wie es in Satz 2 dieses Artikels heißt. Das ist ein Grundrecht, das nicht überall auf der Welt gleichermaßen gewährleistet wird und das der Politische Islamismus nicht akzeptieren kann. Denn er strebt an, die politische Ordnung an islamistischen Grundsätzen auszurichten, also den säkularen Staat zu überwinden. Das setzt den Politischen Islamismus nicht nur in Konflikt mit anderen Staatsauffassungen, sondern auch mit anderen Strömungen des Islam, die nicht das Ziel verfolgen, die politische, wirtschaftliche, soziale und kulturelle Ordnung neu auszurichten. Die in Deutschland mit deutscher Staatsbürgerschaft lebenden Muslime weisen einer Untersuchung des Instituts für Demoskopie Allensbach zufolge eine höhere Zufriedenheit mit der demokratischen Staatsform aus als die Bevölkerung insgesamt (70 zu 81 Prozent) und sind mit dem politischen System zufrieden (26 zu 53 Prozent). Die Forscher erklären dies damit, dass „das Gefühle des Aufstiegs ... mehr zur Lebenszufriedenheit und vermutlich auch zum damit verbundenen Selbstbewusstsein bei(trägt) als das absolute Wohlstandsniveau." (Petersen 2021) Ob diese Analyse den Umkehrschluss zulässt, dass der soziale Abstieg oder die Gefährdung der sozialen Stellung gegenteilige Effekte auslösen kann, kann hier offenbleiben. Wir werden auf die Frage weiter unten noch zu sprechen kommen.

Die Ablehnung der Religionsfreiheit ist ein Kennzeichen des Politischen Islamismus. Gerade in Staaten mit einem über neunzigprozentigen Anteil muslimischer Bevölkerung und einer traditionell wichtigen Rolle der Religion kann diese Weltanschauung Widerhall finden, der dann in die anderen, westlichen Staaten ausstrahlt. Denn dort hat sich der religiöse Diskurs in der Öffentlichkeit reduziert oder verschoben.

In seinem Werk über eine islamistische Gewalttat in Libyen, in der einundzwanzig junge Männer, fast ausschließlich christliche Kopten, enthauptet wurden, fragt Martin Mosebach: „Hat die westliche Welt mit ihrer Bereitschaft zu Diskussion und Dialog solch lebensfeindliche Gegensätze nicht längst überwunden? Wir leben in einer Zeit strikter Privatisierung der Religion und wollen sie der säkularen Gesetzlichkeit unterworfen sehen. Es gibt einen gesellschaftlichen Konsens der Ablehnung von Missionierung und Glaubenseifer. Hat all das den erbarmungslosen Alternativen von Missionierung und Glaubenseifer, Tod, Verrat des Glaubens und Leben nicht ein Ende bereitet?" (Mosebach 2018, S. 14) Mosebach schreibt aus der Perspektive der Opfer, er schreibt über die Religion der Kopten, aber seine Frage geht an den Kern des Verhältnisses von Gesellschaft (nicht Staat) und Religion. Wenn sich religiös motivierte Menschen und Gruppen nicht der Säkularisierung unterordnen, sondern sich in den Gegensatz zu dieser Werthaltung stellen, behaupten sie einen religiös begründeten Anspruch, der sich auch gegen die politische Ordnung der Gleichheit der Religionen stellt. Die Religionsgemeinschaften sind dann nicht mehr im Rahmen eines säkularen Staates und einer multireligiösen Gesellschaft in ihrer diskursiven Auseinandersetzung mit sich und den säkularen Lebensweisen gleich, sondern erheben den Anspruch, die Gesellschaft religiös zu prägen und die Lebenswirklichkeit der Menschen einzurichten. Das gilt insbesondere auch für die Religion der Täter, wenn an die Enthauptungen erinnert wird, als 21 Islamisten an dem libyschen Strand in Sirte die Enthauptungen ausführten.

Gleichviel ob die Religion politisch wird oder politisch missbraucht wird – Mosebach fragt: „Haben die Mörder in perversem Glaubenseifer gehandelt oder sind sie gewissenlose Söldner, die sich für jede Art Bluttat gewinnen lassen?" (2018, S. 20) – das Verhältnis von Religion und Staat wird neu definiert: Die Religion wird zur Legitimationsquelle über dem Staat – sei es für die staatlichen Organe, wie in Saudi-Arabien, dem Iran oder Afghanistan, sei es für diejenigen Gewaltakteure, die sich gegen die bestehende politische Ordnung aufrichten und die sich zur Legitimierung ihrer Gewalttaten und zur Mobilisierung der Massen auf die Religion berufen.

Damit aber endet die Gleichheit der Religionen im säkularen Staat, die Ebenbürtigkeit der Religionen vor der staatlichen Ordnung und die gegenseitige Anerkennung ihrer Berechtigung.

Während in der westlichen Welt, in der eine Tendenz besteht, sich von den Religionen abzukehren (Inglekart 1977) und aus der Überwindung des Religiösen häufig die Gleichheit agnostischer Weltanschauungen erwartet wird, greifen in anderen Teilen der Welt Dynamiken des Religiösen lokal und transnational aus. Dabei eröffnen sie den politischen Akteuren Handlungsspielräume, wie sie auch vom Politischen Islamismus genutzt werden.

3   Antisemitismus

In der islamistischen Weltanschauung dauert der Konflikt zwischen dem Islam und dem Judentum, der in dieser Lesart seit den Siegen der Muslime gegen Juden von den Unterlegenen gegen den überlegenen Islam geführt werde, solange an, wie beide Religionen existieren. Es sei ein Kampf zwischen beiden Religionen, der seitens der Juden mithilfe von Verschwörungen, Intrigen und dunklen Verbündeten geführt werde, so jedenfalls die islamistische Sichtweise. Auf dieser Grundlage setzt der islamische Antisemitismus auf, der sich gleichzeitig religiös auflädt. Denn „(d)er islamische Antisemitismus wendet sich gegen die moderne Gesellschaft und zeichnet im manichäischen Muster das Bild eines Konfliktes zwischen der Bedrohung einer ‚jüdischen Übermacht' und einer islamischen Gemeinschaft. Wenngleich er in seiner weltanschaulichen Form dem modernen europäischen Antisemitismus entspricht, ergibt sich doch eine Besonderheit: Der moderne Antisemitismus wird mit dem islamischen Antijudaismus verwoben. So können moderne Verschwörungstheorien über imaginierte jüdische Herrschaft und Übermacht auf den islamischen Antijudaismus des 7. Jahrhunderts bezogen und somit religiös gerechtfertigt werden." (Bernstein 2020, S. 56) In seiner islamistischen Variante ist der Antisemitismus nicht nur eine Gefahr für die innenpolitische Stabilität europäischer Staaten, wenn er dort eine große Anzahl von Menschen erreicht, sondern auch, über die Konflikte in Afghanistan und Pakistan beispielsweise, eine Gefahr für den Weltfrieden (Brumlik 2020, S. 72-789). Mit der großen Anzahl an Flüchtlingen nach Europa 2015 hat die Zahl der Menschen mit antisemitischer Einstellung auch in Deutschland zugenommen, auch wenn umstritten ist, wie stark und in welcher diskursiven Auseinandersetzung mit anderen politischen Strömungen (Arnold 2019).

Der Antisemitismus bezieht sich auch in Deutschland inzwischen sehr häufig auf den Nahostkonflikt und die Politik Israels. Zuletzt im Frühjahr 2021. Zwischen dem 10. und 21. Mai 2021 führten Israel und die Hamas aus Gaza heraus Krieg. Täglich wurden zahlreiche Raketen aufeinander abgeschossen. Die Hamas hatte den Krieg begonnen, um sich als Schutzmacht der palästinensischen Israelis darzustellen. Denn in den Wochen zuvor gab es teilweise gewaltsame Auseinandersetzungen in Israel zwischen jüdischen und palästinensischen Israelis rund um den Tempelberg. Israel wurde daraufhin von der Hamas angegriffen und verteidigte sich durch defensive und offensive Maßnahmen.

Gegen die militärischen Handlungen Israels wurde in Deutschland protestiert. Dabei war es der Antisemitismus und nicht die Ablehnung von Gewalt, der die eingesetzten Parolen bestimmte. So zogen Demonstranten zu einer Synagoge in Gelsenkirchen und skandierten laut „Scheißjuden" (Schindler 2021). In München wurden Schilder mit „Kindermörder Israel" gezeigt. In Berlin-Neukölln eskalierte der Protest von 3500 Demonstranten, weil die Polizei wegen Nichteinhaltung von Hygieneregeln die Auflösung betrieb. In dieser Eskalation wurde die Bombardierung von Tel Aviv gefordert und Menschen, die jüdische Symbole trugen, wurden angegriffen (Geiler 2021).

Als Protest gegen die Politik Israels kehrte der Antisemitismus auf die deutschen Straßen zurück, mehrheitlich getragen von muslimischen Migranten. Der Antisemitismus verbindet dabei den Politischen Islamismus mit anderen extremistischen Gruppen.[1] „Im Bereich des nicht islamistischen Ausländerextremismus in Deutschland nimmt Antisemitismus vor allem im türkischen Rechtsextremismus und bei extremistischen Palästinensern eine relevante Rolle ein." (Bundesministerium des Innern, ohne Jahr, S. 287) Der Antisemitismus verbindet somit unterschiedliche Gruppen sowie Organisationen und kann dem Politischen Islamismus als Plattform und Träger dienen, seine darüber hinausgehenden Forderungen zu verbreiten. „Zweifelsohne verbreiten sich jedoch antisemitische Narrative aus islamistischen Bewegungen auch bei Musliminnen und Muslimen, die dem Islamismus entschieden entgegenstehen und ihn verurteilen. Darüber hinaus finden diese Narrative auch unter Nicht-Musliminnen und Nicht-Muslimen Anklang, denn der Islamismus ist eine Ideologie und Bewegung, die unabhängig von Religion und Herkunft Attraktivität ausstrahlt." (Cheema 2020)

4   Ablehnung der Geschlechtergleichheit

Artikel 3(2) des Grundgesetzes lautet: „Männer und Frauen sind gleichberechtigt. Der Staat fördert die tatsächliche Durchsetzung der Gleichberechtigung von Frauen und Männern und wirkt auf die Beseitigung bestehender Nachteile hin." Ohne hier weiter auf den Stand der Gleichberechtigung einzugehen oder die stärker diskutierten Handlungsfelder in Wirtschaft und Politik zu betrachten, scheint die Ungleichheit, die durch den Politischen Islamismus aktiv angestrebt wird, bei diesen Bemühungen bisher noch nicht ausreichend gewürdigt worden zu sein.

In den großen Religionen nehmen Frauen jeweils deutlich von Männern geschiedene Rollen ein (Heller 2013). In allen Kirchen wird auch heute über dieses Verhältnis gestritten. Am striktesten jedoch im Islam, weil es dort ordnungspolitisch aufgeladen ist. In Saudi-Arabien durften Frauen bis vor kurzem keine Autos fahren und nicht ohne Begleitung

---

[1] Die stärkste antisemitische Bedrohung geht von rechtsextremen Gruppen in Deutschland aus (Bundesamt für Verfassungsschutz, 2020, S. 18-47), auch die Mehrzahl der antisemitischen Straftaten wird von Rechtsextremen verübt.

das Haus verlassen. Inzwischen sind ihre Rechte erweitert worden (zum Kontext Sons, 2016, S. 46-68). Der Politische Islamismus strebt jedoch an, die traditionellen Rollen zwischen Frau und Mann beizubehalten und entsprechend zu reproduzieren oder sie dort wiedereinzusetzen, wo sie aktuell nicht mehr gelten. Die Taliban haben bei der Rückeroberung Afghanistans auch stets das Ziel verfolgt, das liberalere Geschlechterverhältnis der letzten zwei Jahrzehnte erneut traditionell auszurichten. Dies kann sich mit der Vorstellung verbinden, dass Frauen, die eine „un-islamische" Lebensweise führen (wobei sich das „un-islamisch" auf die Interpretation der Täter bezieht), die „Ehre" der Familie verletzen und deshalb dafür bestraft werden müssen. Solche Taten werden auch in Deutschland ausgeführt. Dazu kommen wir später noch.

In muslimischen Familien, die traditionelle Werthaltungen beibehalten, wird aktuell weiterhin von der Frau Gehorsam gegenüber dem Mann gefordert. Das löst sich in liberaleren Familien auf, was auch in islamischen Gesellschaften immer wieder zu Konflikten führt (Frankfurter Allgemeine Zeitung 2021). Dass sich die derzeitigen Verhältnisse in Europa auch erst in den letzten Jahrzehnten ausgebildet haben, ist uns dabei wohl bewusst.

In diesem Zusammenhang ist auf eine nur auf den ersten Blick paradoxe Entwicklung hinzuweisen: Frauen sind unbestritten in Führungspositionen unterrepräsentiert und reklamieren ihren Anteil an der Ausübung politischer und wirtschaftlicher Führung. Trotzdem fühlen sich – gerade im Westen – Männer gegenüber Frauen benachteiligt. Die Ausgestaltung der Geschlechterverhältnisse verbindet sich dabei mit der Klassenfrage, denn am unteren Ende der sozialen Schichtung sehen sich Männer als inzwischen benachteiligt und diskriminiert an. Sie nehmen wahr, dass Frauen bevorteilt werden und erfahren in ihrer Wahrnehmung und Bewertung eine männerspezifische Herabsetzung. Uns geht es hier nicht darum, die unterschiedlichen Entwicklungen gegeneinander aufzurechnen, sondern darum, die Anschlussfähigkeit bestimmter Diskurse an parallele Gruppendiskurse auszuloten. Denn diese mutmaßliche Erfahrung von Diskriminierung kann sich mit Haltungen maskuliner Überlegenheit – gerade auch verbunden mit traditioneller Legitimation – koppeln. Überlegenheit und Deprivation sind –

wie wir eingangs ausgeführt haben – zwei Ingredienzien, die persönliche Empörung und soziale Mobilisierung auslösen können.

In diesem Kontext können dann schlechter ausgebildete männliche Jahrgänge in den europäischen Metropolen eine Rolle spielen und sich mit einer Entwicklung verbinden, die auch den Islam seit Jahrzehnten bewegt: einer Neuausgestaltung der Rollen von Frauen im privaten und öffentlichen Leben. Denn seit Jahrzehnten wird eine Debatte über die Rolle von Frauen in der islamischen Religion (und damit islamischen Gesellschaften) geführt (Wadud 1999), inzwischen auch als „Gender Jihad" (Wadud 2006) bezeichnet. Sie bewegt sich einerseits im Rahmen der Religion. Gleichzeitig sind andererseits deutliche Emanzipationsbewegungen aus der Religion heraus zu beobachten, wobei die Geschlechterrollen jenseits der Überlieferung – wenn man so will in Auseinandersetzung mit der (westlichen) Moderne – neu ausgestaltet werden. Die stille Revolution (Inglehart 1977) hat in den letzten Jahrzehnten dazu geführt, dass in den europäischen Gesellschaften (und inzwischen auch in den USA) die soziale Bedeutung von Religion deutlich zurückging. Die moralischen Haltungen werden immer weniger an religiösen Maßstäben ausgerichtet. Das ist für die Diskussionen innerhalb der Religionen eine Herausforderung, die ja nicht nur die muslimischen Gläubigen betreffen.

5   Homophobie

„Ehrenmorde" – dazu später mehr – werden zu mehr als neunzig Prozent an Frauen verübt. Aber auch Männer können Opfer islamistischer Gewalt werden, u.a. wenn sie bekannt gewordene außereheliche sexuelle Kontakte hatten oder homosexuell sind. Das wird von Islamisten als „un-islamisch" angesehen. Diese Haltung traf ein homosexuelles Paar in Deutschland, das von einem islamistischen Täter in Dresden am 4. Oktober 2020 angegriffen wurde (Haselrieder 2021). Einer der beiden wurde ermordet; der andere schwer verletzt. Auch hier ist politisch der Kontrast zu Frankreich und seiner Erinnerung an Samuel Paty einschneidend: Die Erinnerung an diesen Terrorakt ist in der deutschen Öffentlichkeit nicht lebendig. Die Bundeskanzlerin schwieg zu diesem Terroranschlag ebenso wie zu den vielen Toten in Würzburg im Folgejahr 2021. Die beiden Täter kamen 2015 als Flüchtlinge nach Deutschland. Merkels Motive sind deshalb offensichtlich. Dennoch, müssen diese Motive auf eine Gesellschaft treffen, die nach solchen Anschlägen bereitwillig und erinnerungslos zum Alltag zurückkehren will. Das ist in Deutschland derzeit der Fall. Damit ist eine wesentliche Bedingung benannt, die eine aktive Auseinandersetzung mit den hier insgesamt diskutierten Vorgängen verhindert, woraus ein deutlicher Nachteil für die eigene Handlungsfähigkeit erwächst.

Die Diskriminierung Homosexueller wird durch die türkische Regierung inzwischen aktiv betrieben. Ende April 2020 führte der Leiter der türkischen Religionsbehörde Diyanet, Ali Erbas, in einer Predigt zu Homosexualität aus, dass diese sexuelle Orientierung im Islam streng verboten sei: „Ihr Sinn ist es, Krankheiten zu verbreiten und Generationen verfaulen zu lassen. Jährlich sind hunderttausende Menschen dem HIV-Virus ausgesetzt, der verursacht wird von illegitimem und unverheiratetem Zusammenleben, das in der islamischen Literatur als Ehebruch bezeichnet wird – als etwas, das ganz klar verboten ist. Lasst uns zusammen aktiv werden, um die Menschen vor solchen Übeln zu schützen." (zitiert bei Karasu 2020) Als daraufhin in der türkischen Gesellschaft ein stark polarisierter diskursiver Streit ausbrach, ob der Leiter von Diyanet seine Kompetenzen überschritten hatte und ungesetzlich handelte und darüber hinaus sogar bei Gericht Klage gegen ihn eingereicht wurde, erklärte der türkische Präsident Erdogan: „Er hat nur seine Pflichten gemäß den Regeln seines Glaubens und seines Amtes erfüllt. Was er sagte, war vollkommen richtig." (zitiert bei Karasu 2020) Angesichts der großen Autorität, die Präsident Erdogan bei islamistischen und türkisch-nationalistischen Gruppen gleichermaßen genießt, ist dies eine auch für die Lage in Deutschland bemerkenswerte Äußerung und Entwicklung. Solche Haltungen sind über den Politischen Islamismus hinaus anschlussfähig an parallele Vorgehensweisen beispielsweise in Russland oder Ungarn, wo die offene Lebensweise Homosexueller eingeschränkt wurde. Der Hinweis auf die international weiter verbreiteten homophoben Haltungen darf aber nicht benutzt werden, um von der Homophobie des Politischen Islamismus abzulenken. „Natürlich ist Homosexuellenfeindlichkeit kein spezifisch muslimisches Phänomen. Aber es gibt bei manchen Muslimen eine Einstellung, die zum Nährboden für homofeindliche Diskriminierung und Gewalt werden kann. Extremistische Ideologien bauen oftmals auf dem Fundament gesellschaftlicher Vorurteile auf. Junge Männer, die mit überhöhten Erwartungen an eine dominant-heterosexuelle Männlichkeit konfrontiert sind, kompensieren ihre Überforderung mit einer demonstrativen Ablehnung anderer Identitäten." (Brandenburg und Kuhle 2020) Erneut sehen wir die Möglichkeit, dass eine Amalgamierung von Überlegenheit und Deprivation aus diesen Haltungen hervorgehen kann.

6   Ablehnung liberaler Lebensweise

Der Politische Islamismus lehnt die westliche, liberale Lebensweise ab und hält sie einerseits für gottlos, andererseits für degeneriert. Wer sich ihr zuwendet, wendet sich vom Gott – so jedenfalls die Einschätzung des Politischen Islamismus – ab. Er verwirkt sein Leben.

Die Vereinten Nationen schätzten im Jahr 2000 die Zahl der weltweit verübten „Ehrenmorde" auf 5.000 (Sadik, ohne Jahr, S. 29) und gingen davon aus, dass die Anzahl steigen wird. Denn „Ehrenmorde" werden sehr häufig weder in der Familie mit Verachtung des Täters, noch von den Gerichten mit harten Strafen geahndet. Die meisten „Ehrenmorde" werden in muslimischen Ländern verübt, schätzungsweise alleine ein fünftel davon in Pakistan.

Ein Grund für Ehrenmorde ist die Bestrafung für eine mutmaßlich unmoralische Lebensweise, wobei das von Familie zu Familie unterschiedlich ausgelegt werden kann. Bei manchen Familien beginnt es schon bei der Kleidung, der Frisur und dem Make-up, bei anderen erst mit außerehelichen sexuellen Handlungen. Außereheliche Affären, der Wunsch, sich scheiden zu lassen oder Homosexualität können „Ehrenmorde" auslösen. Hier verbinden sich traditionelle Werthaltungen und patriarchalische Strukturen, die aber ohne die Verbindung zum Islam nicht vollständig aufgeklärt werden können. „Fest steht, dass der Ehrenmord nicht mit dem Islam begründet werden kann und weder im Koran noch der islamischen Überlieferung Rückhalt oder Begründung findet. Auch von Muhammad ist kein derartiger Ausspruch bekannt. Daher finden Ehrenmorde in der Theologie des Islam keine Grundlage, zumal die Tradition der Ehrenmorde wesentlich älter ist als der Islam. Allerdings ist unübersehbar, dass Ehrenmorde heute, wenn auch nicht ausschließlich, so doch vorwiegend in islamischen Gesellschaften

vorkommen. Dort sind vor allem im ländlichen Bereich viele Gesellschaften bis heute von halbfeudalen, tribalen Strukturen geprägt, in denen sehr eindeutig und streng definierte Verhaltensnormen für Mann
und Frau weithin unhinterfragt gelten und die Frau de facto häufig als
eine Art "Besitz" des Mannes behandelt wird. Diese Verhaltensnormen
werden größtenteils mit dem Islam begründet, im Kollektiv überwacht
und Grenzüberschreitungen vor allem Frauen Schuld zuschreibend zur
Last gelegt." (Schirrmacher ohne Jahr) Diese Haltung ist mit der Migration derjenigen Menschen, die derart sozialisiert wurden, auch vermehrt nach Deutschland gelangt. Auf die Frage von Frank Bachner
bezüglich eines Ehrenmordes in Berlin im August 2021 „Und die Moral
legen männliche Familienmitglieder fest?" antwortete Ahmad Manour:
„Natürlich. Und dann muss ich leider etwas sagen, was meist vergessen
wird: Da macht die Religion auch mit. Viele Menschen, die aus Afghanistan oder aus Syrien kommen, verbinden ihr Verständnis von Islam
mit diesen patriarchalischen Strukturen. Kein Imam wird sagen, dass
eine Frau ermordet werden soll, wenn sie sich an westlichen Lebensweisen orientiert. Aber Sie werden kaum einen Imam finden, der sagt,
die Frau habe ein Recht auf sexuelle Selbstbestimmung." (Bachner
2021)

In Berlin wurden zwischen Oktober 2004 und Juni 2005 sieben „Ehrenmorde" verübt. Auch der Mord an Hatun Sürücü, im Februar 2005,
die aus der Gewalt einer Zwangsehe ausbrechen wollte und dafür von
ihrem Bruder auf offener Straße durch drei Schüsse in den Kopf ermordet wurde (Schlicht 2020). Gerade in mutmaßlich konservativen
muslimischen Familien werden traditionelle Werte als religiös fundiert
betrachtet und damit als legitim angesehen. So wandten sich 2008 in
Deutschland insgesamt „3500 Betroffene einer angedrohten oder voll-
zogenen Zwangsheirat an Beratungsstellen" (Schindler 2020).

Das Oberlandesgericht Bamberg hatte 2016 entschieden, dass eine
15jährige aus Syrien, die dort als 14jähriges Mädchen mit ihrem voll-
jährigen Cousin verheiratet wurde, bis zur Anfechtung oder Aufhebung
der Ehe auch in Deutschland als rechtmäßig verheiratet gilt (Süddeutsche Zeitung 2016). Auf Klage der Stadt Aschaffenburg hin wurde dies
vor dem Bundesgerichtshof verhandelt und dem Bundesverfassungs-
gericht vorgelegt. 2017 wurde in Deutschland ein „Gesetz zur Bekämpfung von Kinderehen" verabschiedet, denn der Aschaffenburger Fall

erhielt zwar besondere Aufmerksamkeit, war aber kein Einzelfall. Mit den Geflüchteten nahm die Zahl der Minderjährigen-Ehen zu, insgesamt sollen es 1.475 gewesen ein, davon 361 mit Mädchen unter 14 Jahren, wobei die Zahlen von der Bundesregierung als „wohl zu hoch" angesehen wurden (Rath 2019). Terre de Femmes hat zwischen 2017, als das Gesetz gegen Minderjährigen-Ehen verabschiedet wurde, und 2019 insgesamt 813 Ehen mit minderjährigen Mädchen registriert (Döbber 2021). Unterschiedliche Wertvorstellungen und Beurteilungen der Emanzipation von Menschen aus der Adoleszenz wurden hier offensichtlich.

Trotzdem wird in der deutschen Diskussion immer wieder argumentiert, dass „Ehrenmorde" nichts mit Religion zu tun hätten. Als zwei Brüder in Berlin im August 2021 ihre Schwester ermordeten – alle drei kamen aus Afghanistan und die Täter erklärten offen, dass ihre Schwester nicht entsprechend ihrer Moralvorstellungen lebte und sie sich deshalb in ihrer Ehre gekränkt fühlen – und die Leiche im Zug nach München brachten, um sie dort zu vergraben, erklärte die Berliner Senatorin für Integration, Arbeit und Soziales zum Begriff des „Ehrenmords": „Hinter all diesen Morden steht keine Religion, steht keine Kultur, hinter all diesen Morden stehen patriarchale Strukturen." (Welt online 2021a) Es bedarf schon einiger strikter Denk- und Sprechverbote, um die Alternative patriarchale Strukturen versus Religion und Kultur formulieren zu können. Keine ernsthafte Analyse von „Ehrenmorden" geht davon aus, dass sie abgehoben von Tradition, Kultur und Religion ausgeführt werden. Somit sagt das Statement aus dem Berliner Senat nichts über „Ehrenmorde" aus, aber viel über den Umgang mit der islamistischen Dimension in der spezifischen Ausprägung, die den „Ehrenmord" an Maryam H. kennzeichnete. Auch hier ist festzustellen, dass derartige Blockaden eine adäquate Analyse der Sicherheitsgefahren verhindern.

Das gilt auch für die religiöse Begründung der Gewaltanwendung, die außer Acht gelassen wird, wenn die Gewalt alleine aus psychischen, sozialen, ökonomischen oder politischen Gründen begründet wird. Die Art und Weise der Auslegung der Heiligen Schriften und die gelebte Religion für die Gläubigen spielt dabei eine wesentliche Rolle. In einem internationalen Forschungsprojekt haben Koopmann und Kanol (2021) Gläubige aus drei Religionen – Christen, Juden und Muslime –

danach gefragt, ob „diejenigen, die in den Augen Gottes Unheil stiften und Böses tun, getötet werden (sollten)." Der Anteil, der diese Frage bejahte, war unter den Muslimen weit höher als bei den anderen Religionen und nochmals höher, wenn sie zuvor mit gewaltlegitimierenden Versen konfrontiert wurden – sieben Prozent bei den Juden, zwölf bei den Christen und 47 bei den Muslimen. In Deutschland beantworteten drei Prozent der Christen diese Frage und 16 Prozent der Muslime. Die Bereitschaft zur Anwendung von Gewalt unter Muslimen ist diesen Daten nach erstens hoch und steigt zweitens, wenn sie religiös legitimiert wird – in Deutschland von fünf auf 16 Prozent.

7   Der Blick in den Spiegel

Wenn der Politische Islamismus für seine Anhänger unter anderem auch die Funktion erfüllt, dem Leben Orientierung zu geben, stellt sich einerseits die Frage nach alternativen Orientierungen, die ihm entgegengestellt werden können, andererseits aber auch die Frage, von welchen Voraussetzungen aus Radikalisierung angestoßen wird und erfolgreich verlaufen kann. Deshalb müssen Gesellschaften, aus denen radikalisierte Islamisten hervorgehen, sich auch selbst danach befragen, ob und wenn ja, welche Voraussetzungen für Radikalisierungsprozesse bestehen (Manemann 2015). Dieser Blick in den Spiegel der eigenen gesellschaftlichen Werte darf nicht nur die Frage nach dem Selbstbild stellen, sondern muss auch die Fragen aufwerfen, wie andere die eigene Gesellschaft wahrnehmen und dann entsprechend darauf reagieren.

Fragen dieser Art wurden in der verunglückten Debatte über eine deutsche Leitkultur gestellt, aber nicht so beantwortet, dass ein Fundament des gesellschaftlichen Eigenverständnisses gegossen worden wäre. Zudem sind diese Fragen in Deutschland historisch gebrochen und aufgeladen zugleich, wie es die Diskussionen um Nation und Verfassungspatriotismus aufzeigen. Die Frage aber bleibt bestehen, ob eine verfahrenslegitimatorische Grundlegung der politischen Ordnung, die auf dem Grundgesetz aufsetzt, ausreicht, Orientierung in einer Welt der vielfachen Umbrüche zu vermitteln. Oder ob die politische Ordnung eine tieferreichende Begründung und mithin Orientierung nötig hat. Muss es eine Verständigung derer, die sehr unterschiedliche politische und kulturelle Haltungen miteinander austragen, über die Grundlagen des Zusammenlebens geben, die diese Widersprüche trägt, die demokratisches Leben gerade ausmachen? Diese Fragen gehen über unser Anliegen hinaus, aber sie müssen mitgedacht werden. Denn dass der Politische Islamismus weder auf dem Boden des Grundgesetzes steht noch verfahrenslegitimatorisch die Bedingungen der politischen Ordnung in Deutschland erfüllt, ist offensichtlich. Was aber ist seiner Anziehungskraft für viele Menschen entgegenzusetzen, wenn keine andere, fest sozialisierte Weltanschauung Halt bietet?

Da war die Äußerung des CSU-Vorsitzenden Söder, der die Machtübernahme der Taliban einen „moralischen Sieg des Islamismus über den Westen" nannte, eine Offenbarung. Dass er gleichzeitig noch sagte: „Untern Strich ist Afghanistan ein Debakel – für den Westen, aber auch für uns" dividiert die Gemeinschaft der demokratischen Staaten zeitgleich auseinander (Welt online 2021b). Das waren keine unbedachten Äußerungen, denn sie fielen in einer äußerst angespannten Phase des Bundestagswahlkampfes: die Kritik an der Bundesregierung war groß, die Zustimmung zum Kanzlerkandidaten der Union niedrig und die CSU fiel in Bayern knapp über 30 Prozent. In einer solchen Lage den Islamisten einen moralischen Sieg zu attestieren – keinen militärischen, politischen oder propagandistischen –, ist bei dem hier unternommenen Blick in den Spiegel der eigenen gesellschaftlichen Werte bemerkenswert. Das gilt auch für die anschließende Formulierung, die den Westen von Deutschland unterscheidet. Solche Positionen verdeutlichen die Dringlichkeit, über die eigene gesellschaftliche Selbstvergewisserung in eine zielführende Debatte einzusteigen.

8   Verteidigungslinien – innen und außen

Insbesondere die Rückkehr der Taliban an die Macht in Afghanistan, nachdem westliche Streitkräfte das Land nach fast 20 Jahren im Sommer 2021 verlassen hatten, dokumentierte, dass es dem liberalen Westen an konsequentem Handeln mangelt, während die Islamisten mit langem Atem am Ende erfolgreich sind. „Ihr habt die Uhr und wir haben Zeit", fasst diese Haltung knapp zusammen. Und erwies sich am Ende als korrekt. Die Art und Weise, wie die westlichen Streitkräfte abzogen, die Dynamik der (fast) gewaltfreien Machtübernahme, die Faszination der Dokumentation einer geradezu unausweichlichen Entwicklung wird Islamisten in der ganzen Welt neuen Auftrieb geben.

Was in Afghanistan geschieht, bleibt aber nicht innerhalb der Grenzen des Landes eingeschlossen, sondern wirkt darüber hinaus. Sogleich organisierten die umliegenden Staaten – Usbekistan und Tadschikistan unter Rückgriff auf Russland, China und Indien jeweils auf unterschiedliche Weise direkt – die Verteidigung gegen islamistische Übergriffe. Dass von Afghanistan keine Terrorgefahr mehr ausgehen sollte, war der Anfang dieser Entwicklungen, als die USA mit den Taliban die Verhandlungen in Doha aufnahmen.

Es kann kein Zweifel darüber bestehen, dass diejenigen Fraktionen der Taliban, die den regionalen oder globalen Jihad führen möchten, nach der Machtübernahme einen größeren Handlungsradius erkennen und über effektivere Handlungsmöglichkeiten verfügen. Die Machtübernahme selbst dokumentierte, wie konzentriert die Taliban in den letzten Jahren gelernt haben, zielgerichtet zu kommunizieren, unterschiedliche Adressaten mit den gewünschten Botschaften anzusprechen und auf ihr adressatenspezifisches Image zu achten. Das wird nicht nur für die westlichen Regierungen gelten, die wegen der Suche nach finanziellen Mitteln eine Art weichgespülten Islamismus vorgehalten bekommen, sondern eben auch für die anderen Adressaten, also auch diejenigen, die den Aufbruch in eine neue Phase der islamistischen Euphorie anstreben. Insofern gefährden die Entwicklungen am Hindukusch, um das geflügelte Wort von Peter Struck zu wenden, auch die Sicherheit derjenigen Staaten, die von Islamisten als Feinde angesehen werden.

Die Gefahren der Gewaltanwendung bleiben bestehen, sowohl im eigenen Land als auch außerhalb. Dabei hat sich der Zugriff auf die Diaspora durch die digitalen Kommunikationsmethoden ausgeweitet und die internationale Vernetzung zugenommen. Nicht nur, dass sich die Anhänger des Politischen Islamismus darüber gegenseitig in ihrer Haltung bestärken, sie weiten den Kreis der Anhänger auch aus. Das gilt – bleiben wir beim Beispiel Afghanistans – zuerst für die zentralasiatischen Staaten, aus denen Gruppen am Erfolg der Taliban beteiligt waren. Das gilt aber auch global, indem die fernen (USA) und halbfernen (Europa, Indien) Feinde in den Blick genommen werden. Dort auf unterschiedlichen Wegen die eigene Ideologie zu verbreiten, ist ein wesentliches Anliegen des Politischen Islamismus. Dieser trifft nun auf westliche Gesellschaften, die über die Erfahrung „alternativer Fakten" (Conway) und Fake News in Teilen orientierungslos geworden ist. Die

Zunahme von Verschwörungserzählungen, nicht zuletzt bedingt durch die Pandemie, trugen ebenfalls zu diesem gesellschaftlichen Zustand bei, in dem „Gefühlte Wahrheiten" (Renn 2019) Fakten ausstechen. Nun sind Verschwörungstheorien nichts Neues, aber in Zeiten digitaler Kommunikationen, die in Echokammern einen beständigen Widerhall erzeugen, brandgefährlich. Wie erfolgreich Islamisten in diesen Räumen kommunizieren können, hatte der sogenannte Islamische Staat schon bewiesen. Je stärker die Adressatengruppen über interkulturelle Kompetenz des Politischen Islamismus effektiv angesprochen werden können, desto effizienter werden die Inhalte wirken. Eine depolitisierte Gesellschaft steht diesen Herausforderungen ziemlich ahnungslos gegenüber und kann keinen kollektiven Widerstandswillen ausbilden. Das erschwert die Lage in Deutschland, denn Depolitisierung war eine über viele Jahre angewandte Strategie, die erheblichen Schaden für die Gesellschaft auslösen könnte. Denn eine von der Demokratie enttäuschte Gesellschaft, eine Demokratie ohne Demokraten gab es in der deutschen Geschichte schon einmal. Wenn drei Viertel der Deutschen den Parteien keine Kompetenz zur Lösung der Probleme mehr zutrauen, kommt die Legitimation der politischen Ordnung unter Druck. Das eröffnet anderen Akteuren Handlungsspielräume, die sie für ihre gegen die liberale demokratische Ordnung gerichteten Interessen nutzen können.

Das bedeutet, dass ein gesamtstaatlicher Ansatz zur Bekämpfung des Politischen Islamismus nötig ist, aber nicht ausreicht. Es bedarf darüber hinaus parallel dazu eines gesamtgesellschaftlichen Ansatzes, um die liberale Demokratie widerstandsfähig aufzustellen und die Voraussetzungen dafür zu schaffen, die Angriffe des Politischen Islamismus abzuwehren.

9 Hybride Aggression und Resilienz

Der Politische Islamismus profitiert von einer zunehmenden Wirkkraft hybrider Bedrohungspotenziale. In den vergangenen Jahrzehnten haben die zwischenzeitlich entwickelten polizeilichen und militärischen Fähigkeiten bösartige Akteure – darunter Staaten, Organisationen wie auch individuelle Terroristen und Kriminelle – in „Grauzonen" getrieben. Dort haben sich diese mit alternativen, hybriden Einsatzformen und -mitteln eingerichtet. Sie bedienen sich aus einem breiten Portfolio sozialer, politischer, wirtschaftlicher, informationeller, technologischer und militärischer Instrumente, um eine maximale Wirkung zu erzielen. Unterhalb einer Schwelle, die als formale Angriffshandlung erkannt und deklariert werden kann, vermischen sie Subversions-, Gewalt-, Belästigungs- und Spionageaktivitäten.

Hybride Bedrohungen sind kein gänzlich neues Phänomen, aber vor dem Hintergrund leistungsfähiger Technologien doch eine neuartige, anspruchsvolle Herausforderung. Neue, z.T. disruptive Technologien erhöhen als Verstärker bzw. sogar als Multiplikatoren die Breite, Wucht und Wirkung hybrider Aktionen. Den Angegriffenen fällt es schwer, Angriffe als solche wahrzunehmen, richtig einzuordnen und angemessene Gegenmaßnahmen einzuleiten. Damit wird es zu einer primären Aufgabe in der Auseinandersetzung mit dem Politischen Islamismus, den hybriden Angriff in seinen komplexen Strukturelementen überhaupt zu erkennen, bevor angemessen Ressort übergreifend mit einem wirksamen Portfolio staatlicher Machtinstrumente im engen Verbund mit wirtschaftlichen und gesellschaftlichen Stakeholdern reagiert werden kann.

Hybride Aggressionen des Politischen Islamismus setzen ihren Schwerpunkt primär auf die kognitive Wirkung, insbesondere auf die Köpfe und Herzen junger Muslimas und Muslime, um diese sukzessive zu radikalisieren. Gerade der Cyberraum ermöglicht nicht nur den Zugang zu, sondern auch die indoktrinierende Gestaltung einer Fülle von Informationen. Seine Prozesse ermöglichen es, auch ohne den Einsatz von Material Werte zu schaffen oder zu vernichten. Mit dem Internet als Rückgrat wird er von Anwendungen wie dem World Wide Web, E-Mail, Cloud Services oder dem Internet of Things (IoT) bevölkert. Weitere Produkte, Systeme und Dienstleistungen wie globale Navigationssatellitensysteme, Sensoren, Software-Plattformen, Algorithmen und künstliche Intelligenz bieten nicht nur ein enormes Potenzial für die Wertschöpfung, sondern ebenfalls für Zerstörung oder auch heimliche Übernahme bzw. Kontrolle.

In der Ära der „gefälschten Nachrichten" können hybride Ansätze durch den Einsatz neuer Medien Unruhen und Protestbewegungen auslösen. Die Nutzungen von Internet und sozialen Medien dienen als wirkmächtige Multiplikatoren zur Verbreitung von Propaganda und

Terror, zur Beeinflussung von Menschen und Politik und zur Rekrutierung von Agitatoren und Terroristen. Der hybride Aggressor bekämpft das Angriffsziel zugleich von innen und außen: Indem er das Vertrauen der Menschen in den Staat und die Fähigkeiten der Regierenden unterminiert, dessen Funktionsfähigkeit und Prosperität sicherzustellen. Im „Idealfall" implodiert der angegriffene Staat, bevor dieser sich zur Wehr setzen kann. Genau deswegen ist und bleiben Wachsamkeit und Wehrhaftigkeit ein Preis der Freiheit.

Die Taliban sind Teil einer umfassenderen Ideologie, die sich im Politischen Islamismus manifestiert. Die Umstände des Abzuges aus Afghanistan im Sommer des Jahres 2021 werfen die Frage auf, welchen Preis der Westen zum Schutz seiner liberalen demokratischen Ordnung aufbringen kann. Die weltweit wahrgenommene Demütigung des Westens in Afghanistan wird von islamistischen Akteuren absehbar nicht nur bejubelt, sondern mehr noch zielgerichtet ausgenutzt. Das wird nicht nur den Druck auf al-Qaida, IS und ihresgleichen mindern, sondern zugleich dem Politischen Islamismus weltweit Auftrieb geben. Im Ergebnis sind nicht nur deutsche und europäische Interessen in Konfliktregionen betroffen. Vielmehr ist mit einer Zunahme von Anschlägen in Deutschland und Europa selbst zu rechnen.

10 Handlungsempfehlungen zur Begegnung des Politischen Islamismus

In dem vorliegenden Projekt haben die Autoren ihren Blick nach außen, nach innen und hinter die Kulissen gerichtet. Exzellente Analysen weisen mit einem weiten Blickwinkel Wege zu einem zielführenden Umgang mit dem Politischen Islamismus und dessen vielfältigen, häufig unauffälligen, aber auch gewaltsam-terroristischen Aktivitäten. Fünf Handlungsempfehlungen kristallisieren sich heraus:

1. Der demokratische Rechtsstaat muss sich vor dem Politischen Islamismus schützen

Der Politische Islamismus will die geltende staatliche Ordnung unterlaufen. Dies ist eine hochrelevante Herausforderung. Der Rechtsstaat und seine Gesellschaft sind nicht erst bedroht, wenn Gewalt propagiert oder gar ausgeübt wird, sondern bereits, wenn durch Missbrauch grundsätzlich legaler Mittel ein Gegensystem etabliert werden soll. Damit steht die Aufgabe einer konsequenten Verbesserung der eigenen Resilienz ins Haus, d.h. der verbesserte Schutz gegen terroristische Schockereignisse und islamistischen Stress in der Form einer Dauerbelastung der demokratischen Ordnung über eine schleichende Aushöhlung und Überlastung. Zugleich sind die eigenen Instrumente der Politik mit Blick auf etwaige Handlungserfordernisse zu schärfen.

2. Ein umfassender Ansatz ist erforderlich – ressortübergreifend, gesamtgesellschaftlich, multidimensional, international

Hybriden islamistischen Kampagnen muss im Verbund und mit ganzheitlichen Ansätzen begegnet werden. Die thematische, die geografische und auch die technologische Vielfalt und Komplexität der Herausforderungen des Politischen Islamismus sind beachtlich. Zahlreiche Politikfelder sind betroffen, darunter Wirtschaft und Gesellschaft, Sicherheit und Medien, Technologie und Innovation. Selbst der Klimawandel spielt hinein, denn Terrorismus und Klimawandel verstärken sich gegenseitig mit der denkbaren Folge noch größerer Migrationsströme in Richtung Europa.

Für den Blick nach innen und hinter die Kulissen bleiben die klassischen, auf Ressortverantwortlichkeiten beschränkten Ansätze wichtig, sind aber nicht länger hinreichend. Erst im Ressort übergreifenden und häufig auch europäischen Verbund gewinnen Erkenntnisse und Handlungsoptionen die erforderliche Tiefenschärfe und Kohärenz. Transparenz, Dokumentation, Zusammenarbeit, Innovation und Prävention sind Schlüsselbegriffe für verbesserte Wirksamkeit und Resilienz gegenüber den vielschichtigen Angriffen des Politischen Islamismus auf das Selbstverständnis und die Kohäsion liberaler, demokratischer Gesellschaften. Partnerschaften mit zivilgesellschaftlichen Organisationen stärken die eigene Resilienz und reduzieren zudem Berührungsängste. So unterstreichen faire Debatten in der Zivilgesellschaft die eigene Glaubwürdigkeit, insbesondere wenn hierbei deutlich wird, dass es um keine Islamfeindlichkeit, sondern grundsätzlich um die Bekämpfung rechtsstaatswidriger Extremismen jeglicher Provenienz geht.

Mit Blick nach außen gewinnen regionale Stabilisierungsmechanismen noch mehr Bedeutung als bisher. Es ist davon auszugehen, dass der Erfolg der Taliban in Afghanistan ihren Zielen nicht nur moralischen

Rückenwind verschafft, sondern vermutlich auch substantielle personelle, materielle und finanzielle Unterstützung. Die erfolgreiche Inspiration und Anleitung von Einzeltätern und einzelnen Angriffszellen durch den IS ist eine beachtliche Gefahr für die innere Sicherheit Deutschlands und der europäischen Staaten. Diesen Gefahren zu begegnen, bleibt damit eine wichtige Aufgabe deutscher und europäischer Politik. Eine Verbindung von innen-, außen-, sicherheits-, entwicklungs- und gesellschaftspolitischen Ansätzen verbessert die Wirksamkeit von Gegenmaßnahmen.

Ein weiterer wesentlicher außenpolitischer Aspekt wird prototypisch am Beispiel der Türkei deutlich, die über die Verbindung von türkischem Nationalismus und islamischem Glauben erhebliche nationale Identifikationskräfte freisetzt. Die Kurven und Volten reiche türkische Außenpolitik der letzten Jahrzehnte gestaltet sich im Zusammenspiel von innenpolitischem Staatsumbau, zunehmender Islamisierung und der geopolitischen Neupositionierung des Landes. Auf diesem Weg entwickelt sie eine durchaus bemerkenswerte Professionalität in hybriden Kampagnen unter Nutzung neuer, disruptiver Technolgien. Eine entscheidende Frage besteht darin, ob die Türkei künftig als islamischer oder als islamistischer Akteur Einfluss auf die Entwicklungen in Europa, an Europas Peripherie und im Nahen Osten nehmen wird.

Außenpolitisch sollte mit Regimes, die sich auf Formen des Politischen Islamismus stützen, mit gebotener Vorsicht und Distanz begegnet werden. Auch eine Kooperation mit Folterregimes ist problematisch, da diese die eigene Rechtsstaatlichkeit diskreditiert und ggf. den Vorwurf der Verwendung doppelter Standards untermauert. Demgegenüber empfiehlt sich der Ausbau und die Vertiefung internationaler Kooperation mit islamischen Ländern, die selbst Probleme mit islamistisch-terroristischen Bewegungen haben. Man wird sorgfältig beobachten müssen, in welche Kategorie sich die Türkei einordnet.

Politischer Islamismus und Terrorismus haben darüber hinaus auch eine wichtige maritime Komponente. Diese erschließt sich mit Blick auf das enorme Potential für ökonomische und geostrategische Disruption, wenn z.B. Seeverbindungslinien blockiert werden. Deutschland ist hiervon mit seiner riesigen Handelsflotte von rund 2000 Schiffen und als Nummer 2 in der Welt im Bereich der Containerschifffahrtskapazitäten in besonderem Maße betroffen. Terrorismus und Piraterie sind zudem über Schmuggel, illegale Fischerei und die Beschädigung von Infrastruktur in einen erweiterten Kontext von Zerstörung der Meeresumwelt und Biodiversität eingewoben.

3. Urteilsfähigkeit und Lageübersicht müssen besser werden

Entscheidungsträger in Politik und Administration, Wirtschaft und Gesellschaft können dem Politischen Islamismus nur dann erfolgreich und zielführend begegnen, wenn sie dessen Ziele, Wege und Mittel in allen relevanten Aspekten umfassend verstehen. Insbesondere für Führungs- und Lehrkräfte bieten sich simulationsgestützte Planspiele zur Aus- und Weiterbildung an. Deep Learning und Serious Gaming sind längst international etablierte, Erfolg versprechende Methoden, die auch in Deutschland und Europa mehr Anwendung finden sollten. Noch sind die staatlich bestellten Hüter unserer liberalen, demokratischen Ordnung bezüglich technologischer Innovation nicht mit den hybriden Akteuren des Politischen Islamismus auf Augenhöhe.

Auch diesbezüglich involvierte mediale, wissenschaftliche und gesellschaftliche Multiplikatoren haben bezüglich Urteilsfähigkeit und Lageübersicht Wachstumspotenzial. Die liberalen, offenen westlichen Gesellschaften neigen dazu, Andersdenkenden eine offene Plattform zur Verbreitung ihrer Ansichten zu geben. Die sozialen Medien bieten in diesem Zusammenhang besonders großen Spielraum für Missbrauch. Aber auch die klassischen Medien offenbaren Verwundbarkeiten. Hybride Akteure bewerten dies als System immanente Schwächen westlicher, liberaler Demokratien und nutzen diese für ihre Zwecke.

Digital enthaltsame und unerfahrene politische, administrative und gesellschaftliche Akteure in Deutschland müssen lernen, die erforderliche technologische und Prozessinnovation energischer und zielführender als bislang anzupacken. Häufig sind sie diesbezüglich den islamistischen Strippenziehern und Akteuren nicht gewachsen. So besteht z.B. mit Blick auf die Löschung gemeldeter, illegaler terroristischer Inhalte durch privatwirtschaftliche Anbieter und Dienstleister signifikanter Verbesserungsbedarf. Der Missbrauch von Kryptowährungen durch den Politischen Islamismus ist ein weiteres plakatives Beispiel. Sie dienen der verdeckten Finanzierung islamistischer und auch terroristischer

Aktivitäten. Insbesondere ermöglichen sie zum Teil erst den Einsatz terroristischer Einzeltäter.

Trotz archaischer sozialer Grundprägungen hat der Politische Islamismus eine bemerkenswerte Affinität zu technologischer Innovation, insbesondere wenn sie seinen Zwecken dient. Drohnen und Satelliten gestützte Kommunikationstechnologien gehören schon seit Jahren zum etablierten Hightech-Portfolio islamistischer Akteure. Das Internet hat sich zum Leitmedium des islamistischen Terrorismus entwickelt und dient mit seiner globalen Reichweite als Plattform für Kommunikation, Propaganda und Rekrutierung, zur ideologischen Schulung, als internes Forum für Austausch und Bindung und nicht zuletzt auch zur verdeckten Finanzierung.

Vor diesem Hintergrund muss die Demaskierung der Zielsetzungen und Kampagnen von Akteuren wie der Muslimbruderschaft, Wahhabismus und Islamismus türkisch-nationalistischer Herkunft, laufender islamistischer Aktivitäten und verdeckter Finanzierungswege systemisch und konsequent angegangen werden. Hierzu ist ein umfassendes, multidimensionales Lagebild dringend erforderlich. Die Technologie dafür ist verfügbar, vielfach bewährt und erschwinglich. Bislang fehlen Einsicht und Gestaltungskraft, dieses Potenzial zielführend zu nutzen. Die Mitgliedstaaten der Europäischen Union sollten hier eng zusammenarbeiten und ggf. auch ihre regionale Nachbarschaft einbeziehen.

Bei einem derart Ressort übergreifenden, multinationalen Projekt geht es um Technologie, Evaluierung und übergreifende Prozessinnovation in Deutschland und darüber hinaus. Ein umfassendes Lagebild soll einen ganzheitlichen Blick auf die inneren, äußeren und die hinter den Kulissen verborgenen Herausforderungen des Politischen Islamismus als hybrider Akteur ermöglichen. Es kann und soll beitragen, dessen Akteure und Narrative zu identifizieren und zu dokumentieren, verdeckte Strategien und Kampagnen offen zu legen, Risiken und Gefährdungen abzuleiten und die eigenen Fähigkeiten zur strategischen Vorausschau und Frühwarnung zu stärken. Wissenschaft und Forschung können und sollten u.a. mit Analysen zum Politischen Islamismus, zu Akteuren, Beziehungen, Wirkmechanismen und Radikalisierungen beitragen. Die Identifizierung und Bewältigung der zugrunde liegenden gesellschaftlichen Probleme ist eine begleitende Aufgabenstellung.

4. Mittelfristig ist Prävention entscheidend

Überzeugungsbildung ist der Schlüssel zur Bekämpfung des Politischen Islamismus. Diese beginnt mit der sozialen Interaktion in der Familie. Aber auch Kita, Schule, ggf. auch Jugendamt und Gerichte sind als Sozialisationsagenten gefordert. Eine problematische Sozialisation erweist sich immer wieder als eine entscheidende Voraussetzung für Radikalisierungsprozesse. Gewaltbereite Extremisten radikalisieren sich in einem polarisierten gesellschaftlichen Umfeld. Diskriminierungs- und Ausgrenzungserfahrungen prägen sie, aber auch negative Erfahrungen in Familie oder Schule.

Viele kleine Maßnahmen können und sollten beitragen, frühzeitig die sozialen Regeln des Zusammenlebens aktiv zu vermitteln, darunter

- positive Vorbilder und Rollen für die islamische Identität von Jugendlichen;
- Gemeinschaftsdienste, Ausflüge und Sport;
- bessere Integrationsmöglichkeiten;
- mehr Berechenbarkeit bei Aufenthaltsgenehmigung und Arbeitserlaubnis;
- Training für Pädagogen zur Vorbereitung auf konfrontative und provokative Situationen mit Schülern und Eltern.

Der Staat sollte sich mit geeigneten neutralen Plattformen einbringen – im Rahmen der schulischen und politischen Bildung, vielleicht auch durch ein Mütterwerk. Hierfür ist die aktive Mitarbeit moderater, säkularer muslimischer Verbände zu gewinnen bzw. die Gründung entsprechender Vereine zu unterstützen.

Das bisherige Outsourcen islamischen Glaubensunterrichts auf ausländische Organisationen und Lehrkräfte mit Vorstellungen, die teilweise unseren gesellschaftlichen und moralischen Grundvorstellungen zuwiderlaufen, hat sich nicht bewährt. Dies sollte schleunigst korrigiert werden. Institute für Islamstudien an deutschen Universitäten brauchen Professoren, die nach den gleichen Kriterien ernannt werden, die in theologischen Fakultäten anderer Konfessionen angewendet werden. Ganz generell sollten Bildungsinitiativen beitragen, Polarisierung und Intoleranz zurückzufahren. So reduziert z.B. Medien- und Online-Kompetenz junger Menschen die Einflugschneise für polarisierende, intolerante Narrative und damit die Erfolgschancen von Versuchen zur Indoktrination.

5. Fragilen Staaten zur Seite stehen

Nicht nur im Innern ist Prävention angebracht. Ein Grund, warum viele Migranten und Flüchtlinge Schutz und Arbeit in Deutschland suchen, liegt in fragilen, unzureichend funktionsfähigen staatlichen Strukturen in deren Heimatländern. Dieser Mangel hat in der MENA-Region (Middle East North Africa) bisher den Vormarsch von Islamismus und Terrorismus begünstigt. Besondere Sorgen machen derzeit die Sahel-Zone und die Tschadsee-Region, die sich auf dem Weg zur neuen Brutstätte des islamistischen Terrorismus befinden. Eine diesbezüglich fokussierte deutsche und europäische Politik muss beitragen, den Politischen Islamismus und dessen Metastasen zurückzudrängen.

Auch drohende Gefahren aus entfernteren Regionen und Staaten wie Syrien, Iran und Irak oder auch Afghanistan müssen analysiert und zielführender als bislang adressiert werden. In Syrien bieten zehn Jahre Bürgerkrieg inzwischen einen fruchtbaren Boden für das Wiedererstarken des IS. Irak und Syrien mit ihren riesigen Flüchtlingscamps dienen dabei als dessen Rekrutierungsreserve. Ein Sonderproblem sind die Foreign Terrorist Fighters und deren Familien. Ca. 80-100 erwachsene Deutsche und ca. 150 Kinder befinden sich in Syrien und im Irak. Deutschland sollte die Strafverfolgung und Deradikalisierung in eigene Hände nehmen. Ansonsten droht deren unbeobachtete Rückkehr mit absehbaren Folgen.

Nur durch den Aufbau funktionierender staatlicher Strukturen und der Beendigung bewaffneter interner Konflikte in den betroffenen Staaten kann eine nachhaltige Schwächung von Terrornetzwerken wie al-Qaida, IS und ihresgleichen erreicht werden. Neben klassischen Terrorabwehrmaßnahmen ist in einem bevölkerungszentrierten Ansatz insbesondere der Einsatz außen- und entwicklungspolitischer Instrumente von Bedeutung.

In der Auseinandersetzung mit dem Politischen Islamismus sind Wehrhaftigkeit, Resilienz und Zusammenarbeit geboten – eine strategische Zusammenarbeit innerhalb und außerhalb Deutschlands und Europas mit Gruppierungen eines modernen, moderaten Islam. Die Eindämmung, Reduzierung und Isolierung extremistisch-radikaler Strömungen im Islam setzt voraus, dass die überwiegend friedfertige Mehrheit muslimischer Mitbürger offen für einen gewaltfreien, toleranten, weltoffenen Islam eintritt. Toleranz ist historisch gesehen dem Islam keineswegs fremd. Und sie ist eine Tugend auf Gegenseitigkeit, die allen Bürgerinnen und Bürgern im demokratischen Rechtsstaat zu Gute kommt, und an der sich Politischer Islamismus und ein moderner Islam gut voneinander unterscheiden lassen.

Literatur

Arnold, S. (2019). Der neue Antisemitismus der Anderen? Islam, Migration, Flucht. In: C. Heilbronn, D. Rabinovici, & N. Szaider (Hrsg.), Neuer Antisemitismus? Fortsetzung einer globalen Debatte (S. 128-158). Berlin: Suhrkamp.

Bachner, F. (2021, 8. Aug.). „Der sogenannte Ehrenmord ist in Deutschland leider nicht selten." Ahmad Mansour im Interview. Der Tagesspiegel. https://www.tagesspiegel.de/berlin/psychologe-ahmad-mansour-im-interview-der-sogenannte-ehrenmord-ist-in-deutschland-leider-nicht-selten/27492952.html. Zugegriffen: 8. Aug. 2021.

Bernstein, J. (2020). Antisemitismus an Schulen in Deutschland. Befunde – Analysen – Handlungsoptionen. Bonn: Beltz Juventa

Brandenburg, J., & Kuhle, K. (2020, 20. Nov.). Islamismus und Homophobie. Das laute Schweigen über den Hass. Spiegel online. https://www.spiegel.de/politik/deutschland/islamismus-und-homophobie-das-laute-schweigen-ueber-den-hass-a-a7a9e5b1-ef9d-459b-8d92-33e875584e5c. Zugegriffen: 10. Aug. 2021.

Brumlik, M. (Juli 2020). Antisemitismus. Ditzingen: Reclam Verlag.

Bundesamt für Verfassungsschutz (2020). Lagebild Antisemitismus. https://www.verfassungsschutz.de/SharedDocs/publikationen/DE/2020/lagebild-antisemitismus.pdf;jsessionid=31532052BF27FFD9D82204EA90F0493A.intranet231?__blob=publicationFile&v=10. Zugegriffen: 31.08.2021.

Bundesministerium des Innern (2020). Verfassungsschutzbericht 2020. https://www.bmi.bund.de/SharedDocs/downloads/DE/publika-tionen/themen/sicherheit/vsb-2020-gesamt.pdf;jsessio-nid=E7837D231B0411659E4C25D894AB9096.1_cid295?__blob =publicationFile&v=5. Zugegriffen: 31. Aug. 2021.

Cheema, S. N. (2020, 21. Jan.). Antisemitische Narrative in deutsch-islamistischen Milieus. Bundeszentrale für politische Bildung. https://www.bpb.de/politik/extremismus/radikalisierungs-praevention/303898/antisemitische-narrative-in-deutsch-islamisti-schen-milieus. Zugegriffen: 6. Aug. 2021.

Döbber, C. (2021, 13. Aug.). In Deutschland leben Hunderte Mädchen in Kinderehen – ihr stilles Leid lässt sich lindern. Focus online. https://www.focus.de/perspektiven/heirate-oder-du-stirbst-in-deutschland-leben-hunderte-maedchen-in-kinderehen-ihr-stilles-leid-laesst-sich-lindern_id_12482399.html. Zugegriffen: 13. Aug. 2021.

Frankfurter Allgemeine Zeitung (2021, 9. Aug.). Iran. Mann überfährt zwei Frauen wegen „unislamischer" Outfits. https://www.faz.net/aktuell/gesellschaft/kriminalitaet/iran-mann-ueberfaehrt-zwei-frauen-wegen-unislamischer-outfits-17478265.html. Zugegriffen: 10. Aug. 2021.

Geiler, J. (2021, 15. Mai). Gewalt bei Protestzug von 3500 Menschen in Berlin. Der Tagesspiegel. https://www.tagesspiegel.de/ber-lin/pro-palaestinensische-demo-in-neukoelln-gewalt-bei-protest-zug-von-3500-menschen-in-berlin/27194638.html. Zugegriffen: 6. Aug. 2021.

Haselrieder, M. (2021, 16. Feb.). Mordanschlag in Dresden. Radikale Islamisten und Schwulenhass. ZDF frontal 21. https://www.zdf.de/nachrichten/panorama/frontal21-islamis-mus-homophobie-100.html. Zugegriffen: 10. Aug. 2021.

Heller, B. (2013). Zwischen Diskriminierung und Geschlechtergleich-heit: Frauen und Religion. Aus Politik und Zeitgeschichte, 63(24), S. 35-39.

Inglehart, R. (1977). The silent revolution. Changing values and politi-cal styles among western publics. Princeton, New Jersey: Princeton University Press.

Karasu, K. (2020, 8. Mai.). Homophobie im Namen des Islam. Deutschlandfunk. https://www.deutschlandfunk.de/tuerkei-homophobie-im-namen-des-islam.886.de.html?dram:article_id=47615. Zugegriffen: 10. Aug. 2021.

Kepel, G. (2019). Chaos. Die Krisen in Nordafrika und im Nahen Osten verstehen. München: Verlag Antje Kunstmann.

Koopmanns, R., Kanol, E. (2021, 18. Aug.). Gewalt im Namen der Götter? Bundeszentrale für politische Bildung. https://www.bpb.de/politik/extremismus/islamismus/338271/gewalt-im-namen-der-goetter. Zugegriffen: 26. Aug. 2021.

Manemann, J. (2015). Der Dschihadismus und der Nihilismus des Westens. Bielefeld: transcript Verlag.

Mosebach, M. (2018). Die 21. Eine Reise ins Land der koptischen Martyrer. Hamburg: Rowohlt Verlag.

Petersen, T. (2021, 25. Aug.). Deutsche Muslime sehen Demokratie positiver als Gesamtbevölkerung. Frankfurter Allgemeine Zeitung. https://www.faz.net/aktuell/politik/bundestagswahl/muslime-in-deutschland-sehen-demokratie-positiv-17499375.html?printPagedArticle=true#pageIndex_2. Zugegriffen: 25. Aug. 2021.

Ranan, D. (2018). Muslimischer Antisemitismus. Eine Gefahr für den gesellschaftlichen Frieden in Deutschland? Bonn: Dietz.

Rath, C. (2019, 6. März). Minderjährig, verheiratet, getrennt. Ein deutsches Gesetz hebt Kinderehen generell auf – nicht immer im Interesse der Betroffenen. Max-Planck-Gesellschaft. https://www.mpg.de/12771719/kinderehe-gesetz-in-der-kritik. Zugegriffen: 9. Aug. 2021.

Renn, O. (2019). Gefühlte Wahrheiten. Orientierung in Zeiten postfaktischer Verunsicherung. Berlin, Opladen, Toronto: Verlag Barbara Budrich.

Sadik, N. (2000). The State of World Population 2000. Lives Together, Worlds Apart. Men and Women in a Time of Change. United Nations Population Fund. https://www.unfpa.org/sites/default/files/pub-pdf/swp2000_eng.pdf. Zugegriffen: 31. Aug. 2021.

Schindler, F. (2020, 7. Feb.). „Hang zur Tabuisierung von ‚Ehrenmorden'", Die Welt. https://www.welt.de/politik/deutschland/article205672167/Fall-Hatun-Sueruecue-Hang-zur-Tabuisierung-von-Ehrenmorden.html. Zugegriffen: 9. Aug. 2021.

Schindler, F. (2021, 13. Mai). „Immer wieder junge islamistische Männer, die uns Juden angreifen". Die Welt. https://www.welt.de/politik/deutschland/plus231114583/Antisemitismus-in-Deutschland-Junge-islamistische-Maenner-die-uns-Juden-angreifen.html. Zugegriffe: 6. Aug. 2021.

Schirrmacher, C. (2008). Ehrenmorde. Ein verbreitetes Problem. Ehrenmorde unter Berücksichtigung rechtlicher, soziologischer, kultureller und religiöser Aspekte. Internationale Gesellschaft für Menschenrechte. https://www.igfm.de/ehrenmorde-zwischen-migration-und-tradition/. Zugegriffen: 10. Aug. 2021.

Schlicht, A. (2020, 7. Feb.). Ehrenmorde: Tödliche Familienehre. Die Tagespost. https://www.die-tagespost.de/politik/aktuell/Ehrenmorde-Toedliche-Familienehre;art315,205254. Zugegriffen: 9. Aug. 2021.

Sons, S. (2016). Auf Sand gebaut. Saudi-Arabien – Ein problematischer Verbündeter. Propyläen, Berlin

Süddeutsche Zeitung (2016, 16. Juni). Ehen mit Minderjährigen sollen nicht mehr anerkannt werden. https://www.sueddeutsche.de/bayern/aschaffenburg-ehen-mit-minderjaehrigen-sollen-nicht-mehr-anerkannt-werden-1.3037373. Zugegriffen: 9 Aug. 2021.

Wadud, A. (1999). Qur'an and woman: rereading the sacred fext from a woman's perspective. New York, Oxford: Oxford University Press.

Wadud, A. (2006). Inside the gender Jihad: women`s reform in Islam. London: Oneworld Publications.

Welt Online (2021a, 10. Aug.). Leiche im ICE transportiert. Grausame neue Details zum Berliner „Ehrenmord" – Debatte um Integration. https://www.welt.de/politik/deutschland/article233046903/Ehrenmord-von-Berlin-Grausame-neue-Details-Debatte-um-Integration.html?source=k325_controlTest_autocurated. Zugegriffen: 10. Aug. 2021.

Welt Online (2021b, 19. Aug.). "Moralischer Sieg des Islamismus über den Westen" – Söder kritisiert Bundesregierung. https://www.welt.de/politik/deutschland/article233234511/Afghanistan-Moralischer-Sieg-des-Islamismus-ueber-den-Westen-Soeder-kritisiert-Bundesregierung.html#Comments. Zugegriffen: 19. Aug. 2021.

Autorenverzeichnis

Adam, Rudolf G., Dr., als Diplomat u.a. Verwendungen in Peking, Moskau und London, im Präsidialamt (Redenschreiber bei R. von Weizsäcker), im BND (Vizepräsident) und im Bereich des BMVg (Präsident der Bundessicherheitsakademie). Seit 2014 externer Dozent an der Universität der Bundeswehr München, Berater bei BGA und Autor von Büchern und von Beiträgen in der Süddeutschen Zeitung, FAZ, NZZ und Cicero und einigen wissenschaftlichen Journalen.

Ahmed, Reem, M.A., Wissenschaftliche Mitarbeiterin am Institut für Friedensforschung und Sicherheitspolitik an der Universität Hamburg (IFSH) im Rahmen des BMBF-Projekts „Konfigurationen von gesellschaftlichen und politischen Praktiken im Umgang mit dem radikalen Islam". Doktorandin und Mitglied der Albrecht Mendelssohn Bartholdy Graduate School of Law (AMBSL) an der Universität Hamburg.

Baehr, Dirk, Dr., Promotion an der Universität zu Köln zum Thema Radikalisierungsursachen von jihadistischen Straftätern.

Kreft, Heinrich, Dr. MA. BA (USA), Inhaber des Lehrstuhls für Diplomatie und Leiter des Zentrums für Diplomatie an der Andrássy Universität Budapest. Zuvor als deutscher Diplomat u.a. Botschafter in Luxemburg, Sonderbotschafter für den interkulturellen Dialog und stellv. Leiter des Planungsstabs des Auswärtigen Amts. Mitglied des Board of Trustees der Deutschen Orient Stiftung sowie der „Sheikh Group".

Freudenberg, Dirk, Dr. rer. pol., Dozent Sicherheitspolitik, Krisenmanagement und Strategische Führungsausbildung an der Bundesakademie für Bevölkerungsschutz und Zivile Verteidigung (BABZ) im Bundesamt für Bevölkerungsschutz und Katastrophenhilfe (BBK). Oberst d.R., Teilnahme an mehreren Auslandseinsätzen der Bundeswehr, u.a. als Führer des Counterinsurgency Advisory and Assistance Teams, später COMISAF Advisory and Assistance Teams (CAAT) im RC North

(AFG) und wiederholte Abordnung zur Bundespolizei (GPPT) in Kabul zur Beratung/Ausbildung des stv. afghanischen Innenministers und der Abteilung „Strategy and Policy" im Themengebiet „Krisenmanagement und Krisenkommunikation" sowie zur ressortübergreifenden Strategischen Führungsausbildung.

Jäger, Thomas, Prof. Dr., Inhaber des Lehrstuhls für Internationale Politik und Außenpolitik an der Universität zu Köln. Ordentliches Mitglied in der Nordrhein-Westfälischen Akademie der Wissenschaften und der Künste. Mitglied im Wissenschaftlichen Beirat des Zentrums für Militärgeschichte und Sozialwissenschaften der Bundeswehr. Herausgeber der Zeitschrift für Außen- und Sicherheitspolitik.

Rohe, Mathias, Prof. Dr. Dr. hc., M.A., Jurist und Islamwissenschaftler an der Universität Erlangen-Nürnberg, Mitglied der Bayerischen Akademie der Wissenschaften, Mitglied des wissenschaftlichen Beirats der Dokumentationsstelle Politischer Islam Wien, vormals Richter am OLG Nürnberg, Mitherausgeber des Jahrbuchs für islamische Rechtswissenschaft.

Schindler, Hans-Jakob, Dr. ist Senior Director des Counter Extremism Project (CEP) in New York und Berlin, Ko-Vorsitzender des Beirats des Global Diplomatic Forums in London und im Aufsichtsrat von Compliance and Capacity Skills International (CCSI) in New York sowie Referent der Akademie für Sicherheit in der Wirtschaft (ASW Akademie AG) in Essen. Nach einer Karriere im In- und Ausland als Beamter der Bundesregierung und Berater im Privatsektor war er von 2013 bis 2018 Mitglied und Koordinator des ISIL (Da'esh), Al-Qaida und Taliban Monitoring Team des Sicherheitsrates der Vereinten Nationen. Dr. Schindler studierte in Tübingen, Georgetown und Tel Aviv und schloss sein Master- und Doktorstudium in internationalem Terrorismus an der St. Andrews University in Schottland ab.

Schlie, Ulrich, Prof. Dr., Henry-Kissinger-Professor für Sicherheits- und Strategieforschung und Direktor des Center for Advanced Security, Strategic and Integration Studies (CASSIS) an der Rheinischen Friedrich-Wilhelms-Universität Bonn. Von 1993 bis 2020 gehörte er dem deutschen Auswärtigen Dienst an und war von 2005 bis 2014 Leiter Planungsstab und Politischer Direktor im Bundesministerium der Verteidigung.

Schneider, Patricia, Dr.phil., Wissenschaftlerin am Institut für Friedensforschung und Sicherheitspolitik an der Universität Hamburg (IFSH) und Akademische Koordinatorin und Dozentin im Master „Peace and Security Studies". Ehem. Koordinatorin des BMBF-Verbundprojekts „PiraT – Piraterie und Maritimer Terrorismus als Herausforderung für die Seehandelssicherheit".

Thiele, Ralph, Oberst a.D., Direktor European Institute for Counter Terrorism and Conflict Prevention (Deutschland), Präsident EuroDefense (Deutschland), Vorsitzender der Politisch-Militärischen Gesellschaft, und Geschäftsführer StratByrd Consulting. In seiner 40-jährigen militärischen Laufbahn war er in einer Vielzahl bedeutender nationaler und internationaler, sicherheits- und militärpolitischer, planerischer und akademischer Verwendungen. Bei seinen ehrenamtlichen, Forschung bezogenen und geschäftlichen Aufgaben stehen hybride Herausforderungen, disruptive Technologien und Innovation in Zeiten digitaler Transformation im Fokus.

Carola Hartmann Miles-Verlag

Sicherheitspolitik

Wolf Graf v. Baudissin, *Grundwert: Frieden in Politik – Strategie – Führung von Streitkräften, herausgegeben von Claus von Rosen,* Berlin 2014.

Oliver Schmidt, *Deutsche Außenpolitik und die Zukunft der nuklearen Teilhabe in der NATO,* Berlin 2017.

Dirk Freudenberg, *Theorie des Irregulären – Erscheinungen und Abgrenzungen von Partisanen, Guerillas und Terroristen im Modernen Kleinkrieg sowie Entwicklungstendenzen der Reaktion, (3 Bände),* Berlin 2017.

Markus Reisner, *Robotic Wars – Legitimatorische Grundlagen und Grenzen des Einsatzes von Military Unmanned Systems in modernen Konfliktszenarien,* Berlin 2018.

Helmut Fiedler, *Military Assistance – eine moderne Einsatzart zwischen Anspruch und Wirklichkeit,* Berlin 2019.

Pascal Riemer, *Von der russischen Kriegskunst. Eine Untersuchung der dialektischen Zusammenhänge von Staatsidee und Militärwesen am Beispiel der Sowjetunion und der Russischen Föderation,* Berlin 2021.

Georg Kunovjanek, *Cyber – Die Domäne der vernetzten Unsicherheit. Eine kritische interdisziplinäre Analyse des Krieges der Zukunft und seiner normativen Grundlagen,* Berlin 2021.

Joachim Weber (Hrsg.), *Konfliktraum Arktis. Die Großmächte und der Hohe Norden,* Berlin 2021.

Uwe Hartmann, *Die Nato. Mächte und Menschen in der transatlantischen Allianz,* Berlin 2021.

Wiener Strategie-Konferenz

Wolfgang Peischel (Hrsg.), *Wiener Strategie-Konferenz 2016 – Strategie neu denken,* Berlin 2017.

Wolfgang Peischel (Hrsg.), *Wiener Strategie-Konferenz 2017 – Strategie neu denken,* Berlin 2018.

Wolfgang Peischel (Hrsg.), *Wiener Strategie-Konferenz 2018 – Strategie neu denken,* Berlin 2019.

Wolfgang Peischel (Hrsg.), *Wiener Strategie-Konferenz 2019 – Strategie neu denken*, Berlin 2021.

Militär und Gesellschaft

Hans-Christian Beck, Christian Singer (Hrsg.), *Entscheiden – Führen – Verantworten. Soldatsein im 21. Jahrhundert*, Berlin 2011.

Marcel Bohnert, Lukas J. Reitstetter (Hrsg.), *Armee im Aufbruch. Zur Gedankenwelt junger Offiziere in den Kampftruppen der Bundeswehr*, Berlin 2014.

Phil C. Langer, Gerhard Kümmel (Hrsg.), *„Wir sind Bundeswehr." Wie viel Vielfalt benötigen/vertragen die Streitkräfte?*, Berlin 2015.

Eberhard Birk, Peter Andreas Popp (Hrsg.), *Luftwaffenoffizier 21. Das Selbstverständnis des Luftwaffenoffiziers zu Beginn des 21. Jahrhunderts, (aus der Reihe Schriften zur Geschichte der Deutschen Luftwaffe, Band 5)*, Berlin 2016.

Alois Bach, Walter Sauer (Hrsg.), *Schützen.Retten.Kämpfen. Dienen für Deutschland*, Berlin 2016.

Marcel Bohnert, Björn Schreiber (Hrsg.), *Die unsichtbaren Veteranen. Kriegsheimkehrer in der deutschen Gesellschaft*, Berlin 2016.

Angelika Dörfler-Dierken (Hrsg.), *Hinschauen! Geschlecht, Rechtspopulismus, Rituale: Systemische Probleme oder individuelles Fehlverhalten?*, Berlin 2019.

Standpunkte und Orientierungen

Uwe Hartmann, *Hybrider Krieg als neue Bedrohung von Freiheit und Frieden. Zur Relevanz der Inneren Führung in Politik, Gesellschaft und Streitkräften*, Berlin 2015.

Martin Sebaldt, *Nicht abwehrbereit. Die Kardinalprobleme der deutschen Streitkräfte, der Offenbarungseid des Weißbuchs und die Wege aus der Gefahr*, Berlin 2017.

Christian J. Grothaus, *Der „hybride Krieg" vor dem Hintergrund der kollektiven Gedächtnisse Estlands, Lettlands und Litauens*, Berlin 2017.

Uwe Hartmann, *Der gute Soldat. Politische Kultur und soldatisches Selbstverständnis heute*, Berlin 2018.

Helmut Jermer, *Innere Führung kompakt. Eine Zusammenschau als Lehr- und Lernhilfe,* Berlin 2019.

Martin Sebaldt, *Das Elend der Strategen. Warum die deutsche Militärpolitik versagt,* Berlin 2020.

Militärgeschichte

Eberhard Kliem, Kathrin Orth, *"Wir wurden wie blödsinnig vom Feind beschossen". Menschen und Schiffe in der Skagerrakschlacht 1916,* Berlin 2016.

Hans Frank, Norbert Rath, *Kommodore Rudolf Petersen. Führer der Schnellboote 1942–1945. Ein Leben in Licht und Schatten unteilbarer Verantwortung,* Berlin 2016.

Eckhard Lisec, *Der Völkermord an den Armeniern im 1. Weltkrieg – Deutsche Offiziere beteiligt?,* Berlin 2017.

Ingo Pfeiffer, *Heinz Neukirchen. Marinekarriere an wechselnden Fronten,* Berlin 2017.

Joachim Welz, *Erfolgsstory oder Trauma – die Übernahme von Armeen. Lehren aus der Übernahme des österreichischen Bundesheeres in die Wehrmacht 1938 und der Reste der NVA in die Bundeswehr 1990,* Berlin 2018.

Joachim Hoppe, Manfred Wilde (Hrsg.), *Die Unteroffizierschule des Heeres, Die militärische Meisterschule,* Berlin 2016.

Georg Neuhaus, *Am Anfang war ein Speer. Eine Chronographie der Kriegs- und Militärtechnologien,* Berlin 2018.

Hans-Werner Ahrens, *Die Transportflieger der Luftwaffe 1956 bis 1971. Konzeption – Aufbau – Einsatz, (Reihe Schriften zur Geschichte der Deutschen Luftwaffe, Band 8),* Berlin 2019.

Jobst Reller, *Die Anfänge der evangelischen Militärseelsorge,* Berlin [2]2020.

Eberhard Frhr. v. Senden, Friedrich Frhr. v. Senden, *Der Erste Weltkrieg 1914–1918. Erlebnisse eines jungen Leutnants,* Berlin 2020.

Hans-Günter Behrendt, *Flugabwehr in Deutschland. Stationierungsorte und Systeme 1956-2012,* Berlin 2021.

Gerd Bolik, *NATO-Planungen für die Verteidigung der Bundesrepublik Deutschland im Kalten Krieg,* Berlin 2021.

Schriften zur Tradition

Eberhard Birk, Winfried Heinemann, Sven Lange (Hrsg.), *Tradition für die Bundeswehr. Neue Aspekte einer alten Debatte,* Berlin 2012.

Donald Abenheim, Uwe Hartmann (Hrsg.), *Tradition in der Bundeswehr. Zum Erbe des deutschen Soldaten und zur Umsetzung des neuen Traditionserlasses,* Berlin 2018.

Joachim Welz, *Vom Kontingentsheer zum Reichsheer: Militärkonventionen als Motor der Wehrverfassung,* Berlin 2018.

Donald Abenheim, Uwe Hartmann, *Einführung in die Tradition der Bundeswehr. Das soldatische Erbe in dem besten Deutschland, das es je gab,* Berlin 2019.

Eberhard Birk, Heiner Möllers (Hrsg.), *Die Luftwaffe und ihre Traditionen (aus der Reihe Schriften zur Geschichte der Deutschen Luftwaffe, Band 10),* Berlin 2019.

Hans-Günter Behrendt (Hrsg.): *Erinnerungsorte der Bundeswehr – Personen, Ereignisse und Institutionen der soldatischen Traditionspflege,* Berlin 2020.

Dirk Drews, Stefan Gruhl (Hrsg.): *Oberst Reinhard Hauschild 1921–2005. Traditionsstifter für die Bundeswehr? Gedenkschrift zum 100. Geburtstag,* Berlin 2021.

Jahrbuch Innere Führung (seit 2009)

Uwe Hartmann, Claus von Rosen (Hrsg.), *Jahrbuch Innere Führung 2018. Innere Führung zwischen Aufbruch, Abbau und Abschaffung: Neues denken, Mitgestaltung fördern, Alternativen wagen,* Berlin 2018.

Uwe Hartmann, Claus von Rosen (Hrsg.), *Jahrbuch Innere Führung 2019. Bundeswehr im Aufbruch. Hindernisse von den verteidigungspolitischen Vorstellungen der AFD bis zu den sicherheitspolitischen Meinungen in der Zivilgesellschaft,* Berlin 2019.

Uwe Hartmann, Reinhold Janke, Claus von Rosen (Hrsg.), *Jahrbuch Innere Führung 2020. Zur Weiterentwicklung der Inneren Führung: Themen und Inhalte,* Berlin 2020.

Dieter Krüger, *Verständigung mit Frankreich. Das vergebliche Plädoyer des Oberst Dr. Hans Speidel. Paris 1940–1942,* Berlin 2021.

Offiziersbibliothek

Uwe Hartmann, *Offiziersbibliothek I. Deutschland,* Berlin 2020.

Franz H.U. Borkenhagen, Uwe Hartmann, *Offiziersbibliothek II. Internationale Beziehungen und Sicherheitspolitik,* Berlin 2021.

www.miles-verlag.jimdo.com